우리말로 본 단군신화

정호완 著

명문당

머 리 말

　단군신화에 대한 역사학계의 관심은 국학계의 과녁 중 하나였다. 끊일 줄 모르는 문헌학적인 추구와 탐색은 부정과 긍정의 회의를 거듭하여 왔다. 하지만 고고학의 실증적인 연구가 문헌학의 지평을 열어 젖히고, 단군신화에 역사적인 사실이란 의미부여를 가능하게 한 일은 값진 열매라고 하겠다. 진실은 드러나는 법, 샘이 없는 물이 어디에 있을까.
　단군왕검은 우리 나라 건국신화의 대들보로서 이에 대한 여러 가지의 앞선 논의들이 있었다. 문헌학은 물론이요 사회변동이란 관점, 인류문화학의 관점에서 연구의 많은 진전이 있었음은 믿음직한 일이다. 많지는 않지만 국어학 쪽에서도 언어학의 바탕 위에서 부분적으로 혹은 전반적으로 연구된 바다.
　말은 역사성과 사회성을 밑으로 하는 자의적인 음성상징의 기호체계이다. 역사와 사회성은 언어의 의미소 형성에 아주 큰 몫을 한다. 언어는 문화의 투사체라고 할 수 있다. 말 속에 겨레의 정서는 물론 집단무의식·종교·철학·정치·경제와 같은 여러 문화적인 요소들이 강물처럼 뒤엉켜 흐른다. '단군왕검'이란 분명 그 드러냄이 말이요, 음성상징이다. 이 글은 언어의 문화투영이란 기초 위에서 단군왕검이란 말의 형태와 의미를 따져 봄으로써 단군신화의 문화적인 실체의 추정과 고조신의 역시, 사회의 언어적인 실증을 할 수 없을까 하는 물음을 풀이해 보려고 한다.

단군조선의 시대적 문화의 특징은 정치와 종교를 한 지도자가 이끌어 간 제의문화라고 할 수 있다. 단군이 제사장이자 부족의 머리였음은 의심의 여지가 없다. 그럼 제사의 대상은 무엇이었을까. 상정컨대 하늘과 땅신으로 상정할 수 있는데 하늘신이자 태양신인 니마(님)이며, 땅신이자 태음신인 고마(곰)가 아닌가 한다. 그러니까 단군왕검에서 단군은 종교직능자이며 왕검 곧 님검(님금)은 하늘신과 땅신이었다는 줄거리가 된다. 결국 단군왕검은 단군이란 샤머니즘과 왕검이란 토테미즘이 어우러진 음성상징이라 하겠다. 가령 오늘날의 어머니와 임의 경우만 해도 그렇다. 어머니는 단군신화의 고마(곰)에서, 임은 니마(님)에서 비롯되었음이 이 글의 내용으로 증명될 것이다. 이러할진대, 단군신화가 공허한 메아리로 그칠 수 있을 것인가.

공부의 내용이 넉넉지 않음은 지은이의 잘못이나 우리말로 본 우리문화의 터잡이란 의미부여를 함에 도움이 되었으면 한다. 겨레가 누리던 초원의 빛을 되찾아 배달의 문화영토를 다시 세울 날을 그리면서.

단기 4324년 개천절
지은이 삼가 적음

차 례

머리말 …………………………………………… 3
제1장 온 글의 얼개 ……………………………… 7
제2장 앞선 연구의 줄거리 ……………………… 12
제3장 단군의 뜻과 형태 ………………………… 19
  1. 제의문화와 스승 …………………………… 19
  2. '숫'의 뜻과 형태상의 특징 ………………… 30
  3. 형태의 분화와 변천 ………………………… 39
  4. 간추림 ……………………………………… 60
제4장 사이와 땅이름의 걸림 …………………… 62
  1. 줄거리 ……………………………………… 62
  2. 새로움과 신라의 건국 ……………………… 65
  3. 개신(改新)과 땅이름 ……………………… 71
  4. 간추림 ……………………………………… 85
제5장 님과 태양 숭배 …………………………… 87
  1. 줄거리 ……………………………………… 87
  2. '니'의 의미 특징 …………………………… 89
  3. 형태분화의 양상 …………………………… 99
  4. 간추림 ……………………………………107

제 6 장 〈검〉과 곰신앙 ·················110
  1. 줄거리 ························110
  2. 곰(고마)의 언어적 상징 ···············113
  3. 〈곰〉과 땅이름의 걸림 ················123
  4. 간추림 ························129

제 7 장 굴살이와 곰 ·····················132
  1. 줄거리 ························133
  2. 의미특성과 세로관계 ·················134
  3. 형태분화의 구조····················143
  4. 간추림 ························169

제 8 장 기원과 믿음 ·····················171
  1. 줄거리 ························171
  2. '믿음'의 의미자질과 통사속성 ············177
  3. 유연성의 분포 구조 ·················182
  4. 믿음과 땅의 걸림 ··················197
  5. 아사달과 쇠문화의 터전················232

맺 음 말 ·····························239
  (덧붙임) 배달의 노래 ··················245

제1장 온 글의 얼개

　단군신화는 우리의 근원상징이요, 말미암음이다. 근원상징은 바로 겨레의 비롯됨을 드러낸다. 무질서한 우주의 공간이 질서와 빛 어린 누리의 모습을 갖추면서 존재들의 터전을 만들어 왔다. 마찬가지로 단군신화는 그저 단군에 대한 신령스러운 이야기로 멈출 수만은 없다. 거기에는 배달겨레의 원천적인 형성과 역사, 그리고 신앙·정치·경제가 어우러져 생겨난 드러남이요, 실마리란 것이다.
　무릇 그것이 신화이든 전설이든 민담이든 본 바탕은 말이다. 글자가 없어 적지 못하고 입에서 입으로 옮김에 있어 시대와 공간을 달리하면서 의미부여나 이야기의 틀이 바뀌어 왔다. 하지만 본디의 이야기는 입말의 모습으로 전해져 온 게 사실이다. 말이란 사람의 생각이나 느낌을 전하는 음성상징이요, 말을 하는 언어대중의 약속이다. 말의 약속은 언어의 구속성을 전제로 하여 이루어진다. 이들 구속성은 언어의 역사성과 사회성을 밑천으로 한다. 단적으로, 말은 그 말을 쓰는 사람들의 정신세계가 되비쳐진 투영체에 값한다. 정신활동의 결과를 문화라고 하거니와 삶의 총체적 양식이 문화요, 말의 뿌리라고 하겠다. 칼 융이 이른바의 "집단무의식 곧 민족의 심리요, 민족의 정서가 말에 되비친다"고 하였다.
　그러면 단군신화의 알맹이라고 할 만한 '단군왕검'이란 말은 어떠한 겨레의 집단무의식을 드러내는 것일까. 어떠한 역사와 문화의 밑바탕을 근원상징으로 하는 것인가. 여러 가지 앞선 연구에서 밝혔듯이 종교와 행정의 다스림이 하나로 이루어지는 제천의식의 제의문화가 단군왕검에 투사되어 있다고 본다. 제의문화는 현실적으로 스승의 문화다. 스승이란 무엇인가. 스승은 당시 인간의 뜻을 신에게 전달하고 다시 신의 뜻을 인간에게 옮기는 거룩한 사제요, 제사장이었다. 즉 종교와 정치의 통치자였다. 오늘날엔 자신을 가르치는 사람을 이르지만, 기원적으로는 무당이요, 신을 받들어 모시는 제사장이었다. 신라의 남해자충(南解慈充) 왕을 김대문 선생이 '무당'이라고 풀이하였음은 이를 잘 보여주고 있는 것이다. 신과 인간, 인간과 인간의 사이에서 사제요, 행정의 머리 구실을 하는 사람이 스승이다. 뒤에 다시 풀이하겠지만, 사이를 뜻하는 '슷'에 접미사 '응'이 어우러진 말의 짜임새가 스승의 본질이 무엇인가를 잘 보여주고 있다. 지금도 함경도 사투리에서는 스승이 무당을 뜻하는 말로 쓰인다. 단군은 스승과 같은 뜻으로 사용되었다. 물론 풀이하는 관점이나 방법에 따라서 다르겠지만, 방언의 분포를 보면 단군에 값하는 '단골·당골·당골레' 같은 전라도 지역어가 있기 때문이다. 그러니까 단군이나 스승이 모두 무당을 드러내는 말이란 추론이 가능하다. 최남선 선생 이후의 학자들이 단군을 만주어의 텡글(텡그리)과 대응시켜 그 뜻을 밝힌 바 있다. 그럼 '왕검'의 속내용은 어떻게 풀이할 수 있을까.

보기에 따라서 왕검은 오늘날과 같이 행정책임의 머리 곧 임금의 뜻으로 새길 수 있다. 하면 단군왕검은 제사장 '단군'과 행정의 머리 '왕검'이 모여 이루어진 합성어란 말이 된다. 그러하다면 제정일치 시대에 제사장 따로 행정의 머리 따로 있어 이 둘이 합하여 겨레를 이끌어 갔다는 논리의 어긋남은 어떻게 설명해야 옳을까. 제정일치라고 함은 분명 별개의 역할이 아니고 종교와 정치를 한 사람이 통치함을 이른다. 이는 마치 중세 서구의 사회를 교황 한 사람이 다스린 것과 같다고 하겠다. 단적으로 필자가 보기로는, 왕검은 단군스승이 제사하는 제의의 대상신이 아닌가 한다.

신화란 씨족이나 부족 혹은 민족에 있어서 어떤 신격을 중심으로 하여 전해 오는 이야기이다. 단군이 제사하는 제사장일진대 왕검이 그 제의 대상이었음을 상정해 보는 것이다. 《삼국유사》에 따르자면 단군은 환인의 아들인 환웅으로 이어지는 아버지 신과 웅녀로 불리는 어머니 신이었을 것이다. 환인과 환웅은 하늘신으로 그 본체는 태양신이고, 웅녀는 땅신으로 태음신을 바탕으로 한다. 앞의 신이 불신이라면 뒤의 그것은 물신이다.

 왕검의 경우 행정의 머리로 쓰임을 생각하면 불신, 물신에서 의미의 전성이 일어났다고 볼 수 있겠다. 신의 이름이 특정한 구실을 하는 사람의 이름으로 바뀐 것이다. 아울러 뒤로 오면서 단군은 떨어져 나가게 된 것이 아닌가 한다. 태양신이요, 불신이 '니마(님-임)'로 표상이 된다면 태음신이요, 물신은 '고마(곰)'로 표상된다. 고마의 경우 곰은 그 표기적인 변이형으로 보이며 왕검의 '검'과 같은 뜻을 드러낸다.《신증유합》과 같은 중세 문헌에도 고마(곰)는 경건하게 예배할 대상으로 지적되고 있다(고마敬 고마虔 고마欽《신증유합》/고마ᄒ다(높이다, 공경하다)《석보상절》/고맙다(존귀하다)《소학언해》).

 물론 동물상징으로는 고마(곰)-웅(熊)(《용비어천가》)의 대응이 보인다. 동물로서의 곰은 여러 학자들이 논의한 바와 같이 사람의 시조를 동물로 보고 숭배하는 수조신앙(獸祖信仰)에 말미암은 것으로 보인다. 지금도 퉁그스계의 말에서는 곰을 영혼, 조상신으로 숭앙하는 민속이 있음은 하나의 방증이 된다. 어디 곰 뿐인가. 범, 소, 기린, 새와 같은 짐승들이 있음은 널리 아는 사실이다.

 13세기에 와서 단군신화가 기록되었다 하여 믿기 어렵다는 강한 문제의 제기가 있어 왔다. 오랜 옛날부터 전해 오는 신화였다면 무엇 때문에 옛적 기록에는 보이지 않는가. 마침내 단군신화는 후대에 만들어졌으므로 허탄한 말이다, 또 단군신화 속에는 불교적인 요소, 신선사상의 요소, 산신숭배, 도참사상과 같은 요소가 복합된 것으로 보아 거짓이라는 것이다. 그뿐이 아니다. 곰과 사람이 혼인하여 사람이 나왔으니 도저히 이해할 수 없다는 것이다. 말 그대로 허황하여 괴력난신이라는 것이다. 이러한 주장들은 주로 일본 사람들이 식민지 정책의 하나로서 배달겨레의 오랜 역사를 없애 버리려는 의도에서 비롯된 것이 두드러진다.

 널리 아는 사실이지만 김재원은《단군신화의 신연구》(1947)에서 식민사관에 따른 해석을 극복하려는 풀이를 보여주었다. 중국 산동반도에 소재한 무씨사당(武氏祠堂)의 돌그림에서 단군신화의 내용과 흡사한 가능성을 보인 바 있다. 그림의 원본은 기원전 2세기 무렵에 세워진 영광전(靈光殿)에 있던 것을 옮겨 놓았다는 것이다. 이에 대하여 부정적인 견해가 있기는 하지만 크게 보아서 이를 뛰어넘는 가설은 아닌 것으로 보인다. 곰의 새끼와 관련하여 현재 일본 전역에 퍼져 있는 고마(高麗. 熊)계의 신사에 모시는 곰신숭배의 본질은 예서 뭐 그리 다를 것이 있을까.

단군이 제사하는 대상은 고마(곰)와 더불어 태양신인 니마(님)이다. 태양숭배의 민속은 고인돌・빗살무늬・동침제(東寢制)・벽화・임금의 복식 설화 등에서도 찾아 볼 수 있다. 오늘날 아깝고 그리우며 애틋하게 좋아하는 사람을 '임'이라고 한다. 기원적으로 보면, 태양신은 임이며 하늘신이고 동시에 단군의 아버지 신이라고 할 수 있다. 혁거세라든가 니사금과 같은 이름은 물론이요, 땅의 이름에서도 이런 지향성을 찾아내기란 그다지 어려운 일이 아니다(-陽(火・伐), 昌, 光-, 溫-, 尼-, 熱-).

단군신화에서는 곰과 호랑이가 같은 굴에 살면서 항상 환웅을 향하여 사람이 되게 해 달라고 빌었다. 사람이 된 뒤 곰은 신령한 박달나무 아래로 가서 아이 갖기를 염원하였는바, 잠시 사람의 몸을 입은 환웅과 혼인하여 마침내 단군을 낳기에 이르렀다. 공간상황으로 보아 하나는 굴이요, 다른 하나는 제단이다. 앞의 경우는 보이지 않는 어둠의 공간이며, 뒤의 경우는 밝고 환한 빛 지향의 공간이다. 근원상징으로 볼 때, 굴은 지모신 곧 땅과 물의 선인 고마(곰)를 상징한다. 움에서 싹이 돋아나듯 생산과 양육이며 시련과 참음의 드러냄이라고 할 수 있다. 마늘과 쑥은 먹거리가 됨은 물론 약에 쓰는 풀이기도 하다. 고기를 먹는 짐승에게 풀뿌리와 잎을 준다는 것은 큰 변화가 된다. 새로운 삶에의 빛과 희망의 상징으로 마늘과 쑥이 등장함은 유목생활에서 정착된 농경생활에로의 전이를 뜻하는 것이 아닌가 한다.

한편 사람이 된 웅녀는 신단수 나무 아래 와서 아이 갖기를 빌었다고 했는데 여기 박달나무는 천부신 곧 하늘신에 대한 솟음 지향을 드러내고 있다. 제의 공간으로서 굴과 솟은 형태의 두 곳을 지적한 일이 있다. 계절상징으로 보면 굴은 겨울의 굴살이를 표상함이요, 솟아 있는 제단의 나무살이는 여름을 표상한다고 하겠다.

이 때 곰과 호랑이를 원시종교의 발생으로 이해하자면 곰과 호랑이를 토템으로 하는 겨레들의 상징으로 보면 좋을 것이다. 곰만이 호랑이를 젖히고 사람이 된 것은 곰 토템의 겨레들이 호랑이 토템의 사람들을 극복한 것이며, 다시 하늘에서 내려 온 환웅과의 어울림은 더욱 강한 태양 숭배의 철기문화를 누리는 겨레에게 흡수·통합되는 줄거리의 역사적인 사실을 드러낸 것으로 풀 수 있다.

김정배(1975)에서는 단군조선이 곰을 토템으로 하는 고아시아족을 중심으로 하여 이루어졌다고 본다. 여기에 알타이계의 겨레들이 동북으로 이동하면서 원주민인 고아시아족을 흡수했다고 상정한 바 있다. 이 가설을 받아들일 경우, 곰은 원주민인 고아시아족, 환웅계는 알타이계의 태양숭배족으로 볼 수 있는 가능성이 있다

이 글에서는 단군왕검이라는 말을 제의의 바탕 위에서 왕검이 행정의 머리라는 종래의 풀이를 뒤로 하고 태양신 니마(님)와, 태음신이자 땅신이요, 물신인 고마(곰)의 내력을 드러낸 말이 바로 왕검이라는 생각을 펴보이고자 하는 것이다.

주제를 풀이하는 방법으로는, 시간과 공간을 따라서 가로와 세로 걸림의 낱말겨레가 이루어짐을 바탕으로 단군(스승)과 왕검의 님과 검(곰-고마)의 계열관계를 살펴보게 될 것이다. 이어 단군(스승)과 왕검의 님과 검(곰-고마)의 계열관계를 통사론적으로 해명함으로써 하나의 확고한 형태의 자리매김을 할 수 있으리라는 가정에서 그 뿌리를 찾을 수 있다. 이는 또 언어가 시대와 공간을 밑으로 하는 문화를 되비춘다는 언어의 문화투영의 전제 위에서 형태들이 쓰이는 구체적인 뜻을 파악하게 된다. 아울러 민족이동이라는 역사적인 사실과의 대응성을 따져보는 것도 주요한 논의의 바탕을 굳건하게 해준다고 하겠다.

제2장 앞선 연구의 줄거리

　최근에 이르도록 〈단군왕검〉만큼 국학이나 고고학적으로 다루어진 말이 그리 많지는 않을 것이다. 단군이란 말이 단군신화를 푸는 열쇠라고 할 정도였으니까. 이제까지의 흐름을 바탕으로 하여 단군과 왕검의 두 부분으로 나누고 먼저 〈단군〉에 대한 연구의 흐름을 알아보자.
　허목(許穆, 1595~1682)은 〈미수기언(眉搜紀言)〉에서 '신단수 아래에서 살았으니 이름을 단군(檀君)이라 한다(居神樹下號曰檀君).'고 하였고, 이능화는 〈조선무속고〉(1927)에서 '제단을 마련하고 하늘에 제사하므로 단군이라 하였으니 곧 신의 권능을 갖춘 하늘의 자손(以設壇祭天故號曰壇君壇君者卽神權天子也)'이라 하였다.
　최남선은 〈불함문화론(不咸文化論)〉(1925)에서 비교언어학적으로 단군을 토이기·몽골말의 뎅그리(tengri)의 유의어로 보았다. '뎅그리'가 하늘 섬기는 이-배천자(拜天者) 곧 무당을 의미하는바, 군주와 무축이 역시 동일어로 호칭이 되었음을 이르고 있다.
　안재홍의 《조선상고사감》(1947)에서도 비교언어적으로 보아, 흉노말에 탱리고도(撑犁孤塗)의 탱리, 몽골말에 등거리[騰格里], 돌궐의 탱그리, 여진말에 승아리와 함께 당걸·당굴로 '하늘의 왕'을 뜻한다.
　이탁의 《국어학논고》(1958)에서 단군은 지상신(地上神)의 '땅'으로 풀이된다. 이러한 풀이는 리지린의 《고조선연구》(1963)에서도 마찬가지이다. 김재원의 《단군신화의 신연구》(1974)는 허목에서와 같이 '신단수 아래에서 탄생했으니 단군이라'는 내용의 논의를 하였다. 이병도의 《한국사》(고대편, 1961)는 결합어인 단군왕검에는 고유명사가 포함되어 있지 않다고 전제하고 단군-제사장으로 풀이한 바 있다. 이기백의

《한국고대사론》(1963)도 단군은 몽골어에서 무당을 뜻하는 텅걸이라는 이름과 그 어원을 같이하는 말이라고 하였다.

강길운(1991,《고대사의 비교언어학적 연구》)은 단군을 만주어의 당가(dangga, 부족장)와 같은 뜻으로 보고 고유명사가 아닌 보통명사로 상정하였다. 여기 부족장이라 함은 백산부(白山部, 박달족)의 부족장이었던 것으로 잡았다. 이중재(1991,《한민족사》)도 단군이 보통명사이고 하늘에 제사 지내는 제천주(祭天主)로 풀이하였다. 이 밖에 일본인 학자로는 소전성오(小田省吾 1923,《조선상세사》)와 금서룡(今西龍 1927,《조선고사의 연구》), 정상수웅이 있다. 소전은 단군을 태백산의 신(神)으로 보았고 금서는 단군을 평양지방의 지지선인(地祇仙人)으로 보았다. 이상의 내용을 간추리면 아래와 같다.

(1) ㄱ. 신단수와 관련한 풀이 (허목 · 허재원)
ㄴ. 제사장(무당)으로 보는 풀이 (이능화 · 최남선 · 이병도 · 이기백 · 이중재)
ㄷ. 하늘의 왕으로 보는 풀이 (안재홍)
ㄹ. 땅의 신 또는 산신으로 보는 풀이 (이탁 · 소전 · 금서 · 정상수웅)
ㅁ. 부족장으로 보는 풀이 (강길운)

자료가 없는 고조선 당시의 단군이 무슨 뜻인가를 상정함은 본디 하나의 가설 단계일 수밖에 없다. 언어의 역사에서 비교언어학적인 방법을 따라 친족어라고 보이는 말끼리 그 대응성을 찾아보는 외적 재구(外的再構)가 있고, 지역이 달라짐에 따라서 분열해 나간 형태들을 같은 말의 방언분포로써 옛말을 찾아보는 내적 재구(內的再構)가 있다. 보기(1)에서는 주로 외적 재구라고 할 만한 ㄴ, ㄷ, ㅁ의 보기들이 있다. 그럼 이와 맞먹는 내적 재구의 형태는 어떻게 될까.

(2) 무당(巫堂)을 이르는 방언분포
ㄱ. 단골계 – 단골(청송, 포항, 고령, 보은, 옥천, 음성, 충주, 제천, 부여, 논산, 서천, 대천, 대전, 전주, 이리, 군산, 김제, 정읍, 남원, 임실, 진안) 단굴(경산, 대구) 단골레(나주) 당고 : ㄹ(도계) 당골

래(구례, 곡성, 여수, 순천, 광양, 진상) 당골레(광양, 광주, 완도, 장흥, 영암, 강진, 화순, 보성, 고흥, 영광, 함평, 목포, 해남, 진흥) 당꼴(영천)

ㄴ. 무당(장성, 담양, 화순, 보성, 진상 등 전국) 무덩(개성 연안) 선무당(홍원, 부녕)

ㄷ. 스승계 – 스승(단천, 길주, 부녕, 무산, 회령, 종성, 경흥, 의주) 스승이(명천) 스성(황주)

ㄹ. 南解次次雄或云慈充金大問云方言謂巫也(《삼국사기》권1) (차차웅 = 자충 – 즈중 – 스숭(스승·스성))

우리말 '무당'에 대한 방언분포 가운데 ㄱ의 단골계가 바로 제사장을 뜻하는 외적 재구형과 가까운 것으로 보인다. 제사장이 신과 인간을 통하게 하는 다름 아닌 무당이기 때문이다(ㄹ 참조). 또 다른 방증의 하나는 《삼국사기》에 제정일치시대의 군왕칭호를 '자충(차차웅)'이라 하였는데 칼그렌(Karlgren)의 한자고음으로 읽으면 '즈증(즈중)'이 되고 당시에 파찰음이 없었음을 생각하면 곧 바로 '스승(스숭·스성)'의 형태가 나옴으로써 그 대응의 가능성은 더욱 짙어진다. 따라서 '단군'은 '제사장'을 뜻하는 형태로 봄이 좋을 것으로 판단된다. 다음으로 '왕검(王儉)'에 대하여 이제까지의 연구의 큰 줄거리를 더듬어 보기로 한다.

최남선(1918, 《계고탑존》)은 왕검(王儉)을 임검(壬儉)의 잘못으로 보고 임(壬)은 '주(主)'요 검(儉)은 '신(神)'으로 풀이하였으니 요컨대 '임검 – 신성한 주인'으로 상정한 바 있다. 박노철(1934, 《고어원류고(1)》)도 육당과 마찬가지로 왕검 – 임검으로 봄이 올바르다고 하였다. 안호상(1962, 〈고대 한국사상에 관한 연구〉)은 임금[君]을 잇검[繼王·繼神]으로 보았으며, 리지린(1963, 《고조선 연구》)은 한국어 '임금'이 중국어의 같은 뜻인 '왕검(王儉)'이라고 하였다.

박시인(1970, 《알타이 인문연구》)은 왕검(王儉)을 왕간(王汗)으로 보고 왕과 간(汗)은 같은 뜻이니 겹치기로 쓴 것으로 보았다. '한(韓·汗·可汗)'이란 알타이계의 사람들이 위대한 군주 또는 왕을 가리키는 말인데, 고유부족의 이름으로도 쓰인 것으로 풀이하였다. 아울러 이병도

(1976, 《한국고대사연구》)도 왕검(王儉)이 정치적인 군장(君長)을 드러내는 말이라 하였다.

천관우(1982, 《인물로 본 한국고대사》)는 한서(漢書)와 사기(史記)의 조선전에 실린 것으로 왕검을 '임금·왕도(王都)'의 뜻이라는 암시를 주고 있다.

비교언어학적으로 왕검에 대한 풀이를 깊이 있게 다룬 것은 강길운(1991, 《고대사의 비교언어학적 연구》)이다. 《삼국유사》, 《삼국사기》, 《고려사》, 《동국사략》, 《사기》, 《후한서(後漢書)》, 《한서(漢書)》와 같은 자료에 보이는 왕검(王儉·王險)의 설명을 다섯 가지로 하였다. 강길운(1991)은 땅이름으로 쓰인 왕검(王險)을 구분하여 종래의 풀이와는 다른 관점을 보였다. '왕검'을 〈님검-님금〉의 표기체로 상정하였으며, 단군을 퉁그스족의 백산부(白山部)로 가정할 때, 만주어 '닝구(ningu 上·主)'와의 대응이 가능한 '님'과 '금(검-감 神·巫·王)'의 합성어로 풀이함이 더 합리적이라고 설명한다.

(3) 〈왕검〉의 풀이

ㄱ. '임검'으로 읽고 뜻을 주신(主神)으로 새긴다(최남선·박노철).

ㄴ. 임금(잇검)으로 읽고 왕위계승자 혹은 신의 대리자(안호상·리지린·이병도), 왕간으로 읽고 위대한 군주로 새긴다(박시인·천관우).

ㄷ. 님금(님검)으로 읽고 '님(主·上)'과 '금(검·감·神·巫·王)'의 합성으로 본다. 뜻은 부족의 통솔자(강길운).

ㄹ. 필자의 풀이

① 통사론적 구성 :

| 단군(제사장〈주어〉) | → (빌다〈동사〉)→ |

| 님(니마)(태양신〈목적어1〉) | + | 곰(고마)(태음신〈목적어2〉) |

② 형태론적 구성 :

| 단군왕검 | （단골님검～단골님금）

③ 형태의 변이와 의미의 전이 :

| 님금(니사금) | （의미）대상신 ⇒ '통치자'
（형태）단군왕검 ⇒ 님금(〉님)임)

보기의 ㄱ～ㄷ을 보면 '왕검'을 님검 혹은 님금으로 보자는 생각이 대부분이다. 뜻으로 보면 '님검(님금) - 왕위계승자·상위신·상위무당'의 뜻으로 봄이 중심을 이룬다.

필자의 생각은 ㄹ과 같다. 이제까지의 연구에서 얻어진 '단군 - 제사장(부족장)'의 결론에는 다를 바 없다. 이야기의 알맹이는 '님검(님금)'의 풀이다. 단군은 제사장이니까 제사를 모시는 숭배의 대상신이 있을 것이다. ㄱ～ㄷ에서 주신(主神·上神)으로 새길 가능성을 보이고 있음은 암시하는 바가 아주 크다. 제정일치의 제의문화가 바로 신과 인간의 사이에서 신을 모시고 부족을 다스려 가는 삶의 총체적인 양식이라 할 수 있다. 제사장인 단군이 받들어 모실 그 신이 바로 '님금(님검～님곰～님굼)'이 아닌가 한다. 뒤에 그 언어적인 상징성에 대하여 풀이하게 될 것이다.

단적으로 '님(니마 - 임)'은 하늘의 태양신으로 단군의 아버지신이라 할 천부신이다. 한편 '검(금·굼·곰·감～고마·가마·구마)'은 땅의 태음신으로 단군의 어머니신인 지모신(地母神)이다. 단군은 '비는 사람'이란 뜻이다. 문장을 이루는 지배관계로 보면 제사장이자 부족장인 단군은 동사 〈빌다〉의 주어가 된다. 품사로 보아 단군은 명사이지만 〈빌다〉의 동명사적인 성격을 갖는다. 동사 〈빌다〉는 비는 대상으로서 목적어가 있을 때에 지배관계가 충족되기에 이른다. ㄹ에서 ①의 그림은 동사 〈빌다〉를 중심으로 한 문법의 지배관계를 보인 것이다. ①～③을 함께 고려하면 ①통사적 구성 [제사장이 태양신〈 님(니마)〉과 태음신〈 검(금·곰·고마)〉에게 빌다] ⇒ ②형태론적 구성 [단군왕검

(님검＞님금＞임금)] ⇒ ③형태의 일부 탈락과 뜻 바뀜 [님금(＞임금)]으로 되었다가 마침내 임(님)으로 되어 오늘에 이르렀고 끝내는 임(님)으로 그 화석형이 쓰인다.

제의문화의 원시신앙이 갖는 상징으로 보아 천신계는 알타이 계통의 태양숭배 종족이요, 지신계는 지역의 곰숭배 종족이다. 알타이계의 겨레들은 일찍이 청동기 문화를 접하게 되었으니 농경문화에 눈을 떴으며 북방아시아계 겨레들은 수렵문화에 길들여져 있던 원주민들인 것이다. 알타이계가 중국의 동북방으로 이동하면서 북방아시아계 곰숭배족을 지배 흡수함으로써 만들어진 것이 바로 단군조선의 사회였던 것으로 추정된다. 유엠부찐은 《고조선》에서 알타이계를 예(濊), 북방아시아계를 맥(貊)으로 보고 있다(김정학 1988,《단군신화의 새로운 해석》참조).

갈등이 해소되는 과정에서 사회가 발전한다는 가설이 있다. 이들 두 큰 세력이 어울림에는 오랜 세월과 엄청난 애씀의 흔적들이 있었을 것으로 짐작된다. 태양과 곰을 숭배하는 두 제의문화 사회의 제사장이자 부족의 머리는 어느 한 쪽만으로 치우칠 수 있을까. 그건 어려운 일이다. 지금도 중국에서는 50여개 소수민족에 대한 우대정책을 씀으로써 그들의 불만과 소외감을 최소화하고 있다. 단군조선의 경우도 마찬가지이다. 흡수당하기는 했으되 원주민으로서 곰숭배족은 여전히 언어의 기층은 말할 것 없고 문화의 터전-어머니가 됨에는 흔들림이 없었을 것이다. 그 부족의 머리가 단군(단골)이요, 태양과 곰을 아버지와 어머니 곧 조상신으로 모셔 받들게 되었던 스승(제사장・자충)이었던 것이다. 글머리에서도 밝혔듯이 스승은 '사이'를 뜻하는 '슷'에 접미사 '-웅'이 녹아붙어 이루어진 말이다. 사이는 인간과 인간, 신과 인간 사이의 관계요 상호작용이 아닌가.

그러니까 단군-스승은 곰신과 태양신에게 제사지냄으로써 이로 말미암은 권위에 기초하여 나라를 다스려 갔다. 단적으로 서로 문화가 다른 두 겨레를 큰 어려움 없이 일천 수백 년을 이끌어 갔다는 이야기가 된다. 단군조선은 스승 곧 단골의 문화를 그 밑으로 한다고 하겠다.

단군왕검이란 언어표상은 외적 재구와 내적 재구에 뿌리를 내린 비교언어학적인 풀이와 앞에서 이른 고고학적인 방증과 역사·사회적인 문화 발전의 풀이가 걸맞아 들어감으로써 우리말 풀이의 상당한 실마리를 주고 있는 것이다.

제3장 단군의 뜻과 형태

　단군은 제사장의 구실을 맡은 사람이다. 당시의 제사장은 부족의 머리이며 다스림의 꼭대기가 된다. 단군이 제사를 모시던 대상신은 태양신 님(니마)과 태음신 곰(고마)이었다. 종족의 안녕과 번영을 위하여 '님'을 아버지 신으로 '곰'을 어머니 신으로 모셨으니, 샤머니즘에 따른 근원 상징으로 보면 '님'계는 태양숭배의 겨레이며 '곰'계는 동물로서의 곰숭배의 겨레에서 그 말미암음을 찾을 수 있다.
　시간과 공간을 따라서 모든 사물이 바뀌듯이 말도 그러하다. 단군이란 말이 비교언어적으로 보아 '비는 사람(무당)'을 드러냄은 널리 알려진 사실이다. 방언분포로 볼 때, 남녘에서는 '단군'이 무당을, 북녘에서는 '스승'이 무당이란 말로 쓰인다. 그러니까 단군은 곧 스승이다. 임금을 가리키는 '자충(慈充)'도 무당을 뜻하는 말로서 당시 자음체계에 파찰음이 아직 발달하지 않았음을 고려하면 자충 — 스승[巫]이 대응됨을 알아차릴 수 있다. 앞에서도 풀이한 바가 있거니와 '스승'의 뜻과 형태는 어떠한 것인가를 더 자세히 살펴보기로 하자. 아울러 '스승'에서 찾을 수 있는 '사이~새~시[間]'의 의미소가 땅이름에는 어떻게 갈라져 나갔는가를 따져 보기로 한다.

1. 제의문화와 스승

　사람들이 인식하는 사물이나 사실은 인간의 존재와 마찬가지로 존재들의 집합으로 파악된다. 일단 인식의 범주에 들어온 사물이나 사실은 음성상징으로 드러나 특정한 말의 내용과 형식을 전달하게 되어 이른바 사고형성의 옷을 입는 언어적 중간세계를 이루게 된다.

사람들이 일으킨 정신적인 활동의 결과로 규정되는 문화는 바로 이 중간세계에서 자리를 잡고 언어전달의 기호체계의 주요한 몫거지의 구실을 한다. 문화가 언어에 되비치는 문화투영의 가설이 되는바, 이 글에서 살피고자 하는 내용, 〈스승〉의 뜻과 그 끝의 갈림도 문화투영의 가설을 바탕으로 하여 중근세어 자료 및 지명자료를 참고로 하면서 논의에 접근해 가려고 한다.

단적으로 〈스승〉이란 말을, 제정일치 시대에 제천의식을 담당하며 '부족의 정사를 다스리던 사람으로서 제의문화(祭儀文化)를 상징하는 형태로 보고 이로부터 파생하는 낱말겨레의 짜임을 알아보는 것이 이 글의 보람이 된다.

시간과 공간이 달라지면서 말의 뜻이나 형태도 바뀌어 간다. 〈스승〉의 경우, 처음에는 '제사장(무당)'과 '행정의 머리'의 뜻으로 쓰이다가 뒤로 오면서 '임금(자충~스승)'으로 통용되었으나, 현대로 넘어 와서 일부 함경도 말에서는 '무당'으로, 혹은 '자신을 가르치는 사람(선생, 사부)' 등의 뜻으로 쓰이고 있다. 이를테면 뜻의 전이가 일어난 것으로 볼 수 있다. 〈스승〉의 의미전이와 관련하여 낱말의 겨레와 갈래들 또한 여러 가지로 갈라져 오늘에 이르러 쓰이고 있는데 이들 형태의 분화구조도 함께 살펴보도록 한다.

이 글은 단군왕검의 국어학적인 풀이를 하는 기초작업이면서 언어에 드러나는 문화투영의 가설을 증명해 보일 수 있는 성격의 논의라는 점에 그 따져 봄의 의미를 부여할 수 있다.

오늘날 〈스승〉은 '자기를 가르쳐 이끌어 주는 사람, 선생, 함장(函丈)'을 일컫는 말로 두루 쓰이는바, 흔히 선생을 높여 부르는 부름말이기도 하다. 어떤 말이든지 시대에 따라서 혹은 공간을 따라서 같은 형태라도 다른 의미로 쓰이거나 아니면 그 위상이 달리 쓰이는 일이 있는데, 〈스승〉도 예외는 아닌 것으로 보인다. 우선 중세어와 방언의 자료를 들어보면 '무당[巫]'을 뜻하는 말로 드러난다.
(1) ㄱ. 중세어 – 녜님구미스승사로물삼가시고(前聖慎焚巫)(《두시언해》중 10~22) 스승튜믄녜롤마초디아니ㅎ이리로다(鞭巫非稽古)(《두시언해》중 12~41) 셰쇼개스승이간대로비셰원ㅎ미미츄미심ㅎ야(世俗巫禱狂妄尤甚)《정속언해》法ᄋᆞ르치ᄂᆞᆫ스승이오븨ᄒᆞᄂᆞᆫ弟子ㅣ라(《월인석보》중1~9) 스승아니면(非師)(《능엄경언해》중4~55) 水天을 스승사ᄆᆞ샤(師水天)(《두시언해》중 5~74)

ㄴ. 방언 – 스승(단천·길주·부녕·무산·회령·종성·경흥·의주) 스승이(명천) 스성(황주) 당골(전라도·당진·안성·평양·안주·박천·영변) 당골레(전라도 전역) 당골레미(김제·임실) 무당(전역) 선무당(홍원·부녕) 무덩(개성·연안) 무여(갑산) 군쟁이(진도·예천·고령·사천 ·고성) 화랭이(함안·마산) 심방(제주) 호세미(풍산) 마신(양구) 복술(북청·단천)

이상의 자료로 보면 〈스승 : ①무당 ②선생〉의 뜻으로 파악되고 지역에 따라서 많은 변이적인 표기형태들이 쓰이고 있음을 알 수 있다. 이 변이형들 가운데 좀더 관심이 머무는 것은 〈스승~당골. 군쟁이(=巫)〉라고 하겠다. 〈당골〉의 경우 《삼국유사》·《삼국사기》에 실려 전해 오는 〈단군왕검〉의 〈단군(檀君)〉과 어떤 깊은 연관이 있는 것으로 보인다. 제정일치 시대에는 종교지도자가 곧 행정의 머리로서의 구실을 하였다고 볼 때, 〈단군(종교지도자)＋왕검(태양신과 태음신)→단군왕검(태양신 니마(＝니마)와 태음신 고마(＝곰)에게 빌던 제사장)〉의 '단군'이 방언분화에 따라서 '단군·당골·당골레·당골레미'로 분화되어 쓰인 것으로 보인다. '당골 – 단골 – 단군'의 음표기 과정에서 다르게 옮겨 쓰인 것으로 보이며 '비는 사람(제사장)'의 뜻으로 쓰임은 친족어의 자료에서도 거의 비슷한 소리로 나타난다(필자《낱말의 형태와 의미》(1988) 58면 참조).

(2) ㄱ. 熊女者無與爲婚故每於檀樹下呪願有孕雄乃假化而婚之孕生子號曰檀君王儉以唐高卽位五十年庚寅都平壤城始稱朝鮮(《삼국유사》권1)

ㄴ. 단골・당골・당골레・당골레미(전라방언)
ㄷ. tangur・tengri・tangor(=prayer)(만주)
ㄹ. migo (일본어) ①神子・巫女 ②御子・皇子

친족어의 경우를 보더라도 '단군-단골-tangor/migo'의 대응관계를 짐작하게 해준다. 종합문화적인 종교와 정치의 미분화시대에서는 결국 종교지도자가 곧 정치지도자가 될 수밖에 없다. 통시적으로 오늘날의 말에 와서는 '점을 치고 굿을 하는 사람'-종교적인 역할만을 하는 사람으로 바뀌어 쓰이게 되었으니 '단골(단군) → 제사장+행정의 수반'의 뜻에서 행정의 수반과는 아무 관계가 없고 푸닥거리와 점을 쳐서 예언을 하는 부분적인 기능만을 하는 사람으로 그 뜻이 바뀌었으니 시대에 따라서 '단골(당골)'의 위상이 바뀜으로써 일어난 의미의 전이라고 하겠다. 이와 관련하여 '스승'의 경우를 볼 때, '단골'과 크게 다르지 않음을 알 수 있다.

중세어자료에서도 '스승-무당'의 가능성이 드러나는데 신라시대에 쓰였던 '스승'의 분포와 기록은 어떠했던가.

(3) ㄱ. 南解次次雄或云慈充金大問云方言謂巫也世人以巫事鬼神尙祭祀故畏敬之遂稱尊長者爲慈充(《삼국사기》 권1)
ㄴ. 麻立干・居西干・尼師今(《삼국사기》)
ㄷ. 慈充-①慈 [dzi (고대중국)tsi (캔톤방언) tsi (만다린방언)' si (일본)-from艸si gn and絲si ②充〈tsi ung(고대중국) tsung(만다린방언)〉(Karlgren)]
ㄹ. 次次-次 [tsi (고대중국) tsi (캔톤방언) tsi (만다린방언) (Karlgren)]

위의 자료를 보면 [次次雄=慈充=巫-尊稱者(王)=尼師今=麻立干=居西干]의 대응관계가 이루어짐을 알 수 있다. 이로 보아 신라시대의 초기만 하더라도 종교와 정치가 한 사람에서 비롯하였다고 하겠다. 특히 신라 전기에 /ㅈ-ㅊ-ㅉ/계가 음소로 자리를 잡지 못하였을 것이라는 가설을 받아들인다면 '慈充-次次雄'이 '스승'으로 읽힐 개연성이 높은 것으로 보인다(박은용(1970)・문선규(1969)・유창균(19

80)·김동소(1981)·이윤동(1988) 참조).

그렇다면 중세어 자료에서의 〈스승~무당(선생)〉의 뜻은 신라시대로 올라가면 〈스승⇒무당(선생)+행정의 수반〉과 같이 제정일치의 시대였음을 가늠케 해준다. 〈次次〉의 경우 뒤에 쓰인 〈次〉는 앞에 쓰인 말의 음절말의 표기라고 보인다. 이러한 예는 음절말음의 첨기-덧붙여 적기로 보이는바, 향찰의 자료에서 어렵지 않게 찾을 수 있는 경우라고 하겠다(咽鳴·月羅·雲音·八陵隱·賜烏隱·栢史〈찬기파랑가〉去隱·優音·阿冬音·就音·目慕理尸·道尸·蓬次·宿尸夜音〈모죽지랑가〉). 〈모죽지랑가〉에서 〈蓬次(다봇)〉의 예가 보이고 있음은 '次次(슷)'를 풀이함에 있어 하나의 암시가 되고 있다. 그러니까 〈다봇(蓬)〉(《두시언해》중 10~19)의 음절말 자음 / ㅅ(ㅈ) /이 〈次〉로 표기되었다는 이야기다.

이와 아울러 함께 지적해야 할 것은 〈慈充〉의 경우인데, ㄷ의 칼그렌 자료에서처럼 〈tsĭtsung(慈充)〉이라고 가상하고 여기서 당시의 파찰음소를 인정하지 않는다면 〈스승~慈充~次次雄=巫〉의 대응이 가능하다는 것이다.

이제 말의 짜임-조어법을 떠올려 보면 다음처럼 요약할 수 있다.

(4) [자충(慈充·次次雄)]의 조어

ㄱ. 慈充-스[st]+승(숭)[sung]→스승

ㄴ. 次次雄-슷[sts]+-웅[ung]→스승

ㄷ. 방언형-스승·스승이·스성(함경도 전역)

ㄹ. 스승(무당·행정지도자)~慈充·次次雄

ㅁ. 슷 [사이-신과 인간의 사이]+-웅(앙·엉)〈접미사〉→(슷웅) 스승

〈자충·차차웅〉은 '무당(종교지도자)·행정의 책임자'의 뜻으로 쓰였고 뒤로 오면서 '행정의 책임자'란 뜻으로는 통용되지 않고 〈스승-무당·선생(《두시언해》등)〉의 뜻으로 갈라져 종교적인 기능을 수행하는 사람이란 뜻으로만 쓰이게 되었으니 〈단군(=당골·단군 '비는 사람' (tengri·tangor·tangwe)〉과 크게는 같은 맥락으로 쓰이고 있는데

이를 간추리면 다음과 같다.
 (5) 〈단골〉과 〈스승〉의 의미변천
  ㄱ. 단골 – 단군(檀君)(종교·행정지도자) 단골·당골(무당·늘 정해놓고 거래하는 자리나 손님)
  ㄴ. 스승 – 스승[慈充·次次雄](제사장·왕) > 스승(제사장[師]선생) > 스승·스성·스승이(선생·무당)/스승개미(=왕개미)

ㄱ에서 '늘 정해 놓고 거래를 하는 사람이나 상점·자리' 등을 〈단골〉이라고도 하는데 이 뜻은 무당과 어떤 유연성이 있을까. 무당이 지니는 기능은 크게 두 가지로 나눈다. 하나는 해원(解怨)의 기능 곧 푸닥거리요, 다른 하나는 예언 – 길흉화복을 점치는 기능이라고 할 것이다. '해원'을 꼭 푸닥거리로만 풀이할 것이 아니고 욕구불만을 해소하는 것으로 본다면 언제든지 자기의 취미나 사정을 잘 아는 [단골]과는 상당한 연관성이 있을 것으로 보인다. 이를테면 주머니의 사정이 안 좋더라도 외상으로 필요한 것을 쓸 수도 있으니 욕구불만을 풀어 푸닥거리의 효과 – 카타르시스의 작용과 욕구를 채워 나갈 수가 있기 때문에 쉽게 전이된 것이 아닌가 한다.

앞에서 [스승→슷+웅(옹~앙/엉)]이라고 했는데 다시 이러한 접미사가 붙어 이루어진 낱말들의 분포를 생각해 보자.

 (6) 〈-옹/웅(앙/엉)〉계의 분포
  ㄱ. 기동 (《능엄경언해》8–30)(긷+-옹)>기동~긷爲柱(《해례부합자해》)> 기둥 [슷-웅〉스숭
  ㄴ. 바닥(《한청문감》146)~是非ㅅ바당과(《법화경언해》1~222)/구멍을 둛고(《두창경험방》상8)~구먹(구모·구무)/마당(《역어유해》(보)42)~맏당(場)(《훈몽자회》(상)7)/일+앙>이랑/골+앙>고랑/싣+앙>시랑
  ㄷ. 슷+-엉>스성·스승·스승이[巫]
  ㄹ. 슷간(間)(《훈몽자회》하 15) 그츨슷업시(無間斷)(《능엄경언해》7~23) 니즌스치이시랴(이현보) [사이←슷]

자료 (6)을 통하여 보면 [스승→슷 [사이間]+-웅(응)(앙/엉)

>스승]과 같이 '스승'이란 말이 짜여진 것으로 보인다. 그러면 종교와 정치의 지도자인 [스승]이 무엇을 대상으로 제사를 올렸으며, 무슨 사이에서 그 역할을 하였을까.

먼저 종교적인 지도자로서 제사를 올리던 그 대상에 대하여 알아 보도록 한다. 제사를 올린다고 함은 특정한 신격을 갖춘 대상을 향하여 '비는' 것을 뜻한다. 여기 비는 사람이 곧 〈단군(＝단골)〉으로서 실은 〈단군〉과 〈스승〉이 같은 역할을 수행하였던 것으로 보인다. 말을 바꾸면 그렇게 빌었던 대상은 〈단군왕검〉에서 [왕검(王儉)→ 님금(님〈태양신 · 불신〉＋금〈태음신 · 물신〉)]이었으니 하늘의 태양신으로 대표되는 천신(天神)과 땅의 태음신으로 대표되는 지신(地神)을 가리키는 속뜻을 갖고 있다.

'슷'과 관련하여, '스승'은 신과 인간의 '사이'에서 신의 뜻을 인간에게로, 인간들의 뜻을 신에게로 전달함으로써 상호관계를 이어 놓는 중간 매체로서의 역할을 하였다고 하겠다. 《삼국유사》에 전해 오는 단군의 계보를 보면 태양신에 값하는 〈한(환)님[桓因]－한슷[桓雄]－단골[檀君]〉로 요약되는데 〈한님－한슷〉이 '천신－하늘신'이라면 〈고마(곰 · 금熊)〉는 '지신－땅신'이라고 할 수 있다. 어찌 보면 단군은 니마와 고마의 사이에서 태어난 자손이며 〈한슷(위대한 스승)〉은 〈한님〉의 아들이란 점에서는 신성(神性)을 갖추고 있으며, 인간의 몸을 입어 웅녀와 결혼을 한 점에서라면 인성(人性)을 갖추었으니 〈인성＋신성→환웅의 양성(兩性)〉을 설명할 수 있으며 그 자체로도 신과 인간의 사이에서 인간중심의 인식체계로 옮겨져 오는 두드러진 점을 보이고 있다.

그러면 여기 환웅(桓雄)을 '한슷'으로 풀이하는 근거는 무엇인가. 한자 웅(雄)이 중세 자전류에는 그 훈이 〈수〉(수웅(雄)수모(牡)《훈몽자회》(하))였다. 그런데 〈수〉는 ㅎ특수곡용명사였고, 아예 ㅎ이 시옷받침으로 굳어져서 '숫～슷'으로 넘나들어 쓰이게 되었다(수ㅎ 느라머리바 불求거눌(雄飛遠求食)《두시언해》중 17～7) / 수컷 · 수코양이 · 수탉 등). '자충－차차웅'이 왕을 부르는 이름이라면, '한웅'이 〈(雄) 수～숫～슷 /스승(자충) /슷웅(차차웅)〉의 대응관계에서 '수～슷～

숫'으로 쓰였을 가능성이 높다. 따라서 〈환웅(雄)→한숫〉으로 보아도 큰 무리는 없을 것이다. '환웅-한숫(숫)'은 신과 인간 사이에서 여러 가지 지도자로서의 구실을 하였다는 말이 되며, 또한 단군은 한숫(숫)과 웅녀 사이에서 태어났다는 논리가 된다. 이를 간추려 요약하면 아래와 같다.

(7) ㄱ. 한숫(숫)-환인(한님)- 환웅(한숫) - 단군(단골)
       〈신성〉   〈신성+인성〉   〈인성〉

ㄴ. 단골-환웅(한숫)×웅녀(고마)→단군
    〈부성(父性)-하늘〉〈모성(母性)-땅〉

ㄷ. 그림

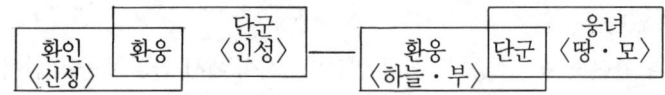

그림에서 환인(桓因)을 〈한님(=위대한 태양신)〉으로 보는 까닭은 [님-니(日·泥·尼·熱·陽)+-마(경칭접미사)>니마]와 같이 개음절(CVCV)의 '니마'와 폐음절(CVC)의 '님'이 넘나들어 쓰이다가 오늘날에 와서는 '님>임'으로 굳어진 것으로 보기 때문이다.

(8) ㄱ. 尼山縣本百濟熱也山縣(《세종실록지리지》) 日谿縣本熱兮縣
    或云泥兮景德王改名今未詳(《삼국사기》지리지) 摩尼山古城陽山古
    縣(《대동지지》) 發火始敎熟食(《한단고기》)

ㄴ. ningu(上·頭)(만주)/nigou(貴人) nihon(日本) nie(煮)
    niiro(丹色)(일본)

위의 자료 (8)을 보면 [尼-熱-日-陽-火-丹-煮]의 대응관계를 찾을 수 있고, 이밖에도 태양신 숭배의 민속이나 문화전통 등이 쉽게 지적될 수 있다(〈예〉빗살무늬토기·고인돌·동침제 등).

이같이 태양을 뜻하는 [니(마)-님]은 뒤로 오면서 '왕'의 뜻으로 통용되다가 지금은 '좋아하고 그리워 하는 사람'의 뜻으로 쓰이게 되었다. 고대사회에 관한 자료 중에서 태양신에 대한 것은 거의가 하늘에 제사를 드리는 천제(天祭)의 형식으로 전해 온다.

(9) ㄱ. 正月祭天國中大會連日飮酒歌舞曰迎鼓(《위지동이전》) 常用
十月祭天大會名曰東盟(《후한서동이전》)

ㄴ. 祭鬼神群聚歌舞飮酒晝夜無休(《위지동이전》) 皇天所以命我者御
是 處惟家邦爲后爲降矣(《삼국유사》)

ㄷ. 一熊一虎同穴而居常祈于神雄假化爲人 (중략) 熊女者無與爲婚
故 每於檀樹下呪願有孕雄乃假化而婚之孕生子號曰檀君王儉(《삼국유
사)》

이르자면 ㄱ은 북방계, ㄴ은 남방계의 제천에 관한 자료이고 ㄷ은 단군신화의 자료이다. ㄱ, ㄴ은 하늘 중심의 제천기록이라고 한다면 ㄷ은 하늘신과 땅신의 결합(님＋곰→王儉)으로 빚어진 단군의 탄생과 천신계와 지신계에 대한 섬김을 보여주는 자료라고 할 것이다. 단군이 제사하는 대상이 태양신 - 니마(님)와 태음신 - 고마(곰 - 금)인 것은 보기(8)에서 밝혔거니와 이 때 단군은 대제사장 - 스승(단골)이요, 위대한 종교지도자이자 행정의 머리였음은 다시 풀이할 필요를 느끼지 않는다.

그럼, '사이'를 바탕뜻으로 하는 〈스승〉에 관한 자료에 단군 이후의 시대가 어떻게 드러나 있을까. 알고 보면 〈사이〉란 말도 〈슷 - 섯 - 삿〉의 분화형태 가운데에서 〈삿(슷)＋-이〉 사시(ᄉᆞ시) > 사ᄋᆡ(ᄉᆞᄋᆡ) > 사이(새) > 로 이루어진 파생형태소로 보인다(필자 1989, 〈의존명사 '슷'의 형태분화〉 참조). 사이 개념은, 인간과 신의 사이뿐만 아니라 인간의 인지작용의 기초를 이루는 시간과 공간도 하나의 사이 범주에 들어가는 개념들이다. 동음이의어 〈새(鳥)〉와 '사이'는 무슨 관계가 없을까.

(10) ㄱ. 새의 방언 - 새(대부분 지역) 사이(개성ㆍ재녕ㆍ서흥ㆍ수안) 생이(제주지역) 쌔(경산)

ㄴ. 雀曰賽斯乃切(《계림유사》) 東語新曰斯伊(《해동역사》) sajhaja(新)(몽골어) sai(沙)(토이기)

ㄷ. 새배붓그륩이업도다(曉無憗)(《두시언해》 중 17-15) 새배효(曉)(《훈몽자회》 상 1) 쇠잣(金城(《용비어천가》) 鐵曰歲(《계림유

사》) 므쇠로한쇼룰디여다가(〈정석가〉)

ㄹ. 옷亽이(衣中)(《구급간이방》1-19) 亽이ᄒᆞᆫ(中媒)(《소학언해》 5-67) 새됴(鳥)(《훈몽자회》하 3)

이와 같이 '사이'를 뜻하는 '슷(숯)'은 시간과 공간은 물론이고 짐승으로서의 새[鳥], 쇠[鐵], 새[新], 새벽[曉] 등으로 의미의 확장이 이루어진 것으로 보이며 이들은 모두 동음이의어를 통한 소리와 뜻의 유연성에 말미암은 것으로 보인다. 가령 새[鳥]의 경우 방언이나 중세어 자료 ㄱ, ㄴ에서처럼 복모음으로 발음되기 때문에 [사이]로 읽으므로 [사이≒亽이]의 근사성을 인정할 수 있으며, 뜻으로 보면 새[鳥]는 하늘과 땅의 '사이[中]'를 드러내는 형태소가 아닌가 한다. 세(쇠 鐵)도 [서이~소이 ~ 亽이]로 대응되며 의미 또한 나무도 돌도 아닌 그 '사이'쯤 되는 새로운 물질이라 할 수 있다. 원초적으로 [슷(숯)]계의 형태들은 모두가 '태양'을 뜻하는 기원추상명사 [ᄉᆞ](ᄒᆞ)에서 비롯한 것으로 본다(필자〈의존명사 [ᄉᆞ]의 의미와 형태〉(1991)참조).

이제까지 [스승]의 의미특징에 대하여 풀이하였는데 그 줄거리를 간추리면 다음과 같다고 하겠다.

(11) 〈스승〉의 의미특징

ㄱ. 중심의미 - ①제사장 및 행정지도자 ②신과 인간의 중개자(원의미 - 태양[日])

ㄴ. 유연성에 따른 주변의미 - ①시간 ②공간 ③나이[歲] ④새[鳥] ⑤쇠붙이[鐵] ⑥새[東] ⑦새[草] ⑧싹(샀(ㄱ)>샀>샀>싹) ⑨서리[霜·盜] ⑩숯[炭] ⑪자리[席]

ㄷ. 변천과정에 따른 뜻 - 제사장·행정의 지도자(=왕)>종교지도자(지도자(=왕)>종교지도자·교원(중세)>교원·무당(현대)

특히 새(鳥-間)와 관련한 건국사화에 드러남은 또한 흥미롭다. 박혁거세, 석탈해, 김알지 모두가 새의 알이나, 새와 관계 있는 사연으로부터 비롯하는 임금들이다. 짐작컨대 이들은 모두 부족을 대표하여 종교 및 정치적으로 하늘과 인간의 사이를 고리짓는 사람의 상징으로 떠오른다. 딱히 무슨 새라 하지는 않으나 새의 알이 등장하는바, 하백의 딸 유화

(柳花)처럼 직접 '사람이 알을 낳은(人生卵)' 것으로도 비유되는 것은 신성한 가치를 임금의 탄생에 부여하려 함이 아닌가 한다. 〈새〉는 태양을 뜻하는 〈새·세·쇠〉와 동음이어인바, 뜻의 전이로 보인다.

(12) ㄱ. 辰人謂瓠爲朴以大卵如瓠故以朴爲姓居西干辰言王(《삼국사기》권1 신라본기)

ㄴ. 九年春三月夜聞金城西始林樹間有鷄鳴聲 (중략) 白鷄鳴於其樹下 (중략) 乃收養之乃長聰明多智略乃名閼智以其出於金櫝姓金氏(《삼국사기》탈해왕)

ㄷ. 於時大王會問群臣人而生卵古今未有殆非吉祥 (중략) 乃登位以昔是吾家取他人家故因姓昔氏(《삼국유사》권1)

사람이 곧 새가 아니듯이 새가 사람은 물론 아니다. 일단 사람의 출생, 그것도 건국시조의 설화 속에 새가 나타나는 것은 새를 통하여 신령스러움을 부여하고 새의 속성 '사이'를 강조하거나 탄생의 신성성을 드높이기 위하여 새가 나타나는 것으로 보인다. 왕의 권력은 하늘로부터 받으니까 적어도 건국시조는 왕권의 천신부여를, 하늘을 나는 〈새〉를 통해 드러낼 수 있다. 그러니까 〈신←왕→인간〉과 같이 신과 인간의 '사이'에서 중간역할 신의 대부역할을 하는 것이 왕이 된다는 말이다.

요컨대 〈스승(=무당+왕)〉이란 말은 신과 인간의 '사이'에서 상호작용을 함으로써 특정한 겨레를 이끌어 나갔던 신성한 존재였다. 뒤로 오면서 〈스승→무당·선생〉의 뜻으로 쓰이다가 오늘날에 와서는 일부 방언에서만 '무당'(함경도)으로 통용될 뿐 '가르치는 사람'의 존칭으로 쓰이게 되었으니, 역사적으로 보면 제의문화를 되비치는 하나의 상징기호라고 보아도 무리가 없을 것이다. 그러면 '스승'을 중심으로 하여 이루어지는 낱말 겨레들의 짜임새는 어떠한가.

2. '슷'의 뜻과 형태상의 특징

사람이 사물이나 사실의 존재나 변화를 알아차림에 있어 가장 기초가 되는 인식의 기본 형식으로서 흔히 공간과 시간이 있음을 잘 알고 있다. 이른바 공간지각을 바탕으로 하여 바른 사물인식에 도달하게 된다. 일반적으로 공간인식은 공간의 위치, 크기, 모양, 거리를 알아냄으로써 가능한 감각의 상호작용이라 할 수 있다. 그럼 시간지각은 어떠한가. 어떤 경험을 겪음으로써 얻어진 시간의 양, 변화속도, 처음과 끝으로 일컬어지는 시간상의 순서를 알게 됨으로써 사물이나 사실의 시간적인 위상을 이해하게 되어 있다. 이와 관련하여 볼 때, 의존명사 '슷'은 '사이' 개념을 드러내는 의미특성을 드러낸다. '사이'는 사전적인 측면에서 보아 ㉠공간상의 거리, 물체와 물체간의 거리, ㉡일정한 때에서 일정한 다른 때까지의 동안-시간적인 틈, ㉢한 개체와 다른 개체가 맺은 관계(-사귀는 정분 등을 포함하여)로 정의된다. 특히 ㉢의 관계라는 개념은 후술되겠지만 의존명사 '슺(슷)'의 공간 또는 시간의 사이를 드러냄에 있어 둘 이상의 공간 또는 시간상의 개념 또는 실체로서의 사물·사실의 사이에서 일어나는 서로의 걸림을 뜻한다. 실제로 〈슺(슷)〉이 어떻게 쓰였는가를 알아 보도록 한다.[1]

(13) ㄱ. 東西南北애그츤스치업거늘(南北東西無間斷)(《남명집》(상) 13)

ㄴ. 漁舟에 누어신들니즌스치이시랴(이현보)

ㄷ. 每日淸旦애曼陀羅花롤담아그弘슷업스니(《월인석보》7-58)

ㄹ. 晝夜六時예曼陀羅花ㅣ듣거든하弘風流가그弘슷업스니(《월인석보》7-58)

---

[1] 공간을 드러내는 명사 또는 부사가 시간의 개념으로 전이되는 것은 보편적인 현상이다. 이 범주에 드는 의존명사로 [장소]의 의미를 보이는 형태는 그럴 가능성이 있다(필자(1987)《후기 중세어 의존명사 연구》참조).

ㅁ. 슷간(間)(《훈몽자회》하 15)

ㅂ. ᄆᆞᅀᆞ매그츨슷업시홈ᄃᆞ니(心無間斷)(《능엄경언해》7-23)

ㅅ. 時節이歇흟슷업스며(時節無歇)(《능엄경언해》7-24)

위의 보기에서 [슻]은 표기적인 변이형태 〈슷〉으로도 드러남을 알 수 있다. 의미로 보아 ㄱ, ㅁ은 주로 공간적인 사이의 개념을, ㄴ~ㄹ, 이어 ㅂ, ㅅ은 시간적인 사이의 개념으로 나눌 수 있다. 한자와의 대응 관계를 보면 〈슻(슷)－間〉이 중심을 이룬다. 참고삼아 한자 〈간(間)〉이 쓰였던 의미와 그 사용례를 알아보면 전통적인 '사이'의 의미 자질은 어떠했나를 엿볼 수 있다.

(14) ㄱ. (사이)自竄於戎翟之間(周語)／(중간장소)天地之間(啓蒙篇)／(섞이다)衣正色裳間色(禮記)／(이간하다)因敵間而用之(兵法)／(가깝다)間親新間舊(左傳)

ㄴ. 間架·間隔·間隙·間年耕·間方·間不容髮·間於齊楚·間接還元法·間資

ㄷ. 間(＝閒)~방문으로 달빛이 비치다(《한자사전》민중서관)

ㄱ에서는 〈간(間)〉의 의미를, ㄴ에서는 그 쓰임새를, ㄷ에서는 〈간(間)〉의 자원이 회의문자로서 문틈 사이로 달빛이 비추임을 드러내고 있다. 보기 (13)에서의 공간과 시간이란 개념은 보기 (14)에서도 예외가 아님을 알게 된다. 주로 두 지점 사이의 공간이나 가운데를 뜻하는 장소, 사물과 사물의 사이, 시간과 시간의 사이, 더 나아가서 존재의 걸림을 공간화하여 표현하고 있다. 사물과 사물 사이의 개념은 분화되는 언어 형식에 따라서 사물과 사물이 부딪쳐 '마찰'됨에 따라 일어나는 상태나 동작을 표현하는 일이 있으며, 때로는 같은 물체라도 겉과 그 사이에 끼어 만들어진 '생성물'을 지칭하기도 한다.[2] 그러니까 두 개의 물체 사이 또는 그 사이에 채워지는 내용물을, 간극성의 공간은 수용할 수가 있

---

[2] 가령 과일의 경우, 씨와 껍질의 사이에 있는 부분을 과육(果肉)이라고 하거니와 어떤 사이에서 －자의든지 타의든지－끼어 있는 물체를 뜻한다('살'＝뼈와 피부 사이에 있는 근육조직).

는 것이다. 혹은 그 사이에서 나온 생성물 또는 그러한 속성을 바탕으로 하는 '사이' 곧 〈슻(슷)〉의 형태들이 분화하여 나간 것으로 보인다.

그럼 공간과 시간의 차이(동안)를 드러내는 보기는 (13)~(14)에서 검증하였거니와 [걸림·마찰·생성물]의 의미자질로서 설정할 수 있는 〈슻(슷)〉의 보기를 들어 보도록 한다.

(15) ㄱ. 몰애우희올히삿기ᄂᆞᆫ어미를바ᄅᆞ셔ᄌᆞᆺ오ᄂᆞ다(沙上鳧雛傍母眠)(《두시언해》 10-8)

ㄴ. ᄀᆞᄅᆞᆷ우희져비삿기짐즛오ᄆᆞᆯᄌᆞ조ᄒᆞᄂᆞ다(江上燕子故來頻)(《두시언해》 중 10-7)

ㄷ. 삿기빈ᄆᆞᆯ(懷驅馬)(《노걸대언해》(하) 8) / 삿기칠ᄌᆞ(《훈몽자회》 하 7)

보기 (15)에서는 〈슻(슷)〉의 모음교체에 따른 새끼를 뜻하는바, '삿기'(>새끼)의 분포례를 보이고 있다. 암수 사이에서의 관계-걸림을 바탕으로 생겨난 것이 '새끼'인 것이니 존재들의 관계를 드러낸다. 짚으로 꼬아서 만드는 '새끼'(ᄉᆞᄎᆞ로두소ᄂᆞᆯ 미야와長者ㅣ 손ᄃᆡ 닐어늘(《월인석보》 9-35)도 그 예외는 아니다. 짚으로 꼰 줄이나 두 사물이 상호작용을 가짐으로써 이루어진 것임에는 하나도 다를 바가 없다. '슷'의 파생의미 '마찰'의 경우는 어떠한지 우선 분포의 실례를 살피도록 한다.

(16) ㄱ. 唐鄕義宗의안해盧氏녯글ᄃᆞᆯ ᄒᆞᆯ잠ᄭᅡᆫ슷치고싀어버이를섬교ᄃᆡ ᄆᆞ장며느늘의道ᄅᆞᆯ어덧더니(唐鄭義宗의妻盧氏ㅣ略涉書史ᄒᆞ고事舅姑호ᄃᆡ甚得婦道ᄒᆞ더니)(《소학언해》 6-59)

ㄴ. 仙人이그ᄯᅥᆫ니 ᄆᆞᆯ어엿비너겨草衣로슷봇고뫼ᅀᆞᆸ바다가(《석보상절》 11-25)

ㄷ. ᄀᆞ올히슷이더니(聞鄕黨)(《삼강행실도》 열 14)

ㄹ. 낫맛ᄉᆞ이에바고니ᄅᆞᆯ소ᄃᆞ니 ᄉᆞ며갓곤거시서르두펏도다(放筐亭午際洗剝相蒙冪)(《두시언해》 초 16-72)

위의 보기에서 〈슷다(>싯다)〉는 두 물체가 서로 직접 또는 간접적인 접촉을 하고 '서로 닿아서 비빔'을 드러낸다. 여기서는 같이 혹은 '마찰'이라고 그 의미자질을 부르기로 한다. 관계의 하위범주라고 하여 지

나침이 없을 것이나 두드러진 특성으로 설정하였다. 어떤 사물들이 맞부
딪침이 없이 서로 갈려 비벼지는 상호관계를 〈슻(슷)〉의 사이개념에 유
추하여 적용함으로써 만들어진 어족으로 보인다. 아울러 같은 사물이라
도 겉과 안이 있는 것인데, 겉과 안의 그 '사이' 공간에 채워지거나 생성
되어 쌓이는 부분을 〈슻(슷)〉의 분화형으로 표현하는 일이 있다. 시간
의 경우도 크게 다르지 않다. 그러니까 일정한 어느 때와 때가 갈라지는
계기에 값하는 것을 이르는 일이 있음을 알 수 있다.

(17) ㄱ. 훍ᄇᄅᆫ티쁟드로ᄆᆫ갓과술히살쥬미오(泥塗墮落皮腐之皴皺)
   (《법화경언해》 2-105)

ㄴ. 술잇ᄂᆞ니와대가리잇ᄂᆞ니와(《능엄경언해》 2-7)

ㄷ. 슬히여위신들金色잇근가시시리여(《월인천강지곡》 62)

ㄹ. 다ᄉᆞᆺ술엣아히(五歲的)(《박통사언해》 중 1)

ㅁ. 세술다ᄉᆞᆺ술의아히ᄂᆞᆫ(三五歲兒)(《두창경험방》 19)

ㅂ. 계요스므술남고(《삼역총해》 2-16)

ㅅ. 세서레곧能히키우르ᄂᆞ니(三歲便能六哮吼)(《남명집》 하 37)

ㅇ. 세설머근손ᄌᆞ롤머기더니(《삼강행실도》 곽거)

위의 보기 ㄱ~ㄷ은 '피부 아래 부분으로 뼈를 싸고 있는 근육조직'
으로서의 〈술(ㅎ)〉을 보인 것이다. 〈술(ㅎ)〉은 〈슻(슷)〉의 모음대립
과 음절말 자음의 교체(ㅅ-ㄷ-ㄹ)에 따라 이루어진 분화형태로 풀이
하면 될 것으로 상정한다. 과실의 껍질과 씨의 사이도 '살'이라고 함은
사이의 하위범주에 드는 의미로 파악된다. 그럼 ㄹ~ㅇ의 '술~설'은
무엇인가. 시간과 시간의 셈단위로서 지난 해와 새해의 중간쯤의 시기를
〈설(살)〉이라고 하는바, 바로 시간적인 간극 — 틈을 수량화의 단위로
삼은 것이다.

의존명사 〈슻(슷)〉의 의미자질은 위의 풀이를 통하여 밝혀 보았는
데, 간추려 보면 다음과 같다.

〈슻(슷)〉의 의미자질

[+공간, +시간, +간극(=사이), +관계, +마찰(=닿아 비빔),

+생성물]

여기 의미자질 가운데에서 공간 시간 간극 관계가 주요부류의 자질이라면 마찰 생성물은 그에 따르는 하위범주에 드는 의미자질이라고 할 수 있다.

의존명사 〈슻(슷)〉은 조사와의 결합과정 곧 곡용의 형태를 보면, 특히 '슷'의 분화형태 〈싯(씻)-〉의 형에서, 또는 하나의 단어족 '솟~삿~섯~삳'들의 실현형에서 형태변화를 보면 ㄱ곡용의 특수명사임을 알게 된다.

(18) ㄱ. '시-'계 - 시츤다(순천) 시친다(보은·단양·부여·예산·홍성·안면·청양·서산(충청)·옥계(강원)·강진·영광·함평·목홍·영암·구례·곡성(전남)·시끈다(고흥·구례·영덕·경주·청송·창녕) 식다(양산) 싱는다(경산·경주·영천·밀양·울산·창녕·김해)

ㄴ. '씨-'계 - 씨친다(화순·보성) 씨츤다(고흥) 씨껏다(창녕) 씨끈다(고흥·구례) 씨꾼다(하동) 씨꺼라(합천·진양·창원·밀양·김해) 씽는다(포항·경주·김천·밀양·울산·양산·부산·마산·함안·창녕·합천·거창·산청·진주·사천·충무)[3]

위의 보기 ㄱ, ㄴ을 통하여 '슷-'의 분화형태인 '싯(씻)-'의 방언형에서 '싯(씻)-/싳(씿)-'의 변이형을 찾아 볼 수가 있으며, 특히 ㄱ곡용의 가능성을 보게 된다. 이와 더불어 〈슻(슷)-〉의 모음교체와 어간말 자음에 따라서 분화된 형태들의 곡용의 가능성을 찾아 보기로 한다.

(19) ㄱ. 몰애우희올히삿기눈어미롤바ᄅ셔ᄌ오ᄂ다(《두시언해》 중 18-8) / 삿기낫(《역어유해》 상 4) / 삿기빈ᄆᆞᆯ(《노걸대언해》 하 8)

ㄴ. 왼솟기롤쬬와(《청구영언》 114) / 노히나숫츨가져(《무원록》 2-17)

---

3) 최학근《한국방언사전》1987 1409면 참조. 이 밖에도 '씩다(하동·양산·창원·창녕·고성·의령)'계의 분포가 눈에 뜨인다.

ㄷ. 삸과 삸괘 뻐롤브터나고(牙牙從種生)(《원각경언해》(상) 1의 2.
   14)/ᄆᆞ슈매엄삭시니(心苗)(《선가귀감언해》하 56)
ㄹ. 벼개와삳가지고수플幽僻ᄒᆞ디들오(《두시언해》중 9-25)/삳뎜
   (《훈몽자회》중 11)/벼개와삳글것으며(斂枕)(《소학언해》2.5)
   /딥지즑과삿글가져다가(將藁薦席子來)(《노걸대언해》상 23)/삿
   근업거니와(席子沒)(《노걸대언해》상 23)
ㅁ. 오ᄋᆞ로섯근거시업서(《석보상절》13-28)/根과境과섯구미일훔이
   觸이니(《월인석보》2-22:1)

위의 보기 ㄱ~ㅁ으로 보아 '숫 - 삿 - 섯 - 산'은 조사와의 결합에서 ㄱ이 삽입되는 특수곡용의 분포를 드러내고 있다. 결국 같은 의미소를 바탕으로 하는 변이형태이지만 '숯-'계는 ㄱ특수곡용을 하지 않고 '슷-'계와 〈숫 - 삿 - 섯 - 산(션)-〉계의 분화어는 ㄱ특수곡용을 하는 특징을 보인다. ㄱ, ㄷ과 ㄱ, ㅁ에서 [슷-]계와 '삸 - 섨'은 ㄱ곡용의 음소가 아예 화석화 되어 어말의 자음군을 형성한다.[4] 그러니까 'ㅅ~ㄳ'으로 넘나들다가 'ㄳ'으로 음운도치가 일어나 그대로 굳어진 결과를 되었다. 똑같은 현상은 아니더라도 어말자음이 '-ㅅ'로 끝나면서 ㄱ특수곡용을 하는 말 가운데에서는 〈숫(삿·산·섯)〉처럼 아예 어말자음으로 굳어져 오늘에 이른 형태가 있으니 '밧(外)'을 포함하는 다음의 몇 예를 들어보기로 한다.[5]

(20) ㄱ. (CVC(ㅅ))-계: 밧(《두시언해》초 7-17) 돗[帆](《월인석보》23-74) 붓(種)(《월인석보》2-7·붓=뜸의 수) 삿(《동문유

---

[4] 어말자음에 특수곡용을 하던 음소가 아예 어우러져 하나의 형태를 이루는 일은 일종의 유착(amalgamation)이라고 할 수 있다(필자 《후기 중세어 의존명사 연구》1987 23면 참조).
   예)「나조(ㅎ)(>)나중)(《두시언해》초 8-9). 따(ㅎ)(>땅)《월인석보》서 8)·집우 (ㅎ)(>지붕)(《물보》-제택(第宅)) 등

[5] 최범훈 《중세 한국어 문법론》1981 79면 참조. 위의 보기 가운데에서 ㄱ곡용의 ㄱ이 윗말 또는 아랫말에 유착되어버린 경우는 '밧(>밖)·잇(>잇끼)의 형태가 이 범주에 속한다.

해》상 58) 숫(炭)(《능엄경언해》 8-97) 잇(苔)(《두시언해》초 15-15)
ㄴ. 밧긔나아걷니더시니(《석보상절》6-20)
ㄷ. 밧기버므루미업스실씨(外無所累)(《능엄경언해》6-28)
ㄹ. 얼구를밧만녀겨死生ᄋᆞ니겨(《월인석보》 18-32) /밧피(皮)(《신 증유합》상 2) 밧외(外)(《훈몽자회》하 34)

ㄱ은 'ㅡㅅ'으로 끝나는 명사가 ㄱ특수곡용을 하는 계열에 드는 형태들을 든 것이고, ㄴ~ㄹ은 '밧(ㄱ)>밖>밖'으로 바뀌어 오늘까지 쓰이고 있는바, 중세어에서 보기를 보인 것이다. 자음역행동화로서 시옷이 기역에 거꾸로 닮은 결과라고 하겠다.

앞 절에서 살펴본 바와 같이 〈숯(숫)〉은 '간극성'을 중심으로 한 ㄱ특수곡용을 하는 의존명사임을 논의하였다. 이와 함께 눈에 뜨이는 〈숯(숫)〉의 통사성분상의 특징 – 독립성은 의존형식으로 특징지을 수 있다. 하지만 〈숯(숫)〉의 의미소를 바탕으로 하는 일군의 형태들은 자립명사로 쓰임을 보인다.[6] 형태소의 독립성이란 기준을 중심으로 하면, 일반적으로 자립형식에서 의존형식으로 다시 기능 형태소로 되는 것이 〈숯(숫)〉의 단어족을 규정짓는 데 빼놓을 수 없는 전제가 된다. 먼저 〈숯(숫)〉을 중심으로 하는 형태소의 독립성을 알아보기 위한 분포의 실례를 들어보면 다음과 같다.

(21) ㄱ. 숫쎠고刀쳑몐分네는(《해동가요》) /높이들고삿홀발로버릐치다(《한청문감》118a) /벼개와삿글것으며(《소학언해》 2-5) /손머믈우는녀름사ᄐᆞᆫ(《두시언해》초 15-9) /ᄉᆞ츠로두소눌미야와長者ㅣ손ᄐᆞ널어는(《월인석보》8-98) /神足ᄋᆞᆫ삭남곤고(芽)(《원각경언해》상 2-2:118) /ᄆᆞᄉᆞ미엄삭시니(《선가귀감언해》하 21) /ᄉᆞ시그춤업슨(無間斷)(《선가귀감언해》 상 21) /모ᄉᆞᆯᄉᆡᄒᆞ야곳다온

---

6) 필자《후기 중세어 의존명사 연구》1987 109면 참조. 통사론상의 특징을 보면 불구형의 내포문을 구성하며 상위문 동사는 존재동사류와의 호응이 중심을 이룬다고 하겠다([–내포문]계).

말와미니솃고(《두시언해》초 7-40)·ᄒᆞᄂᆞ이리옷밥소이와노름노리
ᄒᆞ야즐기매(《번역소학》8-13) /섯흘류라(《두시언해》초 9-5) /두
설디내디아니ᄒᆞ야(《관음경》10)·열술의아히ᄂᆞᆫ(《두창경험방》)
ㄴ. 그츬숫업스니(《월인석보》7-58) / 그츤스치업거늘(《남명집》상 13)

ㄱ에서 보이는 〈숫 - 삿 - 산 - 샅 - 시 - 싸 - 싸시(ᄉᆡ·ᄉ
이) - 섯 - 설(슬) - 실 - 숫(슻)〉은 자립명사로 쓰였고 ㄴ의 〈슻
(숫) - 싯 - 싄〉은 의존명사로 쓰였음을 알 수 있다. 앞에서도 풀이하
였듯이 자립형식이 의존형식으로 발달한 것을 받아들인다면 〈숫(숯)~
삿(샅)〉에서 〈슻(숫)〉으로 그 형태소의 쓰임이 바뀐 것으로 볼 수 있
다. 〈슻(숫)〉계의 형태가 관여하여 이루어진 형태들은 독립성 유무에
관계가 없이 어떤 유형으로 짜여져 있을까.[7]

의존명사 〈슻(숫)〉과 그 변이형들이 관여하여 이루어진 형태들은 어
떻게 형태소를 결합함으로써 살아가는가. 형태의 짜임새를 몇 가지로 간
추리면, 우선 자립형식으로서 단일어로 쓰이는 부류가 있음을 들 수 있
다. 한편 단일어를 중심으로 여기에 접미사가 결합하여 이루어진 언어형
식들이 폭넓은 분포를 보인다. 그런가 하면 〈슻(숫)〉의 말겨레 가운데
에는 아예 접두사로 쓰여 다른 말 앞에 붙어서 쓰이는 경우가 있으니, 그
보기를 보면 다음과 같다.[8]

(22) ㄱ. 자립명사로 쓰이는 것($[X]N_1^n$) : 숫(삿) - 샀 - 산 -
샅 - 슻 - 설(슬) - 실 - 숯(제1유형)
ㄴ. 용언의 파생어간으로 쓰이는 것($[[X]N+다]V$) : 섯 - 슷 -
싯 - 싣 - ᄉᆞᆫ - 슬 - 슳 - 숫(제2유형)
ㄷ. 명사의 파생어간으로 쓰이는 것($[[X]N+이]N$) : 숫 - (제3유
형)

---

7) 의존명사의 선별기준에 대하여는 필자(1987-7) 참조.
8) 어휘 생성의 모형은 Aronoff의 것을 원용함(김봉주《형태론》(1984) 190-193 참조).

ㄹ. 파생접두사로 쓰이는 것([S(숯)+[X[W]W) : 숯-(제4유형)

이상과 같이 〈숯(숫)〉이 형태론적으로 구성하는 형태구조는 ㄱ~ㄹ 처럼 어형성 규칙으로 요약할 수 있다.[9]

(23) ㄱ. 제1유형[X]Nⁿ : 슷(《해동가요》 49면) 손ㅅ삿(《역어유해》 상 34) 수추로(《월인석보》 8-98) 녀름사 톤(《두시언해》 초 15-9) 벼개와샫(《두시언해》 중 9-25) 서리어든(《삼강행실도》 효 6) 五色실로(《석보상절》 9-40) 숫치블이나면(《계축일기》)

ㄴ. 제2유형[[X]N+다]V - 구슬서믄(《석보상절》 13-24)·물간방 하롤숯눗다(《두시언해》 25-17) 本心을시서(《능엄경언해》 9-9) 시 룰지(《석봉천자문》 28) 소곰을슬고(《마경초해》 상 66) 알슨ᄃ 시(《두창집》 상 49) 슬흔ᄆᆞᆯ(《벽온방》 8) 눈을슷고(《태평광 기》 1-24)

ㄷ. 제3유형[[X]N+이]N - ᄉ시그츔업슨(《선가귀감언해》 상 21) ᄉᆡ업시(《원각경》 상 1-1:113) 옷밥ᄉ이와(《번역소학언해》 8-13) 솟기를(《청구영언》 114) 삿기양고(羔)(《신증유합》 상 14)

ㄹ. 제4유형[S+[X]W]W - 숯무우(《유씨물명고》) 숫구무(《두 창집》 하 35)

ㄱ~ㄹ을 보면 제2유형에 드는 〈숯(숫)〉계 명사가 파생어간이 되고 여기에 접미사가 붙어 용언을 이루는 형태가 가장 생산적임을 알 수 있 다. 이러한 현상은 후기 중세어에서 보이는 특징의 하나인데 명사어간에 접미사가 붙어 용언을 만들어 내는 가장 보편적인 어형성의 유형이다. 한국어의 교착성을 가장 잘 드러내는 조어론상의 두드러진 보람이라고 보겠다. 이상의 풀이글에서 〈숯(숫)〉계의 말겨레에 대하여 살펴보았는 데 몇 가지 특징지을 만한 것들을 동아리 지으면 아래와 같다.

(24) ㄱ. [숯(숫)]계의 낱말겨레는 조사와의 결합에서 ㄱ특수곡용 을 한다. 이 때 [-ㅊ]계의 형태는 제외되고, [-ㅅ]계의 형태만 이 범주에 든다.

---

9) 어형성 규칙은 생성되는 복합어의 품사별로 범주화한 것임.

ㄴ. 형태소의 독립성을 중심으로 하여 보면 [숯(숫)]은 의존명사이고, [솟(샃)]계의 변이형들은 모두 자립명사로 쓰인다.
ㄷ. 형태구조를 보면 제2유형[[X]N+다]V]의 용언 파생어간으로 쓰이는 것이 가장 생산적이다.

3. 형태의 분화와 변천

 언어기호가 공시적이든 통시적이든 시간과 공간을 따라 변이를 겪어 가면서 언어 대중들 사이에서 살아간다. 〈숯(숫)〉의 경우 변이를 해 가는 데에는 몇 가지 틀이 있는 것으로 보인다. 첫째, 모음변이 곧 모음의 교체에 따라서 바뀌는 것이 그 대강을 이룬다고 할 수 있다.[10] 둘째, 어말자음이 음운론적인 과정을 통하여 음운인식의 변화를 가져옴으로써 분화가 되는 일이 있다. 셋째, 어두에서 자음의 바뀜에 따라 분화되어 하나의 낱말 겨레를 이루어 분화형태가 이루어진다. 이들 세 범주의 분화형태들은 시대와 지역에 따라서 방언분화의 꼴로 나타나는 일이 있으며, 문헌의 기록으로서, 중세 또는 근세어에서 그 흔적을 보이고 있다. 이 글에서는 주로 세 가지 분화의 모형을 비롯하여 현재까지에 이르는 통시적인 변천과 방언자료의 원용으로 밝혀지는 현대국어와의 걸림을 기술하게 된다.

1) 형태의 분화와 음운교체

 한 낱말이 변이형 또는 분화형에 있어 모음의 교체 현상은 보편적이

---

10) 모음교체는 중세어에서 주로 '아-어/오-우/ᄋ-으/으-이'가 있는데 가장 대표적인 것은 양성모음(V+) 대 음성모음(V-)으로 간추려지는 강박계열과 관유계열의 대립으로 말미암은 것이 있다(최범훈《중세 한국어 문법론》(1981) 63면 참조).

다. 아주 뜻을 달리하는 경우가 많고 의미소는 같을지라도 별개의 어휘 항목으로 굳어져 쓰이는 수는 중근세어의 자료에서 흔히 보게 된다. 어간모음의 교체 또는 아브라우트(=모음대응)라고도 부르는 바의 어사분화는 낱말 분화의 주요한 모형(matrix)으로 쓰인다.

(25) ㄱ. ᄆᆞᄅᆞ동(棟)(《훈몽자회》 중 6) – 마리슈(首)(《훈몽자회》 상 24) – 머리(《훈민정음해례언해본》) /ᄆᆞ술리(里)(《훈몽자회》 중 8) – 마술부(府)(《훈몽자회》 중 7) 서브로(《두시언해》 중 7-3) – 숲수(藪)(《훈몽자회》 상 7)

ㄴ. 방오리라(《월인석보》 7-60) – 뭉올리(《마경초해》 하/63) 들(野) – 뜰(庭)(《용비어천가》69) /덜에(減)(《석보상절》6-22) – 뻘씨오(《능엄경언해》5-4)

(25)의 보기를 보면 ㄱ은 모음교체에 따라 말이 분화한 경우이고, ㄴ은 자음교체에 따라서 어두에서의 대립을 보임으로써 낱말의 변이를 꾀하고 있다. 같은 말밑에서 분화된 말들은 고대국어에서부터 비롯된 것으로 보인다(이병선〈모음교체에 의한 이중어의 발생과 어사분화에 대하여〉(1979) 223면 참조). 만주어의 경우도 예외는 아니어서 많은 사용례를 보이고 있다.〈숯(슷)〉을 둘러 싼 분화어들의 경우는 어떠한지를 알아보도록 한다. 기술의 편의상〈숯(슷)〉을 중심으로 하는 말들을 양성모음(V^+)과 음성모음(V^-) 및 중성모음으로 나누어 살펴보기로 한다. 먼저〈숯(슷)〉을 둘러 싼 낱말의 계열을 보이면 다음과 같다.

(26) ㄱ. V^+ – 삿 – 산 – 술(살) /숫(숯) /삭(삯)
ㄴ. V^- 섯 – 선 – 설 /슷(슻) – 슨 – 슬 – 숫(숯) /석(섞)
ㄷ. V – 싯(솃) – 신 /실 /술

ㄱ~ㄷ에서 보이는바, 각각의 형태소를 모음의 대립이라는 관점에서 정리하고 어사분화가 일어나면서 의미의 전이 또는 갈래는 어떻게 달라졌는가를 중심으로 하여 그 분포를 논의하도록 한다.

(가) [삿↔섯]의 대립

〈삿〉은〈섯〉과 모음대립을 따라서 분화한 말로 추정된다. 드러내는 의미의 특징은 주로 〈삿〉이 물체와 물체의 '사이' 공간을 나타내고, 표기적인 변이형 〈샅~샅〉으로 표기되기도 한다. 한편 〈섯〉은 한 물체와 다른 물체의 사이에 끼어 있음을 뜻하는 형태로 쓰인다.[11]

(27) ㄱ. 높이들고삿홀발로버릐치다(《한청문감》118a)

ㄴ. 손ㅅ삿(手Y子)(《역어유해》상 34) / 닛삿뿌시디말며(《소학언해》3-26) / 삿깃(尿布)(《역어유해》보 22) / 삿횐말(=사타귀가 횐말)(《유씨물명고》一毛) / 다리삿(《한청문감》5-54)

ㄷ. 샅뎜(《훈몽자회》중 6) / 손머믈우는녀름사툰(留客夏)(《두시언해》초 15-9) / 수리셰여사틱눕고겨소랑ᄒ고(酒醒思臥)(《두시언해》초 15-9) / 벼개와샅글것으며(斂枕)(《소학언해》2-5) / 벼개와샅가지고(《두시언해》중 9-25) / 샅근업거니와(席子沒)(《노걸대언해》상 23) / 딥지즘과샅글가져다가(《노걸대언해》상 23)

위의 보기(26)으로 보아 〈샷〉은 〈삿~샅~샅〉의 변이형을 갖는다. 〈삿〉은 ㄱ, ㄴ에서 손과 다리 또는 이의 '사이'를 뜻한다. 〈샅〉의 경우 〈샅〉과 넘나들어 쓰였으며 자리(席)를 중심으로 하는 의미를 드러내고 있다. 특히 〈샅〉이 '자리'를 뜻하는데, '사이'라는 의미와는 어떤 유연성이 있을까. 자리라고 함은 일반적으로 보아 방이나 땅에 앉을 때에 흙바닥과 사용하는 사람의 '사이'에 깔거나 놓음으로써 그 기능을 다한다. 따라서 흙이나 방바닥과 사용하는 이의 사이에 끼워 넣는 물체임을 생각할 수 있다.

근대 이후로 넘어오면서 '샅>샅/샅'으로 분화되어 〈샅-/샅-〉계로 나누어 쓰이게 되었으니 결국 〈샅〉계의 말은 〈샅〉 또는 〈샅〉계로 통일이 된 셈이다.

(28) ㄱ. 〈샅-〉계 - 고샅(=좁은 골목길)·샅(=두 다리가 갈린

---

11) '샅'의 방언분화형은 접미사가 붙어 쓰이는 경우가 많다.
'샅·사타구니·사탱이·사타리(경북·경남)·사추리(경기)·사태기(화천·군산·옥구)·살키(영주·경주·진주·양산)·강알트멍(제주)' 등.

사이~두 물건의 사이)·샅걸이(〈씨름〉오른발을 상대방의 다리 사이에 넣고 왼다리를 뒤로 뻗침)·샅바·샅바지르다(=샅바로 뒤를 묶다)·샅샅이(=틈이 있는 곳마다)·사타구니(=사타귀)

ㄴ.〈삿-〉계 - 삿갓·삿갓가마·삿갓구름·삿갓들이(=드물게 심은 모)·삿갓연·삿갓장이·삿갓조개·삿갓집·삿반(=갈대로 채반같이 만든 그릇)·삿자리·삿츔(=벽돌을 쌓음에 있어 돌과 돌사이의 골에다 양회를 바르는 일)

ㄱ의 보기에서〈샅-〉계는 유정물과 유정물의 사이를, 부분 혹은 그러한 공간을 통틀어 이르고 있으며, ㄴ에서는 주로 무정물을 드러낸다. 중세어에 비하여 보다 많은 분화의 형태들이 쓰이고 있음을 알 수 있다. 아예〈삳〉계는 쓰이지 않는 사어가 되어 버렸으며, 중세어에서의〈손ㅅ삿·닛삿·삿깃·다리삿〉등의 형태는 현대어에 와서 죽은 말이 되고 말았다. 그러면〈삿-〉계와 모음대립으로 말미암은〈섯-〉계의 분화어는 어떤 분화의 특징을 보이는가.

〈섯-계의 분포〉

(29) ㄱ. 섯흘류라(交墮)(《두시언해》 초 9-5)·섯ㄷ래(《두시언해》 초 10-45)·섯쑬눈믈은(《벽온방신》 8)·프른비치섯굴이고(《두시언해》 중 13-14)·又手ㄴ두손가라굴섯겨를쌔라(《월인석보》8-51)·쏴우희노ᄒ로섯느리고(《월인석보》 8-7)·섯니러사ᄅ미(《법화경언해》 5-43)·섯돈뇨물므더니너겨(交馳)(《금강경삼가해》 3-30)·섯도노매라(《두시언해》 중 1-54)·그어긔수졔섯드러잇고(《월인석보》 23-74)·섯딜어어지러우미(《능엄경언해》 3-116)·交ᄂ섯믿씨오(《법화경언해》1-85)·섯믜자ᄉᆞᆷ업스샤미(《법화경언해》 2-15)·비리누류미섯모ᄃ며(《능엄경언해》 1-42)·보빅섯바곤帳이그우희차둡고(《법화경언해》 4-124)·道왜섯배며(《법화경언해》 2-12)·하놊좀이섯버므러(《월인석보》2-52)·鼓角을섯브니(《송강가사》 1-5)·金色이섯얼거비단交ᄀᆞᄒ샤미(《법화경언해》 2-12)·어즈러이ᄐ개섯흘리노라(《두시언해》 중 3-2)·後ㅅ사ᄅ미혜요티섯그릴씨일훔짓ᄂ니라(《월인석보》2-49)

ㄴ. 시절을섣돌을만ᄂᆞ디라(《동국신속삼강행실도》효 1-12)

ㄱ에서는 〈섯〉이 관여하여 이루어지는 합성어의 보기를 보이고, ㄴ에서는 〈섯〉의 말음이 바뀐 〈섣〉의 보기를 들고 있다. 눈에 확연하게 드러나 있지는 않지만 한 물건을 다른 물건에 합쳐서 서로 구별할 수 없게 함을 〈섞다〉로 하거니와, 중세어에서는 〈섯다〉로 드러난다. 〈샷-〉계는 자립명사로 쓰이지만 어간형 부사 〈섯〉 이외는 모두가 명사어간으로 쓰이어 동사를 파생하고 있다. 현대어로 오면서 〈섯-〉계의 자료는 보이지 않고 〈섣〉계의 형태만이 보일 뿐이다. 〈샀-셨〉 부분에서 풀이하겠지만 〈샷-섯〉은 모두 ㄱ특수곡용을 하는 특징을 보이고 있다.

(30) 섣 - 섣달(=음력으로 한 해의 마지막 달) · 섣달받이(=섣달 초순경 함경도 앞바다로 몰려드는 명태의 떼) · 섣부르다(=솜씨가 설고 어설프다 - 확고하게 정착된 단계의 솜씨가 아닐 때)

(30)에서 〈섣달〉을 풀이하면 '한 해의 마지막과 또 다른 새해의 시작의 가운데에 끼는 달'로 볼 수 있다. 여기 '섣>설'로 넘나드는 형태들이 있는데 뒷부분에서 다루기로 한다. 요컨대 〈샷-섣〉이 사이 공간을 드러내거나 사이 공간을 만드는 물체로서의 의미자질을 갖는다고 할 수 있다면 〈섯-섣〉은 겉으로는 드러나지 않으나 '섞임'을 나타내거나 사이에 끼어 있는 '시간'을 나타낸다.

그러면 〈샷 - 섯〉계와 관련하여 〈살(술) - 설〉계의 분화형태는 어떻게 풀이할 수 있을까. 어사분화의 기제 가운데에서 모음교체에 따른 분포가 가장 일반적이나 이에 못지 않게 자음교체에 따른 분포도 상당하다. 자음교체로는 어두 및 어말의 자음이 바뀌는 것이 대종을 이룬다. 하지만 여기서는 모음교체의 관점에서 〈살-설〉의 분화형태를 동아리 짓고자 한다.

(31) ㄱ. 다섯술아히(五才的)(《박통사언해》중 11) /열술의아히ᄂᆞᆫ (十才兒)(《두창경험방》19) /세술다섯술의아히ᄂᆞᆫ(《두창경험방》19)

ㄴ. 서리어든ᄆᆞ올히(《삼강행실도》효 6) / 그아기닐굽설머거아비보라(《월인석보》8-101) / 아홉설에비치ᄃᆞᆯᄆᆞ니(《두시언해》초 8-

24) /남지니아ᄉᆞ 물섨時節이며朔望애禮를조심ᄒᆞ야ᄒᆞ며(《삼강행실
도》열 14) /두설디내디아니ᄒᆞ야(《관음경언해》10)

(31)에서 〈술-셜〉은 '연령'을 뜻하는 동일한 뜻으로 쓰였으며 ㄴ에
서 〈설〉은 '새해의 첫 머리'란 뜻으로 쓰였다. 새해의 첫 머리에서부터
연령을 달리 셈하는 것이니 〈술-셜〉은 무관한 형태로 볼 수 없는 것이
다. 〈섣-섯〉과 관련하여 볼 때 한 해와 또 다른 해를 가늠하는 시간적
인 '틈'이 되어 일종의 분수령에 값하는 것이라고 보아 틀림이 없을 것이
다. 현대국어로 오면서 '술>살'과 '설'로 드러나는바, 이 말에 터를 대
어 분화한 말 겨레로 보이는 것은 다음과 같다.

(32) ㄱ. 살(=피부와 뼈 사이의 동물체의 조직)·살갗·살거름(=
씨와 섞어서 쓰는 거름)·살거리(=몸에 붙은 살의 정도와 모양)·
살결·살그니(=살그머니)·살근거리다(=물건이 서로 닿아서 가
볍게 비비다)·살기(=살의 정도)·살살(=가볍고 부드럽게 걷거
나 피하거나 문지르는 모양 - [마찰성])·쌀쌀하다(=세차게 바람
이 불다)·살살기다·살짝(=슬쩍)·살코기·살(=나이)

ㄴ. 설·서리¹(=여럿이 남의 물건을 주인 모르게 훔쳐 먹는 장난)·
서리²(=빙점 이하에서 공중의 수증기가 물체의 표면에 닿아서 잔
얼음으로 엉긴 것)·서리다·서리서리·서릿발·서릿바람·서리
병아리·서리맞다

ㄱ, ㄴ은 음성상징에 따른 어감이 큰 말과 작은 말의 차이로 쓰이다가
오늘날에 와서 〈살-〉계는 〈간극성·마찰성·생성물〉의 의미자질을
중심으로 하는 말겨레가 되었으며, 〈설-〉계는 〈간극성·생성물〉의 특
성을 드러낸다. 따라서 〈마찰성〉의 의미자질이 변별적으로 쓰이고 있음
을 알겠다.

(나) [ㅅ(숫)↔ㅅㅎ(숯)]의 음운교체

〈ㅅ(숫)〉에 대응하는 〈ㅅㅎ(숯)〉계의 분화양상은 제일 다양한 것으로
보인다. 그것은 마치 〈삿 - 삳 - 샅 - 술(살)〉에서 어말자음이 바뀌
어 각기 다른 말의 분화어근이 된 것처럼 자음교체에 따라서 〈ㅅㅎ(숯)〉

계의 분화어는 〈숫(숯) － 슫 － 슬 － 숮(숯)〉등으로 나누어져 간 것으로 보인다.

(33) ㄱ. 스츠로두소놀미야와長者ㅣ손티닐어늘(《월인석보》 8-98)·굴스츠로미야무덤ㅅ서리예긋어다가두니라(《월인석보》하 9-35)·숯쎠고刀칙멘分네는(《해동가요》 49면)·왼숫기를쬬와(《청구영언》114)

ㄴ. 슷간(間)(《훈몽자회》하 15)·東西南北애그츤스치업거늘(《남명집》상 13)·ㅁ수매그츨슷업시훊디니(心無間斷)(《능엄경언해》7-23)

위의 보기(33)에서 양성모음(V⁺)과 음성모음(V⁻) /·/↔/ㅡ/의 모음교체를 볼 수 있다. 주로〈숯(숫)〉은 [간극·시간·공간]의 의미자질이,〈숫(숯)〉은〈생성물·간극성〉의 의미자질이 중심을 이루고 있음을 알 수 있다.[12] 중세어의 경우〈숫(숯)〉과〈숫(숯)〉의 분화에는 어떤 것들이 있을까.〈숮(숯)〉의 경우는 그 분화형태의 분포가 확인되지 않으며 앞에서 풀이한 바의〈샃〉으로부터 뻗어나간 말겨레가 중심을 이루고, 특히 근대로 오면서 /·/의 변동에 따라 자취를 감추게 되었다. /·/계의〈숫(숯)〉에서 모음이 바뀐〈숫(숯)-〉을 비롯한 분화형태들은 변이형태인〈숫(숯)～슫～슬～숮(숯)〉을 파생 또는 복합어의 한 요소로 하여 발달한 말겨레가 상당한 분포를 보이고 있다.

(34) ㄱ. 슷다(《두시언해》중 25-17·《박통사언해》중 47·《가례언해》1-25)·쓸다(《삼역총해》1-6)·븟다(《계축일기》103면)·붓돌(《신증유합》하 42)·슷봇다(＝씻어 훔치다)(《석보상절》11-25)·슷이다(＝시끄럽다)(《월인석보》7-19)·슷이다(＝시끄럽다)(《삼강행실도》열 14)·슷치다(《소학언해》6-59)

ㄴ. 슬다(＝스치다)(《마경초언해》상 66)

---

[12] 이긴음절의 끝자음이 전설음의 범위 안에서 변이를 꾀함은 아브라우트의 결과로 볼 수 있다. 낱말겨레의 형태를 추정하여 '스시·스이·슺·숮'을 모두 하나의 집합소로 설정한 논의도 있다(서재극《중세 국어의 단어족 연구》(1980) 100면 참조).

ㄷ. 슬다(=알을 낳다《한청문감》 446d)・쏠다(《송강가사》 1-9)・
슬다(《월인천강지곡》 56)・쏠개(《한청문감》 150b)・슬금슬금
(《참선곡》6)

ㄹ. 슳다(=싫다)(《벽온방》8)・슬ㅋ장(《송강가사》 2-7)・슬콘(정철
자당 안씨)・슬탈ᄒ다(《소학언해》5-16)・슬프다(《두시언해》 초
8-21)・슬픐업시(《두시언해》 초 25-33)・슬희여ᄒ다(《한청문감》
209c)・슬ᄒ다(《석보상절》 13-8)・슬허ᄒ다(《두시언해》・초슬흐
여ᄒ다(=싫어하다)(《소학언해》 5-9)・슬희다(《원각경언해》 상
1의 2-106)・슬희여ᄒ다(《소학언해》5-100)

ㅁ. 슷다(=씻다)(《두시언해》 중 5-25)・슷돌(礪)(《동문유해》 상)
48)・붓돌(《월인석보》9-98)・슷두버리다(=떠버리다)(《월인천
강지곡》157)・슷어리다(《두시언해》 중 9-31)・슷이다(《월인석
보》7-49)

ㅂ. 붓다(=쑤시다)(《구급방》 상 65)・숫(《능엄경언해》 7-16)・
숫고개(《용비어천가》 5-29)・숫등걸(《유씨물명고》 5火)・숫먹
(《유씨물명고》5土)・숫불(《동문유해》 상 63)・숯(《계축일기》)

위의 보기 ㄱ~ㅂ에서 〈슷(숯)〉에 대응되는 모음교체형인 〈슷(숯)
~슫~슬~슳~숫~숯〉의 형태들은 '간극성・마찰성・생성물'의 의미
자질을 드러내는 외연항(term)이라고 판명되며, ㄱ~ㅁ은 '마찰성・간
극성'을 충족하는 형태들로 보인다. 두 개 이상의 물체나 아니면 둘 이
상의 겉표면이 마찰되어 일어나는 동작성을 본질로 한다. ㄹ의 경우 '싫
다/슬퍼하다'의 뜻을 다 의미하고 있는데 유추하건대 '싫어함'은 인간
관계나 대상물 관계에 있어서 마주 대하기를 꺼려함이요, '슬퍼함은 싫
어함을 전제로 할 때 그러한 상황이 닥침으로써 마음이 상하는' 것으로
볼 수 있다. 이 때 음절말의 자음/ㅅ:ㄷ:ㄹ/이 대립하고 있는데 음
운현상의 넘나듦으로 보아 〈ㅅ-ㄷ-ㄹ〉의 약화 혹은 울림소리 사이
에서의 동화현상을 따라서 바뀐 것으로 국어사의 자료에서 흔히 보이는
음운변동이다. 가령 오늘날의 ㄷ변칙용언만 보더라도 쉽게 알아차릴 수
있는 경우라고 하겠다. ㅂ의 〈숫(숯)〉은 어떻게 풀이해야 할까. 우선

의미자질로 보아 나무가 불에 타서 완전하게 재가 된 것도 아니고 중간 상태의 가연물질이란 점을 참고하여 〈간극성〉이 중심을 이룬 것이 아닌가 한다. 물론 〈숫~숯〉은 서로 넘나들다가 〈숯〉으로 굳어진 것이다. ㄹ을 제외한다면 나머지의 형태들은 모두 ㄱ특수곡용을 하는 형태로 보이는데 [ㅡ>ㅜ]의 후설모음화된 것으로 뒤에 풀이될 [ㅡ>ㅣ]의 전설모음화에 따른 형태들과 서로 대립되는 모습을 드러내고 있다.

그럼 이들 〈숫(숯)-〉계의 형태가 현대국어에 와서는 어떤 형태들이 쓰이고 있는지를 알아보도록 한다.

(35) ㄱ. 스치다(숯+-이-+-다 〉스치다 = 서로가 살짝 닿으면서 지나가다)·스쳐보다(=곁눈질로 보다)·쓰적거리다(=물건이 맞닿아 비벼지다)

ㄴ. 슬근거리다(=물건이 맞닿아서 가볍게 비벼지다)·슬금슬금(=가만가만 하는 모양)·슬그머니(=남 모르게)·슬슬(=바람이 가만히 불다)

ㄷ. 쓸다(=줄 따위로 문질러서 닳게 하다)·쓸까스르다(=남의 비위를 건드리다)·쓸개·쓸개머리·쓸개진·쓸 데 없다·쓿은 쌀(=껍질을 벗겨 깨끗하게 한 쌀)·쓿음질·쓸어버리다

ㄹ. 숫-(=다른 것이 섞이거나 더럽혀지지 않은 생긴 그대로의 새 것〈접두사〉)·숫간(=몸체 뒤에 지은 광 또는 객실)·숫것(=음식)·숫국·숫눈길·숫스럽다·숫접다·숫제(=진실하게)·숫지다(=순박하고 인정이 후하다)·숫처녀·숫총각·숫티

ㅁ. 숯(=나무를 숯가마 속에서 구워낸 덩어리 ←나무와 재의 중간과정 / 가마 속에서 태워서 생산한 것)·숯가마·숯검정·숯내·숯등걸·숯막·숯머리·숯장수·숯장이 // 숙껑(영천)·술띠이·(대구, 경산)·수깡(문경)·수꿍(울진, 대구, 왜관)·수펭(영주, 안동, 봉화)·숫겅(영천, 포항, 영덕, 의성, 안동, 영주)·숫검뱅(홍성)·숫구(문천, 고원, 영흥)·숫기(함경도 일원)·쑥(영변, 희천, 정주, 선천, 강계, 자성, 후창, 순창)

현대국어에서 쓰이는 (35)의 말들을 중세어 자료와 연결지어 보면

〈슷(숯)·슬·숫·숯〉계의 말들이 오늘에 이르러 파생어간 혹은 단일어로 쓰이고 있다. 그러니까 〈슬-숟〉계는 사어가 된 셈이다. 주로 〈숯-/슬(쓸)-/숫-/숯-〉계의 분화형태가 폭넓은 분포를 보인다. (35) ㄱ~ㄷ은 의미자질로 보아 〈간극성〉과 〈마찰성〉을 충족하는 형태로 상정할 수 있다. 〈스치다〉는 〈숯〉이 관여하여 서로 다른 물체가 맞닿아서 이루어지는 동작이요, 〈슬근거리다〉는 가볍게 마찰되는 모양을 드러내고 있다. 〈쓸다〉는 '슬>쓸'의 경음화를 거쳐 아예 물체의 어느 특정 부위를 닳게 하는 동작을 의미한다. 한편 〈숫-〉의 경우는 〈삿〉에서와 같이 새로 돋아난, 태어난 〈생성물〉의 때묻지 않은 속성에서 전이되어 접두사로 발전하여 갔다고 볼 수 있다. 〈숫-숯〉은 서로 넘나들면서 쓰이는 분포를 보이는바, 〈숯〉도 나무와 재의 사이에 생긴 〈생성물·간극성〉의 물체를 가리키고 있는 것으로 보인다. 이들 '사이' 또는 〈간극성〉에서 연유된 형태로는 〈슬-〉계로 발달한 말에서 모음교체와 자음교체로 이루어지는 의태어 - 부사어의 분포가 눈에 뜨인다.

(36) ㄱ. 〈슬-〉계 - 슬근거리다·슬금슬금·슬그머니

ㄴ. 〈술-〉계 - 술술(=물·가루 등이 잇대어 새거나 흘러나오는 모양)·술¹(=옷 같은 것에 장식으로 다는 여러 가닥의 실)·술²(=숟가락 : 金수렛藥을 슬허셔 ㅂ 리노라(《두시언해》중 6-2)·술렁거리다(=무슨 일이 생겨 세상 인심이 안정되지 않고 떠들썩하게 시끄럽다←마치 물체들이 마찰되어 시끄러운 소리가 나듯)

ㄷ. 〈솔-〉계 - 솔솔(=이슬비가 가볍게 오는 모양)·솔기(=옷 등을 지을 때 두 폭을 맞대고 꿰맨 줄)

ㄹ. [졸->줄-]계 - 졸졸(=가는 물줄기 등이 연달아 순하게 흐르는 소리)·쫄쫄·쫄쫄거리다·졸졸거리다·졸졸졸·줄·줄줄·줄줄거리다·쭐쭐·주르르(끊이지 않고 흐르는 모양)·주르륵·주르륵거리다·출출·출랑거리다·출출·출렁이다·촐랑촐랑·출렁출렁

위의 보기는 주로 후설모음화(슬>술)와 모음교체(솔- 술-)에 따른 형태들임을 알 수 있다. 마찰음의 파찰음화(ㅅ-〉ㅈ-〉ㅊ-)에

따른 자음의 교체를 수행함으로써 음성상징에 따른 어휘의 분화를 가져오기에 이르렀다. 의미속성으로 보아 ㄱ~ㄹ은 결국 물체와 물체 사이에서 일어나는 '물'의 흐름 또는 비의 모양을 나타내는 것으로 판단된다. (35), (36)에 걸쳐 〈슷-슬〉계의 분화형태에서 ㄱ특수곡용을 하던 〈슷(숯)〉계의 통시적인 흔적을 확인할 수 있다. 특히 (35)ㅁ에서 방언의 분화형 가운데 〈슷-숫(ㄱ)-쑥-〉계의 자료는 이러한 이론을 뒷받침하고 있다. (35)의 보기의 형태 중에서 〈슬-술-줄-출/솔-졸-촐-〉계의 파생어간에 다른 요소가 붙어 상징어를 만들어 가는 모양은 특히 흥미롭다.

(다) 〈슷↔싯〉계의 음운교체

〈슷(숯)-숫(숯)/슬-술〉의 모음교체가 중설모음 /ㅡ/의 후설모음화 현상이라고 한다면 [슷↔싯(싄)/슬↔실]은 국어에서 흔히 찾아볼 수 있는 전설모음화 현상에 따른 낱말의 형태분화라고 할 수 있다. 〈슷-싯〉계의 변이형들은 같은 뜻을 드러내는 형태로서 근대어 이전에 통용되고 있었다.

(37) ㄱ. ᄆᆞ술 히니르거늘 물 ᄀᆞᆫ방하롤슷놋다(《두시언해》중 25-17) /제 코롤프러숫기롤간정히ᄒᆞ니라(《박통사언해》중 47) - ᄌᆞ르스서(《구급간》 6-86) /스슬말(抹)(《훈몽자회》하 9) /스슬식(拭)(《신증유합》하 32) /잠깐슷치고(《소학언해》 6-59)

ㄴ. 눈물쓰스니(《삼역총해》 1-6) / 눈믈을ᄡᅳ스며(《계축일기》103면 /크게웃고나쓸다(《삼역총해》 51-1)

ㄷ. 낫맛ᄉᆞ이에바고니롤소ᄃᆞ니시ᄉᆞ며갓곤거시서르두펏도다(放筐亭 午際洗剝相蒙羃)(《두시언해》초 16-72) / 本心을시서(《능엄경언해》 9-9) /行ᄒᆞᆯ싸ᄅᆞ미아 ᄅᆞᄆᆞ숌ᄢᅴ 롤시서더러諸魔魄ᄋᆞᆯ 일허(《법화경언해》 7-126) / 시슬세(洗)(《훈몽자회》하 11·《신증유합》하 21)

ㄹ. 고텨빗기어려우리(《송강가사》 2-3) /씻다(《동문유해》하 55)

위의 보기(37)로 보아 〈슷~싯-〉은 같은 시대에 넘나들면서 같은 의미로 쓰였음을 알게 된다. 〈싯-〉계의 어사분화는 다시 〈싯 - 싈 - 실〉로 이어져 오늘에 이르고 있는데, 이 중에서 〈싈-〉계는 〈슷-〉계와 비교할 때 〈슷-〉(∅)의 형태는 보이지 않음에 비추어 〈싈-〉계가 나타남은 주목에 값하는 일이다.

(38) ㄱ. 〈싈-〉계 - 시톨지(載)(《석봉천자문》 28) / 시톨지(《훈몽자회》 하 24) / 쳔량만히시러보내시지(《월인천강지곡》 61) / 소곰시론술위예비룩驥馬 롤 미 여시니(鹽車雖驥)(《두시언해》초간본 7-34)

ㄴ. 〈실-〉계 - 고툇시룰 닷쌔혀내ᄂ니라(《능엄경언해》 1-5) / 五色실로우리일후믈미자(《석보상절》 9-40) / 실爲絲(〈해례종성해〉) / 실ᄉ(絲)(《훈몽자회》중 24)

〈싯 - 싈 - 실〉에서 앞의 두 형태는 동사파생어간으로 쓰이는 구속형태지만 〈실〉은 자립명사로 쓰이고 있다. 〈실〉에 대한 쓰임은 아주 오래된 듯하다. 의미자질로 보아 〈실〉은 〈간극성·생산물〉의 속성을 드러낸다. 〈실〉에 대한 자료는 지명자료에서 많이 드러나며 파찰음화에 따라 [실>질]로 바뀌어 실현되기도 한다.

(39) ㄱ. 의미 - 고치·솜·털·삼 따위 동식물의 섬유를 길고 가늘게 자아 겹으로 꼬은 것 - [간극성·생성물]

ㄴ. 河曲縣之絲浦〈今蔚州谷浦也〉(《삼국유사》권3-16) - 東津縣一云失浦縣(《경상도지리지》) / 得烏谷=得烏失(《삼국유사》권7) / 線曰實(《계림유사》) / 栗谷밤실(충청도 공주) / 돗실(道叱·道叱洞)〈경북 월성군 서면 도리〉(《경상북도 지명유래총람》 506) / 시렁섬(叱郎島)(경남 거제)(《경상남도 땅이름》 31) - 叱郎道水路三里自陸至本邑三十里周圍一里田十二負(《경상도속찬지리지》 진주도 거제현)

ㄷ. 질경이(車前科屬多年生草)(《유씨물명고》 3草) /질긴고기(硬肉)(《역어유해》상 50) / 여희므론질삼뵈ᄇ리시고(〈서경별곡〉)

우선 의미의 특징을 보면 〈실〉은 '가늘고 긴 줄을 겹으로 꼬은 일종의 새끼'라고 하겠으니, 지명으로 〈실〉이 쓰인 것은 〈실〉의 모양처럼

골이 좁고 긴 지형과의 유연성을 토대로 하여 땅의 이름으로 삼은 것이다. (39)에서 파찰음화에 따른 〈질-〉계의 어휘들은 〈실〉과 관련이 있는 모양이나 속성을 지니고 있다. 가령 〈질경이〉를 방언분포나 문헌으로 보아 직포와 관련이 있는 것으로 보인다.[13]

(40) ㄱ. 뵈짱이(《동의보감》 탕액편) / 뷉장이(《역어유해》 하 34 / 뵈ㅅ장이(《한청문감》 14-5 / 길경이(《한청문감》 12-48) / 질경이 (《유씨물명고》) 車前子俗云吉刑榮實(《향약구급방》 草部)

ㄴ. 질경이 - 바뿌쟁이(진안) 바뿌쟁이(장계) 빼빼장구(울산·김해·거제) 빼뿌쟁이(밀양) 빼짜우(울진) 뻽자우(군위) 뻽짜이(경주)

ㄷ. 길 - 길(전지역) 질(경남북 외 전역)

ㄱ, ㄴ에서 〈질경이〉를 실로 짜는 '베'와 관련하여 쓴 민간어원적인 형태들이 보인다. ㄷ은 〈길↔질〉이 넘나드는 것을 보이고 있는데, 필자가 보기로는 [실>질~길]로 보아 〈실〉에서 〈길〉이 연유된 것으로 상정하고자 한다. 〈길〉의 속성도 〈실〉처럼 길고 가는 모양을 하고 있음은 주지하는 바다. 일종의 자음음상의 강화로 보면 될 것이다. 있을 것 같으나 근대어 이전의 자료로서 〈칠-〉계는 영형태(∅)로 보인다. 그럼 이들 〈싯-〉계의 형태들은 현대국어에 와서는 어떻게 쓰이는가.

〈싯 - 싣 - 실〉의 형태들 중에서 [싯]계는 다만 경음화가 된 〈씻-〉계만 보일 뿐 현재로는 찾아보기가 힘들다.

(41) ㄱ. 씻다(=물 따위로 문질러서 더러운 것을 없어지게 하다)·씻·가시다·씻기다·씻부시다·씻어내다·씻어버리다·씻은듯 부신 듯·씻은듯이(=아주 깨끗하게)·씻김굿

ㄴ. 싣다(=짐 따위를 수레에 올려놓는 것)

ㄷ. 실·실고추·실구름·실꾸리·실국수 / 실그러뜨리다(=한쪽

---

13) 박은용〈'실'의 비교언어학적 연구〉(1988),〈한국어문학회 주최 한글날 기념 발표대회〉요지 참조. 같은 글에서 박은용님은 한국어의 '실'이란 어형은 삼국시대 이래로 큰 변동이 없는 것으로 보고 있으며 '누에실·삼실·칡실'이 주였을 것으로 추정하였다. 비교언어학적으로 보아 만주어 'sirge(청문총휘)' 몽·토어 'sirgek'과 같은 계통의 단어로 재구한 바 있다.

으로 비뚤어지거나 기울어지다)·실긋거리다·실긋하다·실기죽
거리다

ㄱ, ㄴ에서는 〈씻-/싣-〉이 〈마찰성〉과 〈접촉성〉을 드러내고 있
으며, ㄷ에서는 〈실〉이 〈실〉의 의미특성의 범주에 드는 '가늘고 긴' 모
양 또는 실의 '유동성'을 드러내고 있다. 파찰음화를 경험한 〈질-〉계
의 말겨레를 보면 다음과 같다.

(42) 질경이·질기다·질겅거리다·질근질근·질긋질긋·질금거리
다·질깃하다 / 찔찔거리다

(라) 〈삯↔섟〉의 대립

〈삯〉은 〈삭〉으로도 드러나는데, 〈삭(ㄱ)〉에서 비롯한 것으로 보인
다. 그러니까 ㄱ곡용의 기역(ㄱ)이 아예 〈샷〉에 붙어 음운의 바뀜에
따라 〈샷(ㄱ)〉 샀〉삯~삭〉으로 된 것이 아닌가 한다. 이른바 ㄱ이나
ㅎ의 종성체언이 윗말에 녹아 붙어 하나의 형태를 이룸은 그리 찾기 어
려운 예는 아니다(나조(ㅎ)〉나종〉나중 /짜(ㅎ)〉쌋〉땅 /집우(ㅎ)
〉지붕 /나모(ㄱ)〉나막(신) /구무(ㄱ)〉구먹(~구멍) 등).[14]

(43) ㄱ. 神足ᄋᆞᆫ 삭남곤고(芽)(《원각경언해》 상 2-118) / 곡식삭망
(芒)(《신증유합》 하 51) / 삭나다(《신증유합》 하 51) / 삭묘(苗)
(《동문유해》 하·《한청문감》 293b)

ㄴ. 삭시나셔싸를들치다(苗拱土)(《한청문감》 293b) / ᄆᆞᅀᆞ미엄삭
시니(心苗)(《선가귀감언해》 하 56) / 삯과삯괘뼈를브터나고(芽
芽從種生)(《원각경언해》 상 1-2:14) / 병환이점점드시는삭시이시
니(《한중록》 26) // 삭갑(脚錢)(《역어유해》 상 24) / 삭슬헤아리
져(商量脚錢着)(《박통사언해》 초 상 11)

위의 보기 (43)에서 〈삭(삯)〉은 '식물의 싹'의 뜻으로 쓰이기도 하
고 더 나아가서 '가능성' 혹은 '값'을 의미하기도 한다. 여기 〈값〉과

---

14) 어말자음이 /ㅅ/으로 끝나는 ㄱ특수곡용체언의 단독형을 보기에 따
라서는 ㄱ연철로 보는 견해도 있다(최범훈 《중세 한국어 문법론》
(1981) 79면 참조).

⟨삭(ㅅ)⟩은 어떤 관계로 해석할 수 있을까. 짐작하건대 노동의 대가로 받는 것을 ⟨삯⟩이라고 하는데, 노동을 하고 거기서 발생한 ⟨생성물⟩로서의 의미를 중시한 것 같다. 가시적으로 두 잎 사이나 또는 씨앗이 터져서 나오는 연한 잎을 ⟨싹⟩이라고 하는 데서부터 유추하여 상호작용을 함으로써 얻어지는 그 결과도 ⟨삯⟩이라고 말을 한 것은 대단한 유추법이 아닐 수 없다.

모음의 교체를 따라 마땅히 ⟨삯↔섰⟩의 어사분화 형태가 있을 것이나 ⟨삯⟩은 자립명사로 나타나지만 ⟨섰(섯)⟩은 용언의 파생어근으로서의 자취를 확인할 수 있을 뿐이다.

(44) ㄱ. 根과境과섯구미일홈이觸이니(《월인석보》 2-22:1) / 구슬 서픈帳이며(《석보상절》 13-24) / 오ᄋ로섯근거시업서(《석보상절》13-2) / 석기를고로게ᄒ여(《박통사언해》 중 49)

ㄴ. 섯돌다(=섞어 돌다)(《두시언해》 중 1-54) / 섯듣다(=섞어서 떨어지다)(《월인석보》 23-74) / 섯디르다(=섞갈리다)(《능엄경언해》3-116)

위의 예를 보면 ⟨섰~석~섯⟩이 서로 혼용되고 있음을 알 수 있다. ⟨섯⟩은 다른 형태소 앞에서 쓰일 때 주로 드러나고, ⟨섰-⟩은 동사파생어근으로 쓰인다. 물론 ⟨석-⟩도 동사파생어근으로 쓰이고 있다. 모두가 ⟨삿-섯⟩에서와 같이 ㄱ특수곡용을 하는 형태들이라는 데에는 다른 판단이 있을 수 없다. 현대국어에 와서는 어떤 형태로 쓰이는가를 살펴보도록 한다.

(45) ㄱ. 싹 - 싹·싹눈·싹독(=연한 물건을 토막쳐 자르는 모양) ·싹독거리다·싹독싹·싹독싹독하다·싹둑·싹수(=앞길이 트일 징조)·싹수 있다·싹수 없다

ㄴ. 삯 - 삯·삯군·삯돈·삯말·삯바느질·삯방아·삯일·삯전·삯짐·삯팔이

ㄷ. 섰 - 섰(=서슬에 불끈 일어나는 감정)·섰삭다(=노여움이 풀어지다)

ㄹ. 섞 - 섞갈리다·섞다·섞바꾸다·섞박지(=배추·무·오이와

고명에 젓국을 한데 버무려서 담은 김치)·섞사귀다

중근세어의 자료를 함께 고려해 볼 때 〈싹〉은 [삯>쌊>싹]의 과정으로 굳어진 것으로 상정할 수 있으며 〈생성물〉과 〈간극성〉의 의미자질을 드러낸다. [삯]은 같은 범주에 든다. 다만 대가로 주고 받는 금전이나 물건을 의미함이 서로 다르다. 결국 완전한 하나의 독립된 형태로 굳어져 자립명사가 되었으며 어말자음이 기역(ㄱ)계가 우세한 분포를 보이게 된 것은 하나의 형태변화라 하겠다. 〈삯-섨〉에서 〈섨〉은 오히려 중근세어에서 볼 수 없는 단독형이 보임은 흥미롭다. 여기에서도 어말자음이 기역(ㄱ)계로 굳어져 쓰였으며 [삯>싹]에 대응되는 형태는 보이지 않는다.

2) 형태와 음운의 첨가

〈슷(숯)-슷(숯)〉에 음운이나 접미사 같은 말조각들이 첨가하여 어휘의 형태를 분화하는 일이 있으니 우리말에서는 역사적으로 보아 아주 보편적인 현상이다.

먼저 형태의 첨가로 보이는 몇 경우를 예로 들어보면, 접미사가 첨가되는 수가 있고 같은 말이 반복되는 수가 있다.

(가) 접미사의 첨가

접미사가 첨가되어 형태가 분화되는 데에는 주로 명사류와 용언류가 중심을 이룬다. 먼저 명사류의 경우를 풀이해 보도록 한다.

(46) 〈슷(삿)- + 이 > 스이~삿기〉 명사

ㄱ. 스시 - 스시그춤업슨(《선가귀감언해》 상 21)·하눌과따콰스시에 젓디아니ᄒᆞᄂᆞ르미라(《칠대만법》 4)·무상이잠짠스시라(無常刹那)(《야운자경》 61)

ㄴ. 스이 - 念念에스이업서(《원각경언해》 상 1의1-113)·도조기스실디나샤(《용비어천가》 60)·모술스이ᄒᆞ야(《두시언해》 초 7-40

・구브며울웛ᄊᆡ예(《법화경언해》 6-31)・흔彈指홀ᄊᆡ도(《능엄경언해》 5-88)

ㄷ. ᄉᆞ이 － ᄒᆞ눈이리옷밥ᄉᆞ이와노름노리ᄒᆞ야(《번역소학언해》 8-13・옷ᄉᆞ이에잇눈(《구급간이방》 1-19)・ᄉᆞ이간(間)(《신증유합》 하 47)

(46)에서 [ᄉᆞᆺ－ᆫ이]는 [ᄉᆞ시>ᄉᆞᆺᅵ>ᄉᆞ이>사이]로 그 변이를 상정할 수 있는데, 오늘날에는 〈사이~새〉만이 쓰이고 있다(〈사이~사잇갈이(=中耕)・사이 먹다・사이사이・사이 뜨다・사이시옷・사이 좋다・사이짓기・사이 참새//새다(=날・물이새다)・새 나다(비밀이~)・새들다(=중매하다)・샘. 〈ᄉᆞᆺ－샷〉은 서로 혼용되어 쓰이지만 동물의 '새끼'를 뜻하는 말은 '샷기'로 쓰이기도 하였다.[15]

ㄹ. 〈샷－ᆫ이〉－ 샷기낫(《역어유해》 상 4)・샷기빈몰(懷駒馬)(《노걸대언해》 하 8)・샷기칠ᄌᆞ(《훈몽자회》 하 7)

ㅁ. 〈새끼〉－ 새까이(영주・봉화・영양) / 새꼬(고성・거제) / 새꾸대이(상주・김천) / 쌧기(상주・선산)

ㄹ~ㅁ을 통하여 〈샷기〉사께〉새쎄〉새끼〉가 되었음은 주지의 사실이거니와 방언형으로 보아 경음화된 〈쌔－〉계의 분포도 눈에 띈다.

(47) [셜－ᆫ－이>서리]명사 / [셜－ᆫ－오(우・으)>서로]부사

ㄱ. 狄人서리예가샤(《용비어천가》 4) / 草木서리예가샤(《월인천강지곡》 124) / 주검서리예(《삼강행실도》 효 24)

ㄴ. 서리爲霜(〈해례부용자례〉) / 믈고미어름과서리ᄀᆞ티흟디니(皓如冰霜)(《능엄경언해》 7-1)

---

[15] /ㅅ>ㅈ/의 파찰음화를 상정하는 것이 가능하다고 볼 때, '재[城]'(재내려티샤 《용비어천가》 36)도 '새>재'에서 연유한 것으로 보인다. 그러니까 한 지역과 한 지역의 '사이' 곧 경계로 인식한 것이 아닌가 한다. 동음이의어로 '나무가 불에 타고 남은 것'을 '재'라고 하거니와 [생성물]로서의 형태라고 보여진다(이윤동 《중기 한국 한자음의 연구》(1988) 27면 참조).

ㄷ. 서르ᄉ양ᄒ야(相讓《계초심학입문》10)·서로더블어(《소학언해》 4-39) / ᄒ갓서부브로놋다(《두시언해》 중 2-46) / 서르고마ᄒ야드르샤(《석보상절》 6-12)·서르ᄀᆞᆯ쳐(《월인석보》 1-45)·서르외다ᄒ야(《법화경언해》 2-244)

〈서리〉는 〈ᄉ이〉와 견주어 더 많은 사람들 사이를,〈ᄉ이〉는 두 사람의 사이를 흔히 이른다. 하지만 〈서로〉는 단수, 복수의 주체에 상관이 없이 두 갈래로 관계하는 〈간극성〉을 드러낸다고 하겠다[16] (相은 서르ᄒ논ᄠᅳ디라《훈민정음언해》). 그밖에 〈살그머니(슬그머니)〉처럼 〈-으머니〉와 같은 접미사가 붙어서 이루어지는 낱말도 있다. 〈ᄉᆞ-숫〉계가 관여하는 모든 분화어 가운데서 제일 분포량이 많은 것은 명사파생어근에 접미사 〈-다〉가 붙는 경우라고 할 수 있으니, 이러한 조어법은 시대에 관계없이 현저한 단어생성의 주요한 통로가 된다.[17]

(48) [ᄉᆞ- / 숫-+-다] 동사

ㄱ. 섯(ㄱ) — 섯(ㄱ)다(《월인석보》 2-49·《두시언해》 초 8-8) // 섞다·설다.

ㄴ. 숫 — 숫다(《신증유합》 하 32)·쓸다(《삼역총해》 1-6)·붓다(《계축일기》)·숫이다(《삼강행실도》 열 14)·슫다(《마경초언해》 상 66)·슬다(《한청문감》 446d)·쓸다(=掃)(《송강가사》1-9)·쁠다(《석보상절》 6-6)·숫다(=씻다)(《두시언해》 중 5-22)·뽛다(=쑤시다)(《능엄경언해》 4-18) // 쓸다(掃·產卵)(>썰다) ·스치다·쑤시다

ㄷ. 싯— 싯다(《두시언해》 초 16-72)·삣다(《송강가사》 2-3)·씻다(《동문유해》 하 55)·싣다(《석봉천자문》 28) // 씻다·싣다

오늘날에 와서 쓰이는 말로는 〈삿-살-섯-설-숫/싯-〉계의

---

[16] 서재극《중세 국어의 단어족 연구》(1980) 계명대학교 출판부. 101면 참조. '서로'의 변이형은 '서ᄅᆞ'《부모은중경》 13)·서로《소학언해》 4-39)·서르《역어유해》 보 53)와 같은 형태가 있다.

[17] 다 그러한 것은 아니지만 생산적인 분포를 보인다 (필자《후기 중세어 의존명사 연구》(1987) 93면 참조. / 이기문《국어사개설》(1974) 148-150면 참조).

중세어 이후의 자료 가운데에서 〈섯-〉계의 〈섞다·설다〉, 〈슷-〉계의 〈쓸다·스치다·쑤시다〉, 〈싯-〉계의 〈씻다·싣다〉가 있고 나머지는 사어(dead language)가 되었다. 여기서는 〈솟(삿)-슷(숯)-〉계가 관여한 단일어의 경우만 들었기 때문에 합성어는 제외했다.

(나) 합성법에 따른 형태분화
일단 만들어져 쓰이는 말들은 다른 말과의 합성에 따라서 낱말의 겨레는 그 무리의 떼를 키워 나간다. 그만큼 말하는 대중들은 느낌과 생각을 전달함에 있어 더 많은 도구를 갖게 되는 셈이다. 그럼 〈솟-슷(숯)-〉으로 대표되는 형태의 경우는 어떠한가. 분포로 보아 주로 비통어적인 합성어가 보편적임을 알 수 있다.

(49) 비통어적인 합성어
ㄱ. ᄉᆞ이ᄒᆞ다(《소학언해》 5-67) / 섯굴이다(《두시언해》 중 13-14) · 섯결다(《월인석보》 8-51) · 섯느리다(《월인석보》 8-7) · 섯닐다(《법화경언해》 5-43) · 섯ᄃᆞ니다(《금강경삼가해》 3-30) · 섯ᄃᆞ다(《법화경언해》 2-107) · 섯돌다(《송강가사》 1-2) · 섯듣다(《월인석보》 23-74) · 섯디르다(《능엄경언해》 3-116) · 섯ᄆᆡ다(《법화경언해》 1-85) · 섯및다(《법화경언해》 2-15) · 섯몯다(《능엄경언해》 1-42) · 섯박다(《법화경언해》 4-124) · 섯배다(《법화경언해》 5-43) · 섯버믈다(《월인석보》 2-52) · 섯블다(《송강가사》 1-5) · 섯얽다(《법화경언해》 2-12) · 섯흘리다(《두시언해》 중 9-5) · 섯그리다(《월인석보》 2-49) · 섰다(《석보상절》 13-24) / 슷다(《구급간이방》 6-86) · 슷봇다(《석보상절》 11-25) · 삣다(《경신록》 24) · 싯닷다(《박통사언해》 중 하-44) · 싯봇기다(《내훈》 하 70 · 싣다(《두시언해》 초 7-34) · 실드리다(《두시언해》 초 16-58) · 실뫼ᄒᆞ다(《신증유합》 하 24) · 슬ᄒᆞ다(《석보상절》 13-8) · 슬허ᄒᆞ다(《월인석보》 서 10) · 슷다(《태평광기》 1-24) · 슷어리다(《두시언해》 초 9-31) · 슷우다(《남명집언해》 상 58) · 슷이다(《월인석보》 7-49) · ᄡᅮ다(《구급방》 상 65)

ㄴ. 섞다 · 섞갈리다 · 섞바꾸다 · 섞사귀다 · 섞이다 · 섰삭다 /설깨다 · 설경거리다 · 설다 · 설다루다 · 설데치다 · 설듣다 · 설맞다 · 설마르다 · 설미지근하다 · 설삶다 · 서럽다 · 설잡다 · 설잡되다 · 설취하다 · 설치다 · 설죽다 · 설컹거리다 /슬금거리다 · 슬근거리다 · 쓸다 · 슬겁다 · 쓸까스르다 /싣다 · 실그러뜨리다 · 실긋거리다 · 실긋하다 · 씻다 · 씻가시다 · 씻부시다 /숯하다

중근세어의 경우에는 〈섯-/싯-〉계의 비통어적인 합성어가 보편적인 분포를 보여주는 한편, 〈샷-〉계의 분포는 영성하다. 현대어에서는 〈섞-/설-/슬-/실-/쓸-〉계의 낱말 겨레가 중심을 이룬다.

(50) 통어적인 합성어

ㄱ. ᄉᆡ이ᄉᆡ이(《한청문감》 65-d) · ᄉᆡ이문(《한청문감》 287a) · ᄉᆡ잇말 (《소학언해》 6-80) · ᄉᆡ잇히(《두시언해》 중 24-55) /섣달 (《동국신속삼강행실도》 효 1-12) /붓돌(《신증유합》 하 42) /실간쟈(《유씨물명고》) · 실견대(《유씨물명고》) · 실감기(《한청문감》 325) · 실그물(《능엄경언해》 6-47) · 실근(《신증유합》 하 51) · 실눈(《한청문감》 325d) · 실머리(《신증유합》 하 59) · 실바대(《유씨물명고》) · 실올이(《유씨물명고》) /숫돌(《유씨물명고》 5) · 숫고개(《용비어천가》 5-29) · 숫등걸(《유씨물명고》 5火 · 숫먹(《유씨물명고》 5) · 숫불(《동문유해》 상 63)

ㄴ. 슬희여ᄒᆞ다(厭)(《한청문감》 209c) · 슬허ᄒᆞ다(《두시언해》 초 15-38)

ㄷ. 삿갓 · 싹수 · 싹눈 · 삯군 · 삯돈 · 삯말 · 삯메기 · 삯바느질 · 삯방아 · 삯일 · 삯전 · 삯짐 · 삯팔이 /살결 · 살갗 · 살거름 · 삵괭이 /서릿발 · 서릿바람 · 서리병아리 · 서리꽃 · 섣달 · 섣달받이 · 설구이 · 설늙은이 /실고추 · 실구름 · 실국수 · 실그물 · 실개천 · 실날 · 실눈 · 실금 · 실바람 · 실뱀 · 실보무라지 /숫돌 · 숫것 · 숫간 · 숯가마 · 숯검정 · 숯내 · 숯등걸 · 숯막 · 숯머리 · 숯불 · 숯장수 /사이사이 · 사이갈이 · 사이시옷 · 사이참

중근세어에서는 통어적인 합성어는 〈ᄉᆡ이-실-숫-〉이 중심이 된

명사가 대종을 이루며 용언의 경우는 근소한 분포를 보인다. 현대어에 와서는 〈삯-서리-실-숫-사이-〉계의 형태가 중심을 이룬다.

비통어적인 경우는 용언이 중심이 되고 통어적인 경우에는 용언과 체언이 모두 생산적인 분포를 보여준다. 어느 경우에든지 〈숫-슷-〉계를 중심으로 하는 말은 모두 ㄱ특수곡용의 잔재를 보인다.

(다) 반복법에 따른 형태분화

흔히 우리말에서는 동어반복이나 동음반복에 의하여 의성어나 의태어와 같은 상징어가 만들어지는 경우가 많고 품사전성이 일어나는 수가 왕왕 있다.[18]

(51) 겹말되풀이

ㄱ. 샅샅이·살살(-슬슬)·살짝살짝(슬쩍슬쩍)·서리서리·슬금슬금(-살금살금)·살근살근(-슬근슬근)

ㄴ. 술술·솔솔·줄줄·졸졸·주르륵주르륵·촐촐·출출·촐랑촐랑·출렁출렁

ㄷ. 실실·질질·질겅질겅

〈간극성·마찰성〉을 중심으로 하는 〈숫-슷〉계의 분화어로 보이는데 주로 부사어로서의 구실을 하는 의성어 또는 의태어로 판단된다.

(라) 음운의 첨가

형태소들이 덧붙어 이루어지는 형태분화의 변인에 대립되는바, 중요한 기제로 쓰인다. 주로 파생어근으로의 〈숫-슷〉계 어근에 명사화 어미이거나 부사화 어미가 첨가하여 굳어지는 수가 보편적이며, 그리 생산적이지는 못하다.

(52) 〈동사어근(Vst) + (으)ㅁ〉명사

ㄱ. 암아도空山에이씰음은즁과僧과(《해동가요》134) 슬금슬금(〈참

---

18) 의성·의태의 내용을 드러내는 상징어는 형태·통사구조로 보아 첩용반복의 형태를 이루고 있음은 기존의 논의로 대신한다(훤들링그 《한국어 의성·의태어 연구》(1985) 7면 참조).

선곡〉6) 시름ᄆᆞ숨(《용비어천가》102) 시름ᄒᆞ요ᄆᆞᆫ(《두시언해》중 1-40) 주름벽(《훈몽자회》중 11) 시미기픈므른(源遠之水)(《용비어천가》2) -〈썰음·슬금슬금·시마·주름·심〉

ㄴ. 샘(샘구멍·샘 내다·샘 바르다·샘바리·샘터)·시침(=시치미-시침질)·씨름(씨름군·씨름판)·씻김(굿)·슬금슬금

형태소의 뜻으로 볼 때 〈어간(Vst)+-ㅁ〉에서〈-ㅁ〉은 어떤 대상을 지시하는 문법적인 의미를 드러낸다. 어형성 규칙 (52)는 대단히 생산적이나 〈슷-슷-〉계의 분화형태에서는 한정적이다.

4. 간추림

스승의 의미특징은 무엇이고 이를 바탕으로 하는 형태분화의 틀은 어떠한 짜임으로 되어 있는가를 알아 보고자 함이 이 장의 과녁이었다. 이제까지 따져 본 줄거리를 간추려 보면 다음과 같다.

스승의 가장 주요한 의미특징은 '사이'로 상정할 수 있다. 사이 기능을 바탕으로 하는 스승은 중심의미로서 제사장을 들 수 있다. 이를테면 신과 인간의 사이에서 중간자의 역할을 한다. 조어론상의 짜임은 '슷(間)+-웅→스승 : 자충(차차웅)'으로 쪼개어 볼 수 있다. 기원적으로 '슷'은 'ㅅ'에서 갈라져 나온 형태로 보인다. 스승은 신라 초엽까지만 해도 제사장이자 임금의 뜻으로 쓰이었다. 이는 제의문화를 말에 투영시킨 것으로 고고학적인 화석에 값하는 것이라고 판단된다.

'사이'에서 갈라져 나온 작은 갈래로는 '시간·공간·나이·새·쇠·새풀·싹·서리·숯·자리'등을 들 수 있다. 말의 쓰임도 시간에 따라서 바뀐다는 것을 떠올려 보면, 스승의 의미는 바뀌어 왔으니, 스승→'제사장+임금(고대) 무당, 승려, 교원(중세) 가르치는 사람(현대)'으

로 간추려진다. 형태분화의 큰 갈래로는 양성모음계, 음성모음계, 중성모음계의 범주를 들 수 있으며 이를 중심으로 하는 낱말의 겨레들이 눈에 띈다. 양성모음계로는 '샃(솟)-산-살-샅-샀-'이 있으며, 음성모음계로는 '슫(숯)-슫-슬- /숫(숯)-숟-술- /섯-섣-설-'이 있다. 중성모음계로는 '싯-신-실-'을 중심으로 하는 낱말들이 있다. 이들 모음의 교체를 중심으로 하는 형태들은 어두와 어말의 자음이 바뀜으로써 더 많은 말의 겨레들이 늘어난다. 특히 마찰음의 파찰음화가 일어나 '실-질, 술-줄, 섯-젓'과 같은 보기가 그 대표에 값한다.

한마디로 스승은 방언분포나 문헌자료로 보아 단군왕검의 단군과 같은 말로서 신과 인간의 사이에서 종교, 정치적인 지도자 구실을 하였던 사람이다. 상정되는 신(神)은 태양신과 태음신으로 니마(님)와 고마(곰)로 표상된다. 지금도 '고맙다'에서처럼 제의문화의 화석형들이 살아 쓰이고 있음은 널리 아는 일이다.

보다 정밀한 언어학적인 접근을 위해서라면 고대국어의 음소체계가 밝혀져야 할 것이다.

제4장 사이와 땅이름의 걸림

1. 줄거리

'스승'의 뜻이 사이임을 앞의 글에서 알아보았다. 환웅은 하늘의 신 환인과 땅의 신 제사장인 단군 사이에서, 단군은 아버지신 환웅과 어머니신 웅녀 사이에서 비롯되었다. 따지고 보면 시간이나 공간, 인간의 관계 모두가 사이 아닌 것이 없다. 사이를 드러내는 옛말의 갈래가 1)샃(양성모음계), 2)슷·섯(음성모음계), 3)싯(중성모음계)을 중심으로 하여 낱말의 겨레를 이루어 나간다.

말들 가운데에는 흔히 소리는 같되 뜻이 다른 경우가 왕왕 있다. 사이를 밑으로 하는 말로는 '새(草·新·鳥), 쇠(鐵), 쇄(日), 시(東)'의 계열이 있는데 이들은 이름하여 동음이의어가 된다. 그럼 이들 소리가 비슷한 말들은 뜻으로 보아 어떠한 걸림이 있을까. 풀의 경우 나무도 아닌 것이 덩굴도 아닌 것이 그 중간의 성격을 지닌다. 날아다니는 새와 떠오르는 아침 해의 경우도 뜻 바탕에서 결코 다르지 않다고 본다. 하늘과 땅의 사이로 날아다니는 것이 새요, 하늘과 땅 사이로 떠올라서는 이내 져버리는 천체가 해가 아니던가. 해와 새에서 ㅎ과 ㅅ의 넘나듦은 갈림소리의 음성적인 특징을 함께 지님으로써 일어나는 교호작용의 열매라 할 것이다. 철기류의 쇠는 어떠한가. 나무와 돌 사이의 물체로 인식하여 같은 계열의 소리로 나타낸 것이요, 동쪽을 드러내는 시(東)는 해가 떠오르는 방향과 관련하여 이른 것으로 보인다. 사이로 묶이는 말의 시골말의 형태는 '사이, 세, 새, 쉐, 시, 시이, 씨, 사, 쇄(日)'인바 아주 여러 가지의 모습으로 쓰인다.

　문화 발전의 단계로 보아서 가장 두드러진 새로움의 계기는 아무래도 돌을 쓰던 석기시대의 누리에서 쇠붙이를 쓰는 철기문화의 바뀜이라고 할 것이다. 살아감에 크나큰 편리를 준 쇠붙이가 쓰이게 되면서 농경문화가 정착됨은 물론이요, 강력한 부족국가가 이루어졌다는 게 역사학계의 상식이다. 쇠야말로 인류에게 새로움으로 다가온 것이며 비유하건대 어둡고 힘들었던 돌그릇 문화에 한 줄기 빛이었던 것이다. 옛 말에서는 해를 '새(시)'라고 하였을 개연성이 높다. 곰신 숭배를 하던 돌그릇 사회에 쇠그릇 문화를 지닌 강력한 태양숭배의 알타이 사람들이 정복세력으로 나타난 것이니 정치적인 대변혁을 맞이한 것이다.

　사회가 바뀌는 풀이 가운데 동화의 이론이 있다. 이를테면 약한 세력이 강한 쪽을 닮아간다는 것이다. 토플러의 《권력의 이동》에서도 밝혔듯이 지식이 힘인 시대가 되었는데 지식이 없는 사람들은 은연 중에 지식이 있는 사람들의 사회를 닮아간다고 보는 방식이다. 말에 있어서도 그러하다. 보다 강한 영향력을 갖는 중앙어는 그렇지 못한 시골말에 그림자를 드리운다. 거꾸로 보면 시골말은 중앙어에 동화된다고 상정하는 따위이다. 생각해 보라. 엄청난 전달력을 드러내는 방송과 신문 등이 모두가 서울말을 중심으로 하여 이루어지지 아니하는가를.

　쇠그릇 문화를 갖고 들어온 태양숭배의 겨레들은 돌그릇 문화를 갖고 조상 대대로 누려온 원주민격인 곰신숭배의 겨레들에게 결정적인 영향을 끼쳤던 것이다. 연못물에 돌을 던지면 그 파장이 멀리까지 미치듯이 이러한 정치적인 대변혁은 나라 이름이나 땅 이름에 되비쳤을 것으로 상정된다. 땅이름은 사람의 그것과는 달리 보수성을 지닌다. 한 번 정해지면 오래도록 쓰인다. 이른바 언어의 문화투영이라는 생각을 더듬어 보기 위하여 '사이'를 뜻하는 스승문화가 땅이름이나 낱말겨레를 이룸에 있어서 얼마만큼의 실증을 보여줄 수 있는가에 대한 다짐논의라는 데에서 살펴볼 보람을 둔다고 하겠다.

　말은 시간과 공간을 달리 하면서 분열해 간다. 분화하는 사이에 쓰이는 지역에 따라서 방언끼리 영향을 주고 받음으로써 소리와 형태가 바뀌거나 새로운 꼴의 말을 만들어 간다. 이러한 영향은 전파력이 강한 문화의 중심권에서 쓰이는 표준말들이 그렇지 못한 방언 쪽에 큰 영향을 끼친다. 때에 따라서는 전파력이 큰 방언이 약한 방언에 방사(放射)되어 나타나는 일이 많다. 따라서 방언들은 점점 복잡한 양상을 띠어 간다. 지명형성에 여러 요인들이 있지만 정치, 사회적인 개신도 중요한 구실을 한다고 본다. 이들 개신의 요인들, 땅이름이나 사람 또는 나라이름은, 특정한 정치적인 흐름을 바탕으로 강한 전파력을 갖는다고 상정해 볼 수 있다. 이 때 표기되는 형태의 변이는 같은 개신의 뜻을 바탕으로 하면서 변별적으로 쓰이도록 변이를 하여 표기되는데, 한자의 훈독계열과 음독계열이 줄거리에 값하는 갈래가 된다(허재영 1989-73).

 개신(改新)이라고 함은 좁은 의미에서 새롭게 나라를 세우는 경우와 새로이 행정구역을 정하거나 개척하는 경우를 이른다. 방언학에 쓰이는 용어를 빌려 쓰는 것이며, 지명의 방사과정에서는 개신파의 뜻으로도 쓰임을 일러둔다. 통틀어 정치, 사회, 경제와 같은 인위적인 지명 발생의 얼안에 넣을 수도 있다.

 논의의 대상은 여섯 부족이 합하여 이룬 '신라'가 바로 개신작용의 반영이란 점과 이를 초점으로 하는 땅이름 방사의 유형과 분포, 땅이름 사이의 유연성을 밝히는 것을 중심으로 한다. 상정된 가설을 증명해 가는 접근의 순서는, 먼저 신라 건국에 대한 기록의 분포와 개신의 요소-개신소(改新素)를 찾아 간추린다. 표기되는 변이형에 따라서 다른 땅이름으로 변별되는 훈독과 음독의 계열 및 그 변화계열의 형태들을 확인하고 표기적인 변이형들 사이에서 드러나는 유연성(有緣性)을 찾아 내도록 한다. 땅이름의 방사형에서 개신소의 확인은 지명의 개칭에서 보이는 대응관계와 동일지명 중에서 어느 것이 다른 계통의 지명인가를 변별하는 작업을 바탕으로 한다.

2. 새로움과 신라의 건국

신라는 본디 진한·변한의 땅에서 살고 있었던 여섯 개의 부족국가를 합하여 새로 세운 나라로 전해 온다. 자료에 따라서 그 표현의 차이는 있을지라도 알맹이가 되는 내용은 같은 것으로 간추릴 수 있다고 본다. 우선 몇 가지의 자료를 소개해 보면 다음과 같다.

〈신라 건국에 관한 자료〉
(1) 《삼국사기》권제1 〈신라본기〉 ; 시조의 성은 박씨요, 이름은 혁거세로 전한 효선제오봉 원년 갑자 4월 병진일에 즉위하였다. 호를 거서간이라 하였으며 즉위한 지 13년에 나라 이름을 서라벌이라 했다. 조상들은 조선의 유민으로 산골에 나누어 살았으며 일러 6촌이라 하였다. (중략) 양산 기슭 나정이란 우물가에 있는 숲 속에서 말의 울음소리가 들렸다. 가서 본즉 말은 간 데 없고 큰 알이 하나 있었다. 알을 갈라 보니 어린 아이가 있으므로 거두어 길렀는데 나이 열 살에 이르자 그 사람됨이 보통이 아니었다. 6촌의 사람들이 모여 그 출생의 신성 기이함을 들어 임금으로 떠받들게 되었다.
(2) 《삼국유사》권1 ; 나라 이름을 서라벌 혹은 서벌, 사로, 사라라고 하였다. 처음 왕이 닭 우물에서 태어난 까닭에 계림국이라 하였다. 이는 계룡이 상서로움을 드러냈기 때문이다. 일설에는 탈해임금 때 김알지를 얻게 되었는데 닭이 숲 속에서 울었기로 나라 이름을 계림으로 하였고 뒤에 신라로 이름을 정하였다.
(3) 《대동지지》권7 ; 진수의 삼국지에 이르되 변진 2한에 사로국이 있다고 하였다. 남사에서 이르기를 위나라 때에는 신로, 송나라 때에는 신라 혹은 사라라고 했음을 보이고 있다. 방언에서는 신을 사(斯), 나라를 라(羅)라고 한다.
(4) 《삼국유사》권1 ; 왕이 숲 속에 가서 궤짝을 열고 보니 사내 아이가 누워 있었다. 혁거세의 고사와 같아서 이름을 알지라 하였고

'알지'는 당시의 우리말로 작은 아이를 일컬음이라.

(5) 《삼국유사》권1 ; 이에 대왕이 신하들에게 물었다. 사람이 알을 낳음은 고금에 없는지라 경사스러운 일이 아닌가. 이어 곧 임금이 되었으며 남의 집을 내 집이라 빼앗으므로 성을 석(昔)이라 하였다. 혹은 까치로 말미암아 궤를 열게 되어 새 조(鳥)자를 없애 성을 석으로 삼았다고 한다.

(6) 《삼국사기》권1 ; 왕 21년에 성을 서울에 쌓았으니 금성(金城)이라 했다. /《삼국유사》권2 서울 - 동경(東京)

위의 자료(1)~(6)의 분포를 통하여 신라의 건국은 여섯 개의 부족이 합하여 새로운 나라를 세우는 데에서 비롯한 것임을 알 수 있다. 이른바 신라 초의 기초를 놓은 시조 박혁거세 이래 석탈해나 김알지의 탄생 설화는 모두 새와 알과 걸림이 있음을 보여주고 있다. 자료(1), (2)에서 박혁거세는 처음에 알에서 태어났으니 그 알의 모양이 박과 같다 하여 박으로 성을 삼았다고 했다(男以卵生卵如瓠鄕人瓠爲朴故因姓朴). 뿐만 아니라 혁거세왕의 왕비 알영(閼英)도 계룡(鷄龍≒새왕)이 나타나 왼쪽 갈비에서 나온 특별한 신인(神人)이었다(자료 (2) 참조). 자료(4)에서 김알지는 박혁거세와 같은 과정을 거쳐서 나왔는데 마찬가지로 새(鷄)와 관계가 있는 것으로 기술되고 있으며 석탈해도 알에서부터 출생한 이야기와 새(鵲)와의 걸림을 들고 있다. 물론 남방계의 건국신화는 거의가 알에서 나오는 난생계(卵生系)에 속한다.

용비어천가에서 이조의 건국을 신성시하고자 나는 용(飛龍)을 드러내어 건국에 자연스러운 의미와 질서를 부여한 것처럼 신라 건국에서는 주로 새와 새의 알이 보조관념(vehicle)으로 등장하게 되어 신성함과 자연스러움의 질서를 부여하려고 했던 것이 아닌가 한다. 이상의 내용을 요약하고 그림으로 구조화해 보이면 아래와 같다.

(7) ㄱ. 개신 - 여섯 부족이 합하여 새로운 국가를 만들고 최고의 지도자를 세우다 - 통합과 도읍 및 국왕의 추대

ㄴ. 박혁거세 - 새우물(蘿井)에서 얻은 큰 알(大卵·紫卵)에서 출생하여 새로운 국가를 만들었다. 이와 관련하여 나라 이름을 서라벌

(徐羅伐(徐伐)・斯羅・斯盧・鷄林・始林(鳩林))로 부르다가 지증왕 때에 신라(新羅)로 부르게 되었다.

ㄷ. 김알지 – 흰 닭이 나무 아래에서 우는 것(白鷄鳴於樹下)을 계기로 하여 혁거세와 같은 연유로 김씨의 시조이자 임금이 되었다.

ㄹ. 석탈해 – 까치와 관련하여 이름을 탈해라고 한다(或云因鵲開机 故去鳥字姓昔氏解櫃脫卵而生故因名脫解).

ㅁ. 그림

[통합·도읍·왕의 옹립]	[신성·스스로움의 질서 부여]
①박혁거세를 세움(立邦設都)	④나정 – 알(大卵)
②김알지의 출현	⑤흰 닭(白鷄) – 알
③석탈해의 출현	⑥까치(鵲) – 알
〈원관념〉	〈보조관념〉

그러면 ㅁ에서 보인 바, 개신(改新)의 내용들을 드러내는 표기상의 변이형들은 무엇인가를 따져 보도록 한다. 흔히 지명자료에서는 한자의 소리 또는 뜻을 빌려다가 쓰는 일이 많은데, 이 때 주로 대응의 함수관계를 두드러진 방법론으로 쓰게 된다. 위의 자료(1)~(6)에서 보이는 개신의 내용으로 의심하게 되는 표기상의 변이형들이라고 의심할 만한 이름을 간추려 보기로 한다.

(8) 나라 이름 '신라'의 표기
徐那伐(자료(1)) 徐羅伐(徐伐)或云斯羅又斯盧 或云鷄林(자료(2))
徐耶伐, 斯盧, 新盧, 新羅或云斯羅, 徐鬱, 鷄林, 新羅(자료(3)) 金城,
東京(자료(6))

보기(7)에서도 풀이하였던 바와 같이 나라 이름으로서의 '신라'는 여섯 부족이 새로이 합하여 '새로운 나라'를 이룬 것이다. 여러 가지 표기가 다르기는 하지만 그 내용은 새로운 나라의 뜻을 드러내고자 하는 의미소를 뜻하는 것으로 보인다. 특히 자료(3)의 《대동지지》의 기록을 보면 방언적인 자료를 들어 '새로운 나라'가 신라임을 보이고 있다. '새

나라'의 '새(新)'와 유연성을 보이는 바의 '새(鳥·鷄·鶴·東·草)'와 '쇠(金·鐵·牛)'의 자료를 들어보기로 한다.

(9) ㄱ. 按方言稱新曰斯稱國曰羅轉爲那耶盧則斯盧新盧皆新國之稱又方言稱大坪曰伐徐耶伐卽王京之稱今稱京都轉爲徐伐(《대동지지》 권 7) 斯1－相支切(ssu¹(集韻) 息移切 支平(廣韻) 止3開sje(동동화))

ㄴ. 金 － 새(영양, 영천, 밀양, 양산, 동래, 임실, 장계, 곡성 외) 세(경주, 상주, 함양, 안면, 서산, 당진, 장성, 담양, 나주, 광주, 강진, 목포, 해남, 진도) 쇠(전역) 쉐(영천,포항, 영덕, 고령, 울진) 시이(김천) 시(청도, 대구, 합천, 거창, 밀양) 씨(고량, 성주, 왜관, 군위, 선산, 예천, 문경, 상주)

ㄷ. 鳥 － 사이(조치원, 유성, 홍성, 서산, 태안, 당진, 용암포, 철산, 성주, 선천, 태천, 상원, 중화, 용강, 한천, 영유, 순천, 대동, 평원, 강서, 맹산) 새(전지역) 쇠(무주) /鷺曰漢賽(《계림유사》)朴鳥伊(박새－《향약구급방》)鳥새됴飛禽總名常時曰鳥胎卵曰禽(《훈몽자회》 하 2)

ㄹ. 東 － 신초야(《사성통해》) 샛바람(＝동풍－무안, 어청, 비금, 부안, 흑산, 통영, 하동, 남해, 제주, 고산, 가파, 정의) 된새(＝동북풍－하동, 북해) /東風謂之卽明庶風, 東北風謂之高沙卽條風也(《성호사설》) /沙平－新坪－新平－東村 /沙尸良－新良－黎良(一名沙羅)(《삼국사기》 지리지)

ㅁ. 草 － 朴鳥伊(《향약채취월령》) 朴沙伊(《牛疫方》) 草堂새집茅屋새집(《두시언해》 초 7-2) 草閑새한(《용비어천가》7)

표기하는 형태에 따라서 서로 다르기는 하지만 위의 보기 (9)를 통하여 '新—斯鳥(鷄·鶴)金·東·徐 /새·세·쇠·시·사이'의 대응 관계를 먼저 상정할 수 있게 된다. 신라(新羅)의 풀이에 대하여는 여러 가지 논의가 있어 왔는데 필자의 생각으로는 방언자료를 통한 내적 재구가 우선해야 하고 다음으로 여러 가지 문헌자료를 통한 방증이나 외적 재구를 대응시킴으로써 가설이 아닌 사실에 접근할 수 있다고 본다. 이제까지의 논의된 '신라'의 풀이를 간추려 보면 다음과 같다.

(10) ㄱ. '새벌'로 읽을 것이니 '새'는 月出初의 義라 東方의 稱이 되는 것이고 光明 神聖을 뜻하는 聖地神墟의 美號를 가한 것이다(정인보 《조선사연구》상 134).

ㄴ. 斯羅·新羅·斯盧·尸羅는 모두 '새다' 東方 東土의 뜻을, 좁게는 동천, 동부란 지명에서 국명이 남상된 것이다(양주동 《고가연구》41).

ㄷ. 新羅·斯羅·斯盧는 〈시라〉 즉 東國이다(안재홍 《조선상고사감》상 169).

ㄹ. 斯盧는 국토의 위치에 대한 어느 종류의 인식을 나타내는 것이니 곧 동방에서 날이 새어 오는 곳이란 뜻. 辰韓, 辰國의 辰과 조선의 原語로 더불어 동원관계를 가진다(최남선《최남선전집》453).

ㅁ. 문헌비고의 阿羅伽耶國 一云阿尸良, 沙尸良 一云沙羅로 보아 新羅도 新尸羅가 되어야 한다. 尸는 사이시옷(ㅅ)을 표기한 것이고 斯의 土란 뜻(金澤庄三郎《日鮮同祖論》174).

ㅂ. 新羅는 徐羅伐의 伐을 생략한 것이고 新羅의 羅는 문법적인 관계를 나타내는 관형형 어미인데 후대에 그 말뜻을 모르게 되어 고유명사의 일부로 굳어졌다(박은용《국문학연구1》49-79).

ㅅ. 徐羅·徐那·徐耶등은 斯盧·斯羅·新羅와 동음이자로 표기 斯의 고음은 su/si 이고 盧·羅·那·耶는 고구려 5부의 奴·那와 같은 것이며 伐은 평야의 뜻이다. 斯·徐는 蘇伐公의 蘇와 같은 高上의 뜻으로 新羅는 上邑·首邑의 뜻이다(이병도 《한국고대사연구》596).

ㅇ. 新羅를 한 형태소의 표기로 보았으며 따라서 〈斯羅·斯盧·新羅·徐羅〉는 '首'의 뜻을 가진 [수리(정수리 등)]로 보아 sara/sərə로 재구하였다(이병선《한국고대국명지명 연구》166).

ㅈ. 新羅는 인도의 땅이름 '시라바스티'에서 따온 것인데 석가모니가 법을 일으킨 곳이 시라바스티였기 때문에 시라를 따서 나라이름을 삼았던 바, 이른바 尸羅였다. 처음으로 이 사실을 말한 사람이 최치

원인데 담긴 글의 제목은 〈新羅伽耶山海印寺結果場記〉이다(여증동 〈나라이름 '신라'에 대하여〉《국어국문학》100).

ㅊ. | 형태분석 |
　斯(=새)＋羅(=나라(땅)) 〉斯羅 /(뜻) '새로이 세운 나라' 〈사이→숫＋이〉 스이〉 스쉬〉 스이(사이)〉 사이(새)〉

　①하늘(신)과 땅(인간)의 사이 ②인간(부족)과 인간(부족)의 사이

　풀이하는 사람에 따라서 보는 관점이 다를 수 있다. 필자가 앞에서도 밝혔듯이 언어의 형태는 그에 걸맞은 뜻을 갖게 되어 있다. 제일 중시해야 할 기본 태도는 드러내는 뜻에 대응되는 형태들이 문헌자료는 물론이고 살아 쓰이는 방언자료에서 검증되는 경우를 우선함이 온당한 풀이라고 본다. 자료(1)~(6)을 토대로 한 한자로 기록한 형태소 〈新·斯·徐·始·鳩·東〉들은 보기(7)에서 보인 의미소 〈새로움〉이 확인되는 바, 그러한 방증이 되는 방언 및 문헌자료가 바로 보기(9)ㄷ라고 하겠다. 〈새(鳥)〉의 방언형이 〈사이〉로 쓰임은 적어도 신라가 기록되는 당시의 모음 체계로 보아 /ㅐ/가 이중모음인 〈아이〉로 쓰이고 있음을 보여주고 있다. 동쪽도 〈새〉를 기본형으로 하는데 《성호사설》에 보면 〈사이-사(沙)〉로 넘나들어 쓰임을 알 수 있다. 형태소 〈새〉는 '쇠붙이(金)'를 드러내는 데에도 방언형으로 쓰인다. 〈사(斯)〉의 중고음을 보면 〈相支切(집운) 息移切(광무운)〉으로 모두가 [sa/si]로 추정할 수 있고 칼그렌이 추정한 음은 [sje]로 상당한 근사음으로 잡을 수도 있다. 결국 [sa/sje/si]로 이어 볼 때, /a→e/와 /j→i/의 모음에 /s/가 결합한 소리로 /a→e/는 모음의 교체변이가 아닌가 한다.

　그러니까 '새로움'을 드러내는 형태소 표기에 쓰인 한자는 동음이자(同音異字)를 씀으로써 다른 지역임을 변별적으로 인식하게 해주면서도 같은 의미소 〈새로움〉을 나타냄으로 결국 신라 건국의 개신(改新) 의지를 드러내려고 했던 것으로 보인다. 보기(9)ㄷ에서 풀이한 것처럼 '조(鳥)'는 날아다니는 모든 날짐승의 총칭으로 쓰였으니 의미소는 〈새〉인데 표기형태는 여러 가지로 분포된다. 따라서 신라는 '새로이 세운 나라'

의 뜻으로 보아야 하며 형태분석은 (10)ㅊ과 같다.
(11) [새로움]의 뜻(S)과 소리(N)의 대응
〈새로움〉/S-新·東·光·赤·丹·昌·草·金(鐵·銅·銀)·
鳥(鷄·雉·鳳·鶴·鳩·燕·雁) : 月(靈·石·珍·高)~斯·沙
(徐·始·壽·所·達)/N
'새로움'(S)의 의미소가 한자의 뜻과 소리를 빌려 쓰는 여러 가지의 표기형태(N)가 대응되는바, 구체적으로 이들 표기형태들이 드러내는 땅이름의 방사(放射) 분포는 어떠한 모습으로 파악할 수 있을까.

3. 개신(改新)과 땅이름

우리의 말은 있으나 그 소리를 적을 수 있는 문자가 없었던 것이 당시의 실정임은 널리 아는 사실이다. 결국 한자를 빌려다가 우리말의 소리를 한자의 소리와 대응시켜 쓰는 음독(音讀)의 계열이 있고, 우리말을 뜻으로 삼는 한자의 훈독(訓讀)의 계열이 있다. '새로움'의 개신에 값하는 뜻이 방사의 기층(substratum)을 이루면서 땅이름에 내비치는 데에도 한자 차용은 크게 음독과 훈독의 계열로 나눌 수 있다.

1) 한자의 뜻으로 읽는 땅이름

한자의 뜻을 중심으로 하여 새로움의 개신을 드러내는 훈독계열에 들어가는 한자로는 〈新·鳥·鷄·雉·鶴·鳳·凰·金(鐵·銅)·東·草〉를 들 수 있다. 이 가운데에서 〈신(新)〉이 가장 중심을 이루는 기본 형태로 보이며 이로부터 같은 뜻 다른 글자로 방사되어 땅이름에 투영된다. 방사되는 '새로움'의 개신은 신라 35대 경덕왕 16년(757)에 땅이름을 당나라의 주·군·현식으로 고칠 때에 가장 확실하게 그 대응관계가 다시 조명됨을 알 수 있다. 한 보기로 신라의 도읍지였던 경주를 중심으로 하여 《삼국사기》와 기타 지명자료에 나타난 개신 지명을 보이자면 다음과 같다.

(12) ㄱ. 六部國號曰徐耶伐或云斯羅云斯盧或云新羅脫解王九年始林有鷄怪更名鷄林因以爲國號(중략)新羅初赫居世二十一年築宮城號金城婆娑王二十二年於金城東南築城號月城或號在城周一千二十三步新月城北有滿月城(《삼국사기》제34권 지리1)

ㄴ. 東部里·新基里·沙正里(부내면) 薪坪里·東方里·月羅里(내동면) 沙日里·牛朴里·新院里(외동면) 新里·月南里·月山里·朴達里(내남면) 牛羅里·銅谷里·新院里·新田里(산내면) 朴谷里·金尺里·薪坪里·舍羅里(서면) 金丈里·石丈里·鍾洞(견고면) 草堤里·朴洞(강성면) 舍羅里·草甘里·沙谷里(강서면) 新里·東山里·東川里(천북면)(《구한국 지방행정구역 명칭일람》경주군)

보기 (12)에서 한자의 대응관계로 보아 〈徐耶伐≒斯羅≒斯盧≒新羅≒始林≒鷄林/金城-月城-在城-新月城-滿月城〉이 '새로운 나라'의 뜻에서 퍼져 나간 땅이름의 표기형이 아닌가 한다. 이 때 '徐·始'는 '새'와 어떤 관계로 풀이할 수 있을까. 앞의 (9)ㄴ, ㄷ에서 살펴보았듯이 〈쇠·새(金·鳥)〉의 방언형에서 그 가능성을 찾을 수 있을 것으로 본다.

(13) ㄱ. 金 - 새·세·시이·시 /金曰那論歲(義)銀曰漢歲(《계림유사》)

ㄴ. 鳥 - 사이·새·쇠(soi)(최학근 《한국방언사전》)

중세국어의 단모음 체계로 보아 '세·새'는 〈서이/사이〉의 이중모음이었던 것을 참고하면 〈徐·斯 - 서이·사이〉의 대응을 상정하게 된다. '시(始)'의 경우도 결국 '새'의 방언형으로 보면 하나의 표기적인 변이형으로 묶어 큰 무리는 없을 것으로 본다. '시(始)'의 뜻 자체로 보더라도 '새'와 무관하지 아니하다. 결국 '새(金·鳥)'의 모음이 서로 불분명하게 넘나들어 쓰이고 있는바, 지금도 경상도 방언의 모음은 에-애가 변별적으로 쓰이지 않음을 참고로 하면 또 다른 방증이 된다고 하겠다.

물론 단모음으로 된 이후의 음운이기 때문에 어디까지나 참고 사항임을 밝혀둔다.

또한 (12)ㄱ에서〈金城-月城-在城-新月城-滿月城〉도 '새'의 방사형 지명으로 보인다. 한자의 뜻과 소리로 본 관계는 '새(金)-새(=달(月))-사이(在)-새(=달(月))'의 가능성을 찾을 수 있기 때문이다. 뒤에 풀이하겠지만 '새(鳥)'는 '날아다니는 날짐승의 총칭(飛禽總名)'이라고 하였다. 새의 표기 중에서 '계(鷄)'는 [달(tal)]이라고도 읽는 경우가 있음은 방언의 자료로써 알 수 있다. 달은 '계(鷄)'의 뜻이고 [새]는 '계(鷄)'의 소리로 추정된다(hjei-*sjei).

(14) ㄱ. 鷄曰喙(晉達)(《계림유사》)鷄돍계(《훈몽자회》상 9)(鷄 xjei〈hjei〉)

ㄴ. 다(합천) 닥(울진·성주·봉화·문경·상주·김천 등) 다리(포항·경주) 달(경북전역·삼척·호산·용암포·철산·선천·정주·구성·태천·박천·초산·장성·의주) 달구새끼(예천·하동·창원·화순) 달구통(영해·영덕) 달구비실(군위) 달기(포항·경주·옥계·도계·충청·황해·평남)/〈mon〉tolgai〈jap〉 take〈*talke(嶽)

'월성(月城)'의 '월(月)'이 그 뜻으로 보아 '달'인데 이 달은 새의 한 종류인 닭(〈방언형〉달)에서 비롯한 것으로 보인다. (14)ㄱ에서도 보인 바와 같이 고구려의 지명자료(阿斯達 등의 -達계 지명)나 비교언어학적인 자료로 보아 본디 〈달(ㄱ)〉은 '산(山·嶽)'을 뜻하는 말이었는데 '계(鷄)'를 가리키는 〈달(ㄱ)〉도 산과 들에서 야생하는 '새'의 일종으로 보아 썼던 것으로 보인다. 속성으로 보아 〈산(달)은 높다. 새는 높은 산에서 살거나 높이 난다-'高飛'〉로 상정할 수 있다고 본다. '달구벌(達句伐)'처럼 '달(達)'이 앞에 오는 경우는 지명자료로 보아 '높다'의 뜻으로 쓰이는 중심의미를 알아차릴 수 있음과 아울러 '달(ㄱ)'은 곧 새(鳥≒新)의 일종으로 근원적으로 '새로움'을 드러내기 위한 표기상의 변이형이라고 본다. 〈달(達)~(~달(達))〉에 대하여는 뒤에 좀더 풀이하기로 한다. 다음으로 '재성(在城)'에 대하여 〈在-金-月〉을 바탕으로 하여 '재(在)'를 '새'의 방사형으로 보는 까닭은 무엇인가. '재

(在)'는 [재(dzai)]로 읽는데 신라시대 당시에는 자음체계 중에 파찰음소가 아직 발달하지 않았음을 참작하면 결국 [sai≒새]가 됨을 알 수 있기 때문이다(昨栽切・海上(광무운)dzai(karlgren)/박은용(1970) 문선규(1969) 유창균(1980) 김동소(1981) 이윤동(1988)).

보기(12)ㄴ에서 '새로움'을 드러내기 위한 방사형으로 보이는 지명으로 경주군의 경우를 들어 보였는데 이 밖에도 가령 군읍의 이름을 중심으로 하여 면이나 동의 지명에 방사되는 보기를 찾아보기란 그리 어렵지 않다(《구 한국 지방행정구역 명칭일람》참조).

(15) 읍면동 지명의 방사분포

ㄱ. 草田・草谷－新基洞・新豊洞・新坪洞・金蓮洞・曉洞・東山洞/新豊洞・泗陽洞・銀洞/(문경・草谷)下草洞・上草洞・東華院里/(草溪)草谷・多羅・鶴洞・泗陽・上新・下新・烏山・烏西/(草村)新岩里・草里・鷹洞里

ㄴ. 高靈－新基洞・月基洞・東阜洞・鳳頭洞(읍내)/達洞・新栗洞・新基洞(德谷)/月城(운곡)/高勝洞(도장)/月城洞・東岩洞(벌지)/高谷洞・德谷洞・鳳谷洞(所也)/鳳鳴洞(주곡) 雉山洞(진촌) 沙鳧洞・月塢洞 沙村里(하미)/沙村里(牛村) 首谷洞(일량) 草谷洞(하동) 月幕洞(高谷)

ㄷ. 公州・鷄龍－鷄峯里・繼鳩里・新里・鳴牛里・新村里・新垈里・新泉洞・達洞(新上)/巢鶴里・鶴烏洞・鶴巢里・新里・新村里・鳳谷里・鳳岩里・新興里・月溪里(新下)/新垈洞・月谷里・新基里・牛泉里・上牛里・東助洞・新谷里・東里・月屈里(牛井)

ㄹ. 金溝－新枝里・新卜里・牛山里・草溪里(東道)/新注里・鷹坐里・東嶺里・新福里・新里(草處)/(金海)－月堂里・烏納里・草亭里(下東)

ㅁ. 尙州〈沙伐〉－新基里・鳳頭里・鳳台里・鳳院里・新安里・新豊里・月坪里・烏岩里(내남)/新陽里・東各里・新上里・新下里・鳳山里・鳳陽里・新村・沙器里(내서)/金谷里・銅店里・鳳江里・沙各里・牛山里・上鳳里・新坪里・金城里・達城里・鳳城里・

鳳田里・鳳亭里・新鳳里(화서)
ㅂ. 燕岐 - 雉岩里・新村里(군내) /鳴鶴里・鷹岩里・鳳舞洞里・新村里(동일)
ㅅ. 端山 銅岩 - 新洞・石亭里・石川里・壽洞
ㅇ. 光州(光陽)-鶴洞里・鶴林里・新坪里・東作里・新村里・牛谷里・鳳凰洞里(牛峙)/東作里・新基里(牛山)/月坡里・上鳥里・下鳥里(鳳岡)/新基里・鳩洞里・沙坪里・月浦里・月嶝里(月浦)

영향력이 있는 말이 시간, 공간적으로 주변 말에 전파되어 개신파로 영향을 끼치듯이 땅이름의 경우도 큰 테두리는 같은 경향으로 보인다. 가령 ㄱ에서 〈초(草)〉는 [新・金・曉・東・泗・銀・鶴・烏・鷹・多羅(=達≑鷄)]로 그 의미가 방사되어 서로 다른 땅이름을 나타낸 것으로 보인다. ㄷ의 경우 계룡산을 중심으로 하는 지명의 방사는 많은 분포의 보기를 보이는바, 이는 '새로움'을 드러내는 의미소를 표기하는 글자만 다를 뿐 그 내용은 개신(改新)의 내용을 담은 것으로 상정된다. 다만 역사적으로 보아 어느 시기에, 어떤 역사적인 사실이 바탕이 되었는가 하는 점에 대하여는 더 이상 캐 보기가 어려운 바 있다. 이상의 (15)에서 〈鳳・鷹・鳥・凰・鶴・雉・烏・鳩〉를 '새로움'의 '새'와 관계 있는 것으로 본 것은 《훈몽자회》(하-2)에서 밝힌 바와 같이 〈鳥새됴飛禽總名〉의 '새'는 새 종류를 포괄하는 내포와 외연의 함수관계를 보이기 때문이다.

이런 땅이름의 방사분포는 산이름이나 섬이름의 경우도 예외는 아니다. 《대동지지》의 자료를 비롯한 몇 예를 들어 보기로 한다.

(16) 섬과 산 이름의 방사분포

ㄱ. 珍島-鳴梁・沙月浦・所可浦・金骨山・鶴鷹島・月良島・鶴島・石南島・上下鳥島・東串之島・金島・茅島・金甲島・牛岩島・高士島

ㄴ. 雉岳山 〈一云赤岳山〉 鳴鳳山・鳳山・牛頭山・瑞谷山(雉岳城〉平原〉原州

보기 ㄱ에서 〈진(珍)〉을 〈새〉와 대응시켜 한 계열로 본 것은 앞에서 풀이한 바와 같이 지명자료에서 〈珍-等-月-靈-突-石〉이 맞물린 걸림의 기록이 폭 넓게 찾아지고, 여기 〈달(tal)〉은 〈달벌·달구벌(達伐 達句伐 = 대구)의 '달(達)'〉과 같은 것으로 〈닭(〈방언〉달·달구≒새≒산≒높다〉와 같이 속성의 전이, 곧 산(山)에서 갈라져 나온 유연성을 찾을 수 있기 때문이다(도수희 1977-59, 이병선 1988-376, 최학근 1987 참조).

ㄴ으로 보아 훈차 표기의 한자로는 지금까지 든 것 밖에도 〈적(赤)〉의 가능성을 보여주고 있다. 우선 〈雉(새) – 赤〉의 대응에서 실마리를 찾아 [赤≒雉≒沙非≒所比≒沙伏≒新≒東]의 대응성을 미루어 보면 큰 무리는 없으며 방언자료에서 [새벽·새우]의 방언형을 들어 또 하나의 방증으로 삼고자 한다. 인식하기에 따라서는 날이 '새'는 새벽이나 새우의 모습이 붉게 보이는 데에서 말미암은 것으로 보인다.

(17) ㄱ. 雉岳山一號赤岳山(《대동지지》)/赤木鎭一云沙比斤乙(《삼국사기》36 지리 3) 赤烏縣本百濟所比浦縣(《삼국사기》36 지리3) 赤城縣本高句麗沙伏忽 (《삼국사기》35 지리2) 新良縣本新羅沙尸良縣景德王改名今黎陽縣(《삼국사기》36 지리3)

ㄴ. '새벽'의 방언 분포 – 새벽(전역) 새복(전남북·경남북) 새북(인제·보은·영동·금산·진도·경북·경남·일부) 새박(안동·예천·의성) (김형규 1974)

ㄷ. '새우'의 방언형 – 새우(전역) 새비(전남북·경남북·함경도) 새뱅이(충청도·안성) 쐬비(대구·달성·경산·경주·월성) /사비 爲蝦 (《훈민정음해례》) 沙弗王一作沙伊王(《삼국유사》남부여조)

보기 ㄱ에서 〈새-赤〉의 대응 가능성을 제기하였는데 ㄴ, ㄷ에서 〈새벽·새우〉의 방언 고어형에서 드러나는 가능성은 ㄱ의 가능성에 대한 믿음을 더해 준다. 가령 〈새복(새북)·새비/사비〉의 〈새(사)〉가 당시의 음운체계로 보아 [애]가 이중모음이므로 [아이(ai)]로 읽었을 것을 상정할 수 있고, 된소리는 신라시대에 아직 발달하지 않았음을 참고한다면 대응의 개연성은 기대 이상으로 커질 것이 아닌가 한다. [새]는 방위로 보아 동쪽이요, 빛의 바탕인 태양을 드러내는 의미를 갖고 있다. 해는 하늘에 떠 있는바, 태양을 숭배함은 하늘을 섬기는 것이니 개신

(改新)을 땅이름에 되비추는 데에도 이러한 태양숭배의 문화가 반영된 증거라고 하겠다. '새'를 드러내는 〈적(赤)〉은 다시 〈적(赤) – 양(陽) – 창(昌) – 신(新)〉으로 이어져 한층 더 많은 지명의 분포로 방사되어 간다.

(18) 적(赤) – 양(陽) – 단(丹) – 창(昌)의 지명 분포

ㄱ. 赤 – 陽 – 陽城(本沙伏忽 〉赤城) / 陽智 – 朱東・朱西・朱北・朴谷・古東(古陽智東)・古西(古陽智西)・古北(古陽智北)

ㄴ. 丹 – 丹城 – 丹溪(本新羅赤村) 新洞・尼邱山・赤壁・新峴 /(충북) 丹陽(本新羅赤山一云赤城) – 所也山・鷄頭山・丹邱峽・玄鶴峰・鶴岩・鷄邱峴・靈川・鳳棲樓・鵲城山

ㄷ. 昌 – 昌寧(本新羅北斯伐・比自火) – 昌山夏城・火王山・琵瑟山・牛項山・藿川・朴只谷津 /(전라) 全州(本比自火・比斯伐) – 陽良所・草谷・鳳翔・黃鶴台・鳳凰岩・鑰店山・鳳山城・雉城 / 平昌郡本高句麗郁烏縣一云于烏縣新羅改白烏(《세종실록지리지》 권 153 평창)

보기(18)에서 '새'를 드러내는 〈赤〉을 둘러싼 표기들은 방사의 형태가 여러 가지 모습으로 보인다. 〈陽(혹은 赤)〉은 〈朱・朴〉 등으로 나타나고, 〈丹〉은 〈新・尼・赤・所也・鷄・鷺・鶴・靈・鳳・鵲〉으로 방사되어 땅이름을 적고 있다. 한편 〈창(昌)〉을《세종실록》에서 〈昌一鳥〉의 대응처럼 '새'를 표기하는 방사형으로 보이며, 〈火・瑟・牛・藿・朴・陽・草・鳳・鶴・鑰・雉・鳥〉 등으로 폭 넓은 방사의 분포를 보여주고 있다.

이 밖에도 훈독자로써 〈철(鐵)・동(東)〉 등이 있다. 그리 많은 분포는 아닐지라도 〈철(鐵)〉은 '새'를 드러내는 자료로 엿볼 수 있다. 〈鐵城郡本高句麗鐵原郡景德王改名今東州(《삼국사기》지리 2)〉에서 〈철(鐵) – 동(東)〉의 대응관계를 의심할 수 있는데, 같은 책에는 〈鐵原郡一云毛乙冬非〉로 보아 이병선(1988-50)에서는 [사이 – 돌]로 재구성하고 있으며, 도수희(1989-15)에서는 '동(東)'을 [사이(싸(새))]로 재구하고 있는 바, '새'를 표기함에 있어 '철(鐵)・동(東)'이 관여하고

있음은 상당한 개연성을 보이고 있다. 이들 표기의 방사형으로 보이는 것을 들어 보면 다음과 같다(《구 한국 지방행정구역 명칭일람》참조).

(19) 철(鐵)-동(東)의 지명 방사

ㄱ. 鐵 — 鐵原 — 新村・外供鶴里・內供鶴里(東逐) 月陰里・鳥田里・鳳岩里・內泉桶里・外泉桶里・間村(서변) 芝通里・芝浦炭・訥雉里・眞鳥里・芝惠洞・新村・東幕里・所厚里・間村(갈말) 鶴堂里・月井里・新垈里(어운동) 月乃井里・新回山里・上鶴里・外鶴里・曉星里・新村・白鶴里・內鶴里・隱鶴里(북면)・新浦里・大鳥洞・鳳陽里・鳳岩洞・新鳳峴里・牛尾洞(묘장) 新炭里・新順里・金谷里・月峴里(신서면)/(鐵治本百濟實於山縣)綾城 — 鳥項里 石峙 新豊里(新豊) 鳳舞亭・牛峯里・金谷里(부춘) 泉谷・月山里・東村沙洞(단양) 牛峙・鳳鶴洞・鳥峙・新石亭・大草里(호암) 新井里・月田・東斗山・鳳洞月浦里(도장) 東山村・鳳洞・金田里・新岩洞(한천) 鐵場・新院洞・鳥城洞・新基里(동면) 鴨谷・月亭里・新基村(읍내면)/(쇠(金)의 방언형) 시(청도・대구・합천・고령・거창・밀양) 씨(고령・성주・왜관・군위・선산・예천・문경・상주・김천・합천) 시이(김천) 쇠(전역) 새(영양・영천・밀양・양산・동래・임실・장계・곡성・논산・서천) 세(경주・양・양산・동래・임실・장계・곡성・논산・서천) 쎄(경주・상주・전남지역)

ㄴ. 東 — 東萊(古邑東平南二十里本新羅大甑景德王十六年改東平爲東萊郡嶺縣高麗顯宗九年屬梁州《대동지리지》) — 金井山・鷄鳴山・金湧山・沙背也峴・絲川・草梁項・牛岩・鷹峰/新里・新樂(읍내) 東台・鷄川(동상) 鵲掌・蘇亭(북면) 草東・草西(서하) 東一・東二・牛岩・石浦(요주) 鶴城(사상) 草梁・靑鶴(사중) 新坪(사하) 東院(좌이)

ㄷ. 닷쇄이니시(有五個日)(《두시언해》중 53) 사흐리나닷쇄나(三四日五六七日)(《보권문》3 해인사)

새로움을 드러내는 개신(改新) 작용이 반영되는 훈독 계열의 땅이름에 대하여 알아보았다. 크게는 나라이름에서부터 비롯되는 개신의 현상은 작은 마을이름에까지 미치고 있음을 알게 되었다. 그러한 개신의 바탕이 자연, 또는 인위적인 것 어느 쪽에 더 기울어져 있는가. 지명이 형성되는 당시의 기록이나 방증 자료가 없기 때문에 현재로서는 미시적으로 좌단하기에는 한계가 있음을 지적하지 않을 수 없다. 한자의 뜻을 빌려다 쓴 훈독 계열의 표기에 대하여 살펴본 바의 형태들을 정리하면 신·초·우·조·오·봉·황·학·구·계·연·응·월·진·영·석·양·돌·금·동·철·은·동·혁·양·단·창·광(新·草·牛·鳥·烏·鳳·凰·鶴·鳩·鷄·燕·鷹·月·珍·靈·石·梁·突·金·銅·鐵·銀·東·赫·陽·丹·昌·光)과 같은 표기상의 변이형들이 있다. 이 가운데 중심이 되는 기본형은 '新'으로 상정할 수 있다. 다만 어떤 특성을 변별적으로 표기하기 위하여 표기의 기준이 설정되었는가에 대하여는 속단하기 힘들다. 문화의 기층으로 보아 태양을 숭배하는 천신(天神)사상이 새로움의 원형(原形)이었을 수도 있다(보기 (19) ㄷ의 '쇄' 참조).

2) 한자의 소리로 읽는 땅이름

방사란 일반적으로 특정한 사물이나 사실이 갖는 특성이 다른 사물이나 사실의 이름에까지 퍼져 나감을 이른다. 우리 글자가 없었던 때에 한자를 빌려 썼으니 당연히 한 계열이 한자의 뜻을 빌려 썼다면 다른 한 계열은 한자의 소리를 빌려 썼던 것이다. '새로움'의 '새'를 드러내는 음독 계열로 상정할 수 있는 한자는 〈斯·沙·所·徐·泗·史·省/達〉등이 있다. 대응관계로 보는 분포의 자료는 다음과 같다(도수희 1989-12 참조).

(20) 음독 계열의 대응 분포
ㄱ. sajhaja(新)〈mong〉sai(沙)〈turk〉sine(始)〈inu〉so(金) 〈goldi〉
ㄴ. 新平—沙平·新良—新寧—史丁火/赤木鎭—沙非斤乙·赤城—沙

伏 /赤烏縣―所比浦 /鐵冶―實於山 /省良―金良(《삼국사기》 지리지) /蓋斯盧斯羅新羅新盧皆云新國音也東語新曰斯伊國曰羅盧羅音相類斯新義則同也(《해동역사》속) /雀曰賽斯乃(《계림유사》) 新橋賽得屢(《조선관역어》) /素那或云金川 /蓋素文或云蓋金始泉氏(《삼국사기열전》) 蘇乳―銀甁(《계림유사》) /西川橋―金橋

ㄷ. 金 – 쇠(전역) 새(영양·영천·밀양·양산·동래·임실·장계·옥성·논산·서천) 세(경주·상주·함양·전남) 시이(김천) 시(청도·대구·합천) /鳥 – 사이(충남·황해·평안·일원) 새(전역) 세(옥계) 쇠(무주)

ㄹ. 蝦 – 새우(전역) 새비(전라·경상·지역) 쐬비(재구·대구·달성·경산·경주·월성) 새뱅이(충청도) /사 븨爲蝦(《훈민정음해례》 용자례)

ㅁ. 通仙部本觜山珍皮村―云于珍村(邑號)金城月城俱新羅都城號(山水) 金鰲山 達城山 始林(南西里脫解王乙丑改鷄林)(《대동지지》 권7) /按方言稱新曰斯稱國曰羅轉爲那耶盧則邪盧新盧皆新國之稱(《대동지지》 권7)

대응관계로 보아 다시 풀이할 것은 없으나 〈徐羅·沙非(所非)〉에 대하여 필자의 생각을 밝히기로 한다. 이병선(1988-166)에서는 [서라벌]을 'kara(ᄀ라) – 버러'와 같은 계열의 형태로 보고 K>S로 바뀌어 [서라벌]이 되었으며, 신라(신로) 사라(사로)도 마찬가지 뜻으로서 '큰 성·도읍'을 상정한 바 있다. 이에 대한 필자의 생각은 앞에서의 보기 (10) ㄱ~ㅈ에서 보인 바와 같이 〈새나라〉로 본 생각이 온당할 것으로 보인다. 풀이하는 관점에 따라서 다른 판단이 가능하리라고 본다. 하지만 문헌 자료뿐만 아니라 방언자료 또는 친족어계의 자료를 함께 고려하여 대응의 개연성이 높은 쪽을 골라 잡는 것이 어떨까 한다. 우선 방언자료를 보면 〈金 – 쇠·새·세 /鳥 – 사이·세·쇠 /蝦 – 사비〉의 대응이 나타난다. 중세어 이전의 모음 체계로 보아 [soi · sai · səi /sai · səi · soi · si /sabi · saibi · soibi]로 발음이 됨을 상정할 수 있다. 여기서 [so · sa]sasi―蘇(素·所) /沙(泗·史·沙非·斯) /徐(西) /始(實)의 대응 관계를 찾아볼 수 있는데 [시(새)[sai]]의 표기상의 변이형으로 보인다.

이렇게 보면 〈서라벌〉은 〈서(新)＋라(國)＋벌(伐)→(＝새나라를 세운 곳)/서(新)＋야(也의 절음→이)＋벌(伐)→서이(≒세)벌(新伐)→셔벌(新伐＝徐伐)/(세)〉시(始＝鳥＝新)＋림(林·伐)→시림(新伐)〉으로 풀이할 수 있다. 이를 뒷받침하는 자료는《대동지지》《해동역사》에 보이는 방언 자료로서〈斯羅〉에 대한 풀이와 몽고말을 비롯한 비교언어적인 관점에서의 가능성이라고 보여진다. 이와 아울러 〈所非·沙非-赤≒新〉의 대응 관계가 풀이를 요구하는바 (20) ㄹ에서와 같이〈새우(蝦)〉의 중세어 형태와 오늘날의 방언 분포형을 미루어 보면《삼국사기》(지리지) 자료의 대응 관계가 한층 미더워진다. 단적으로 [새우]의 방언형과 고어형이〈사븨/새비·새뱅이·쐬비〉인 것으로 보아 대응의 개연성은 커진다. '새우'란 갑각류 중에서 열다리가 긴 꼬리의 아목(亞目)에 딸린 동물을 통틀어 이른다. 짐작하건대 새우는 붉은 색을 띠는 음식물로 보아 '赤―沙非≒新'의 동일한 속성의 외연물로 설정한 것으로 보인다. 중세어의〈사븨〉는 [삽(붉다·속)＋이(사물)〉사븨](《훈민정음해례》)로 그 형태와 의미를 나누어 볼 수 있다.

훈독 계열의 지명 분포에 비교하면 적은 양으로 보이지만《대동지지》를 중심으로 한 음독 계열의 지명과《구한국지방행정구역명칭일람》에 보이는 방사 지명의 예를 보면 다음과 같다(묶음표 안의 전거는《대동지지》자료임).

(21) 음독 계열의 지명 방사

ㄱ. 慶州→斯盧·始林·斯羅伐－斯正里(부내) 沙日里(외동) 舍羅里(서면) 沙谷里·舍羅里(강서)/(尙州－沙伐國)(一云沙弗國) 沙器里(내서) 沙谷(화서) 沙伐(사벌) 沙幕(장천) 沙津里(충남) 沙川里(ᄆ동) 沙里(대평)

ㄴ. 春川→烏根乃―云首次若·牛首州·首若州/金川→首知·牛岑―云牛嶺 牛奉郡－沙悅里(동내) 壽洞里(남산) 沙里(서산) 牛頭上中下里(북내) 沙田里(북산외) 實乃里(사내)

ㄷ. 新寧→史丁火 /新溪→沙所乢 － 沙上·沙中·沙下洞(고현) 所逸
(신촌) 所月(남면) /所五達里(을면) 沙伊谷里(沙面) 沙峴里(촌
면) 沙八灘·沙羅灘(신계 산수)

ㄹ. 靈山→西火 － 紗羅·新堤·鵲浦(읍내) 金谷(길곡) 舍利·月山·新
堂·鳳山(계성) 鶴桂洞·鵝谷洞(도사)

ㅁ. 夫餘一所夫里一云泗比 /泗川一史勿一云史勿國一(新岩里·草里·
新松里·鷹洞里(초촌) 鳥嶺里·鷄龍里·東幕里·新垈里(방생))
/沙月洞(근남) 沙登洞(수남) 泗州洞(하서)

(21)에서 보여준 표기와 그 뜻이 '새'의 대응관계가 방사되어 드러나는 《구 한국 지방행정구역 명칭일람》의 분포는 훈독에 비하여 출빈도가 높지 않다. 주로 쓰인 표기자는 〈沙·舍·壽·實·所·紗·泗〉인데 '사(沙)' 계가 중심을 이룬다.

음독 계열의 표기 가운데 그 소리가 다른 형태가 있으니 〈달(達)〉이 바로 그러한 예라고 하겠다. 지명에서 보이는 [달(達)]은 고구려에서는 물론 통일신라 이전에서도 나타난다. 이제까지의 논의로는 [달(達)]의 의미소로서 〈산(tara)〉을 상정하였고, 그 표기적인 변이형으로 〈달·월·석·영·진·등·돌·양(達·月·石·靈·珍·等·突·梁)〉을 풀이한 바 있다 (도수희 1977-59, 이병선 1988-376). 이들 변이형으로 이루어지는 지명의 방사현상은 아주 현저하여 폭 넓은 분포를 보이고 있다. '성·읍'에 대응하는 뜻으로 쓰일 때는 지명의 끝음절에 오는 경우가 보편적이다(息達·昔達·夫斯達·買尸達·松村活達 등). 하지만 제1음절에서 쓰일 때는 꼭 그렇지만은 아니하다.

(22) 달(達) - 계 지명의 분포

ㄱ. 土山郡-息達·釜山縣-松村活達-非達忽·功木達-熊閃山·松山縣
-夫斯達(《삼국사기》)

ㄴ. 達忽-高城·達乙省-高烽縣·達乙斬-高木根縣·難等良-難珍阿
/月良(《삼국사기》) / take(岳)(일본) takai(高)(일본) / t'at
(주법고)〈상고음〉t'ot(karlg) t'ot (주법고)〈중고음〉/ tala(만
주) - 땅

ㄷ. 大邱本新羅達句火一云達句伐又達伐句又達弗城景德王十六年改大
邱爲壽昌郡領縣(邑號)達城 (古邑)壽城古有三城壽大郡一名壤城句
具城助伊城 /解顏北二十七里本新羅雉省火一云美里 景德王十六年改解
顏獐山郡領縣(《대동지지》) /達-唐割切d'at〈중고음〉

ㄹ. '닭'의 방언형 - 귀애기(후창) 께기(풍산) 다리(포항·경주) 달
(경북전역·삼척·호산·함북·일원) 달구새끼(예천·하동·창
원·화순) 달기(포항·경주·옥계·도계·충청·황해) 달구집

ㅁ. 脫解王九年改鷄林智登王四年定號新羅一云基臨王十年得號斯羅文
武王三年唐以新羅爲鷄林州大都督府以王爲都督

ㅂ. 達-山-高-新(鷄)

위의 보기 중 ㄱ에서는 '達-山'을, ㄴ에서는 '達-高'의 내용을 상정
하게 된다. 그것은 동계어와의 비교에서도 그럴 가능성을 보이고 있
다. 〈달(達)〉의 기본의미가 '산'인 것과 주변적인 속성으로서 '높음'을
드러내는 것은 의미의 유연성으로 보아 큰 무리는 없다고 하겠다. 이런
의미의 유연성을 바탕으로 하여 필자는 〈達=山-高-新-(鷄)〉의
대응관계를 더욱 늘이어 감으로써 땅 이름의 풀이에 합리성을 부여할 수
있다고 본다. 《대동지지》를 비롯한 문헌자료에서 〈新-鳥(鷄·鶴·鳳·
凰·鵲·雀·鷹)〉의 대응관계가 검증이 된다. 《훈몽자회》에서도 〈새〉를
날아다니는 짐승의 총칭으로 규정한 일이 있어 '새(新)'의 동음이의어
의 표기로 보아 같은 '새로움'을 뜻하는 개신의 지명으로 보았다. 〈닭〉
은 〈새〉의 한 종류로서 산을 뜻하는 〈달(達)〉과 동음이의어이다. 산이
평지보다 높은 공간이라면 새는 하늘에 높이 나는 짐승으로 속성상의 전
이로 말미암은 것으로 보인다.

〈새(鳥)〉로 보면 처음에는 날짐승의 총칭으로 쓰이다가 뒤로 오면서
분화하여 방언형으로는 아직도 〈달-〉계가 경상도 지역어에서 많이 쓰
이고 있다. ㄹ이 바로 그런 보기인데 독립형으로는 〈달〉이요, 결합형으
로는 ㄱ곡용을 하는 〈달구〉형이 쓰임을 알 수 있다. 이를 뒷받침하고 있
는 것은 방언 자료 밖에도 ㄷ, ㅁ이라고 보여진다. ㄷ에서 〈達-句-
達-壽-助伊-雉〉의 대응관계가 가능할 것으로 보인다. 이 가운

데 〈助伊(사이 - 새(鳥))〉는 당시에 파찰음계에 자음이 발달하지 않았던 점을 고려한다면 〈사이(새) - 수〉의 연계성을 짐작하게 해준다. ㅁ에서는 [斯 - 鷄 - 新 - 斯]로 새로움을 드러내다가 〈새(鳥)〉의 방언형인 〈달〉이 발달하여 쓰인 것으로 보인다. 이런 맥락에서 볼 때 [달구벌]은 세 가지의 풀이가 가능하다고 본다. 즉, '①(산처럼) 높은 곳 ② 새롭게 개척한 곳 ③높고 새롭게 개척한 곳'의 풀이가 있을 수 있는데 세번째의 풀이로 봄이 무난할 것으로 본다(이병선, 1988-376 참조).

덧붙여 둘 것은 탈해임금 때 〈斯羅 - 鷄林〉으로 고쳤는데 〈脫解〉의 이름과도 무슨 걸림이 있지 않나 한다. 그의 탄생설화가 〈새(鳥)〉와 관계가 있을 뿐 아니라 당시의 유기파열음의 자음체계가 완전히 발달하지 못한 점을 생각하면 〈달개(脫解)〉 곧 〈달(ㄱ) - 계〉의 의미적인 유연성도 하나의 방증이 될 것으로 보인다.

[달(達)]과 관계가 있는 지명들이 어떻게 방사하여 갔는가를 분포 중심으로 알아보도록 한다.

(23) 〈달〉계의 지명 분포

ㄱ. '達 -'계 - 達城町・達川(대구) 達洞(고령) 多羅(초계) 達洞(공주) 新達田里(회덕) (《구한국 지방행정구역 명칭일람》)/達老山(《동국여지승람》 영덕) 達城山(《동국여지승람》 경주) 達川(《동국여지승람》 울산) 達山(《동국여지승람》 정의) 達溪川(《동국여지승람》 용담) 達島(《동국여지승람》 영암) 達山院(《동국여지승람》 문의)《동국여지승람》

ㄴ. '月 -'계 - 月川洞・月背面(대구) 月羅里・月南里・月山里・月城(경주) 月洞(서산) 月坪里(상주) 月城里・月城洞・月山洞・月幕洞・月塢洞(고령) 月田洞(성주) 月堂里(김해) 月谷里(양주) 月屈里・月谷里・月溪里(공주) 月岩里・月靈里・月谷里・月山里(고창) 月峯里・月谷里・月巖里(목포) 月坡里・月羅里・羊月里・月內里・月山里(여수) 月坪里・月巖里(영암)(《구 한국 지방행정구역 명칭일람》)

ㄷ. '靈・石・珍 -'계 - 靈岩里(장기) 靈岩郡(영암) 靈斗里(영광)

/石峴里(진도·봉화) 石灘里(진도·고산) 石汀里·石喬里·石橋里(고창) 石門里(칠곡·영천) 石村里(장기) /石吉里·石丈里(경주) 石面洞(영덕) 石西里·石東里(안동) 石幕里(진산) /珍良面(경산) 珍島(진도)

ㄹ. '高-'계 - 高勝洞·高灘洞(고령) 高山里·高方里·高沙島(진도) 高山里(영암) /(高敝-毛良夫里) 月山里·月溪里·月谷里·月岩里·月明里 /草峙里·草乃里 /鶴林里·鶴山里·鶴洞·鷄山里·鷄鳴里·鳳岩里·鳳洞·雁洞 /新月里·新平里·新羊里·新岩洞·新基洞 /東林里·東村 /石灘里·石汀里·石橋里 /牛毛里 /沙川里

〈달-〉계의 지명방사의 분포 가운데는 '달'을 뜻하는 훈독 계열의 〈월(月)-〉계 지명이 보편적이고 생산적인 지명으로 보인다. 대응성으로 보아 〈達-山-高-新-鷄〉에 그 뜻의 확대를 알아보았거나, '山'의 경우는 지명의 끝 음절에 와서 드러나며, '高·新·鷄'는 지명의 첫 음절에 분포되는 경향이 두드러지며 한정어로서 그 속성을 나타낸다. ㄹ의 보기가 그 경우인데 〈高-月-草-鶴(鷄·鳳·雁)-新-東-石-牛-沙〉와 같은 뜻의 전이현상이라고 하겠다. 인식 논리로 보면 공간 인식에서 사람의 모든 인식이 비롯하는 것이니까 '산'을 뜻하는 공간 개념에서 다른 뜻으로 전이하여 간 것으로 상정할 수도 있겠다.

4. 간추림

땅이름을 대상으로 하여 새롭게 해 보려는 개신(改新) 작용이 어떻게 방사하여 지명에 분포되었는가를 알아보고자 하였다. 특히 신라의 건국 사화와 《삼국사기》의 주·군·현식 개칭 지명을 중심으로 하여 대응관계를 방언자료 및 동계 언어와의 비교 분석을 통하여 방사의 유형과 실상을 더듬어 보았다.

신라 건국사화의 경우 개신소(改新素)는 여섯 부족이 합해서 새로운 국왕을 옹립하고 도읍을 정한 내용으로 이루어진다. 건국을 통한 개신이 내용이라면, 이 내용을 드러내기 위한 말의 형태는 〈새〉를 드러내기 위한 한자의 훈독 계열과 음독 계열로 방사되어 드러난다. 이 때 박혁거세를 비롯한 김알지, 석탈해 탄생에 얽힌 〈새〉와 〈알〉의 초능력 사화는 〈용비어천가〉에서 세종의 조상을 여섯 용에 비유하듯이 신라 건국에 신성한 질서와 의미를 부여하는 거멀못의 구실을 하는 것으로 보인다. 원관념이 '새로 세운 나라(사라)'라면 보조관념은 '새와 알을 둘러싼 사건'이라 할 것이다. [새]는 중세어로 '사이'며 '솟음'을 드러낸다. 신과 인간, 하늘과 땅 사이며, 인간과 인간 사이에서 '솟아 있음(두드러짐)'을 뜻한다. 단적으로 신라는 '하늘 뜻에 따라 새로 세운 나라'란 뜻이다.

　새로움-개신(改新)을 드러내는 상징적인 이름은 나라를 가리키는 〈斯羅-新羅〉이고 이런 개신 의지가 방사되는 유형은 훈독과 음독의 계열로 나누어진다. 훈독 계열에 드는 표기의 변이형으로는 〈新·草·牛·鳥(鳳·鶴·鳩·鷄·鷹·雁) 金(鐵·銅) 東·光·赤·昌·陽〉이 있는데 기본형으로는 〈신(新)〉으로 볼 수 있다. 새로움을 드러내는 기초가 되는 형태로 보이기 때문이다.

　음독 계열에 드는 표기 형태로는 〈斯·沙·始·所·素·西·實·泗·壽·史·省/達〉이 있는데 현존하는 지명에는 〈사(沙)-〉계의 분포가 폭 넓게 자리잡고 있다. 어두에 오는 〈달(達)-〉계를 음독 계열에 넣은 것은 어말에 오는 [-달(達)]과 같은 고구려계의 지명에서 보이는 '산'을 드러내는 말로부터 비롯한 것으로 보이는바, 〈達=山-高-鷄-新〉의 대응 관계가 검증된다. 이런 대응의 바탕은 방언 자료에 힘입는데, 단독형은 〈달〉, 결합형은 〈달구-〉로 널리 쓰이는 까닭에서이다. 의미의 유연성에 따른 전이 작용으로 보면 무난할 것으로 본다. 〈달-〉계가 가장 생산적인 분포를 보이고 있다.

제5장 님과 태양 숭배

 단군왕검의 왕검을 님검(님금)으로 읽어야 한다는 데에는 이렇다 할 다른 이론이 없다. 필자는 님금의 '님'이 태양신으로서 단군이 하늘신으로 받들어 모시던 천부신으로 본다.
 이렇게 님을 태양신으로 볼 수 있는 언어적인 바탕은 무엇이란 말인가. 중근세어 그리고 방언이나 땅의 이름의 보기를 찾아보고 형태 분화에 따른 님 중심의 낱말 겨레를 따져 봄으로써 님 - 태양신의 대응관계를 살펴보도록 한다.

1. 줄거리

 소리로써 드러나는 음성의 형태는 궁극적으로 전달하고자 하는 바의 정보를 옮기어 제 본래의 구실을 해낸다. 말의 모든 소리 곧 형태는 의미를 드러낸다. 그 어휘가 문법적이냐 아니면 어휘적이냐에 상관이 없음은 물론이다. 통시적인 관점에서 보아 한 언어의 생성, 성장과 소멸은 그 언어 대중이 누렸던 문화적인 환경에 기초한다고 볼 수 있다. 단적으로 언어의 형태는 문화를 터삼아 발달해 간다. 필자는 이러한 언어의 문화적인 투영을 '문화의 투영 가설'로 부른다. 종합문화의 시대로 거슬러 오를수록 그런 현상은 두드러진다.
 오늘날에 이르기까지의 글말이나 입말에서 흔히 임 지향성이 두드러지게 보이거니와 중근세의 국어자료를 보면 님으로 쓰이었는바, 현대국어에서도 구개음화에 관계 없이 말의 첫머리에서도 님으로 쓰인다. 기원적으로 〈님〉은 〈니마〉에서 비롯하는데 분포로 보아 '눈썹에서부터 머리털이 있는 데까지의 얼굴 부분'을 뜻하는 것으로 밖에는 확인되지 않고 다만 〈니마〉의 축약 형태인 님으로만 쓰임을 알 수 있다. 개음절의 짜임으로서 〈니마〉를 기본 형식으로 보는 것은 〈고마(곰·검·금)〉에 대립되는 형태로 보이기 때문이다(필자 1988-41 참조).

언어의 형태는 근원적으로 하나의 약속이고 그 약속은 공유하는 문화를 투영한다는 관점에서 보면 〈님〉은 태양신 숭배를 드러내는 가장 상징적인 음성기호로 보인다. 이를테면 태양숭배의 문화를 바탕으로 하는 태양신(불신)을 뜻하는 말로 이해하면 될 것이다. 태양의 본질은 강한 빛과 열을 수반하는 불 그 자체라고 하겠는데 물과 함께 생명 현상의 원천이요, 삶을 가능하게 하는 원동력이 된다. 때로는 모든 존재를 불사르는 두려운 대상이 불이기도 하다. 말 그대로 숭배와 신앙의 표적이기에 충분하다. 장덕순(1971-41)에서도 지적되었지만 단군사화(史話)의 환웅은 태양신의 아들이요, 환인(桓因)은 태양신이니 단군과 배달 겨레는 하늘의 백성이 되는 셈이다. 연오랑세오녀(延烏郎細烏女)와 그 궤를 함께 하는 〈고사기(古事記)〉의 천일창(天日槍) 또한 태양신이며 군왕을 뜻하는 한자〈主·王〉도 모두가 불 곧 태양숭배와 무관하지 않다. 이집트의 파라오(paraoh)도 태양신 라(ra)의 아들임을 고려할 때, 고대의 농경문화 사회에서는 동서양에 걸쳐 태양신 숭배가 문화의 기반을 이루었던 것이다. 그런 맥락에서 〈님(니마)〉은 단군(檀君)이 숭배하고 제사를 드렸던 대상이니 곧 태양신(太陽神) - 불신이었던 것으로 상정할 수 있다. 물론 〈곰(고마)〉이 태음신(太陰神) - 물신을 드러냈는데 〈님(니마)〉과 대립되는 하나의 짝이라고 하겠다. 그러니까 단군은 불신으로서의 〈님〉과 물신으로서의 〈곰〉을 제사하는 교황에 값하는 거룩한 대제사장이었던 것이다.

단군왕검(檀君王儉)의 해석에 대하여는 이병도 이후 훈고적인 해석이 서로 조금씩 달랐는데 대체로 보아 〈단군(=제사장)+왕검(행정의 수반)〉으로 풀이하였다(강헌규 《한국어 어원 연구사》(1988) 참조).

필자가 보기로는 국어학의 관점에서 보아 〈단군(=제사장) + 왕검(= 태양신 님(니마) + 태음신 곰(고마))〉로 풀이하는 것이 온당하다고 본다. 심층구조로서 '단골(제사장)이 태양신(님)과 태음신(곰)에게 빌다'가 변형구조〈제사장〉〈님(니마) /곰(고마)〉를 거쳐 〈단골님금〉 이란 표면구조로 바뀐 결과가 아닌가 한다(필자 《낱말의 형태와 의미》 (1988) 58면 참조).

태양신을 뜻하는 님(니마)의 형태와 의미를 더듬어 보는 일은 단군왕검의 국어학적인 풀이를 위한 기초작업으로서의 연구 의의를 갖는다고 하겠다. 이제 〈님〉의 기본형으로서의 〈니마〉에 대한 어휘론적인 의미소 탐색과 형태분화에 따른 낱말의 겨레를 알아보도록 한다. 연구의 논거를 꾀하기 위하여 방언자료와 부분적이지만 비교언어학적인 방증도 고려에 넣기로 한다.

2. '니'의 의미 특징

형태소 니마(님)를 태양신으로 볼 수 있는 형태론상의 근거는 무엇일까. 폐음절 구조의 꼴인 〈님〉의 분포로서는 확인하기가 어려운 형편이나 개음절 구조인 〈니마〉로서는 가능하기 때문에 〈니마〉의 〈니〉를 중심으로 의미의 특징을 살펴보도록 한다. 먼저 지명자료를 중심으로 하는 대응관계를 알아보도록 한다.

(1) ㄱ. 古昌郡本古陀耶郡景德王改名今安東府領縣三直寧縣景德王改名今復故日谿縣本熱兮縣或云泥兮景德王改名今未詳(《삼국사기》지리지34) /日谿東四十里本新羅熱兮一云泥兮景德王三十六年改日谿爲古昌郡領縣高麗太祖二十年來屬泥兮東初三十終五十卽日谿古縣盈尼山南二十五里有石塔(《대동지지》권7 의성)

ㄴ. 尼山縣本百濟熱也山縣新羅改今名爲熊川領縣高麗顯宗戊午屬公州任內後置監務本朝太宗十四年甲午合於石城號尼城縣丙申復析置尼山

縣監四境界(《세종실록지리지》충청도 니산현조) /仁祖二十四年合
恩津連山尼山爲一縣號恩山孝宗七年各復舊正宗丙申改尼城復改魯城
(《대동지지》권5 노성)

ㄷ. 塹城壇在摩尼山頂累石築支壇高十八尺上十三尺世傳檀君祭天處本
朝仍前朝之舊醮星于此祠. 山川祭壇一在摩尼山麓星壇下(《신증동국
여지승람》) /摩尼山古城陽山古縣北周四千六百三十一尺井一(《대동
지지》) 傳燈山→在府南三十二里(《신증동국여지승람》) /斷髮嶺東
南一百五十里天摩山南支一云摩尼山高峻不可直上嶺上有檀閣(《대동
지지》)

ㄹ. 檀因亦以監群居于天界 (중략) 發火始敎熟食爲之檀國(《한단고
기》)

위의 보기 ㄱ에서 일계(日谿)의 지명 변천을 중심으로 우선〈日 -
熱 - 泥〉의 대응관계가 주목에 값한다. ㄴ으로 보아〈泥：尼：熱：
日〉은 하나의 형태소〈니〉를 표기한 이 형태가 아닐까 한다. 중심의미
는 태양(日)을 뜻하는 것으로 보이는데,〈尼城 - 魯城〉에서〈尼：魯〉
의 관계는 어떻게 풀이할까. 도수희(1977:70)에서 '魯'의 상고음이
[luo〈Tongdonghwa〉]lo〈東音〉]인 관계로 [熱(ni) = 尼(ni)≠魯
(luo,lo)]와 같이 등식관계가 이루어지지 않기 때문에 뜻으로 읽어야 함
을 옳은 것으로 풀이하고 있다. 마침내 [熱也→덥이]로 읽고 있다.

필자가 보기로는 유창균(1960a)에서와 같이 소리를 중심으로 하여
[ni]로 읽어〈熱：尼：日〉을 이해함이 무난하지 않을까 한다. 물론
'熱'은 음독 또는 석독으로 읽을 수 있는데 '也'의 소리 [ya-i]의 공통된
[이(i)]를 '熱'의 음절 끝 소리로 읽으라는 변별기호로 받아들인다면 될
것으로 보인다. 그럼 [魯(luo,lo) 尼(ni)]의 불일치에 대한 논의만 남
는다. 물론 소리 자체로만 본다면 불일치를 극복할 수는 없게 된다. 조금
관점을 돌려 지명이 바뀔 때, 두드러지는 현장을 살펴보면, '①주·군·현
식의 이자지명 ②신구지명에서 가급적 언짢은 글자를 피하고 좋은 뜻의
글자를 사용한다. 신지명은 한자식으로 중심을 삼는다(김형규《국어사
개요》(1975) 44면 참조).' 등의 기준이 눈에 띈다. ②항의 조건을 생각

해 보면 '尼→魯'의 개칭 지명이 왜 그리 되었을까에 대한 상당한 암시를 주고 있는 것으로 보인다.

'大丘＞大邱'에서와 같이 공자의 이름〈丘〉자가 쓰이는 것을 피하듯이 '尼'도 공자가 태어난 고향(尼山)이며 공자의 자(仲尼)에 해당하는 글자를 피하면서도 본래의 정신을 풍기려고 나라의 이름을 은유적으로 쓴 것이 아닌가 한다. 본래의 지명에 '尼'는 공자와 상관이 없는 우리말에서 불을 뜻하는 '니'로 상정할 수 있다고 본다. ㄷ에서 강화도의 마니산 부분을 보아도 '尼'가 천신(天神)을 상징하는 광명(태양과 별)을 나타내는 것으로 보인다. 참성단은 분화구로서 단군이 하늘에 제사를 지내던 곳으로 전해 온다. 초례(醮禮) 혹은 초제(醮祭)라 함은 본디 하늘에 빛나는 다섯 방위의 별에 지내는 밤의 제사를 뜻한다(五星一木(東方歲星) 火(南方熒感星) 金(西方太白星) 水(北方辰星) 土(中央鎭星)〈群芳譜〉/夜中於星辰支下陳說酒脯麥刑餌祭物摩祝天星太一祠五星列宿爲書如上章之儀以奉之名爲醮〈隋書經籍志〉).

공간의 위상으로 보아 산천에 제사하는 마니산의 산천제단(山川祭壇)이 초례를 모시는 제단 아래에 있다는 것은 하늘의 천신제와 땅의 지신제를 대조적으로 보여주는 그럴듯함이 있는 공간에 대한 의미 부여라고 하겠다. 주지하는 바와 같이 마니산의 '마니(摩尼)'는 불로 인한 재해를 방지하고 세상의 악을 제거하여 밝힐 수 있는 여의주(如意珠)를 뜻하는데 물론 불가에서 흔히 쓰는 말이다. 여의주를 마니주라고도 하니 둘 다 같은 뜻으로 보이는데 모두 '불'과 상관이 있는 말로 보인다. 3세기경에 페르시아의 배화교(拜火敎)를 바탕으로 기독교와 불교의 요소를 합한 마니교(摩尼敎)도 한 방증의 사례가 된다. '마니산(摩尼山)'의 '마-'는 어떤 의미를 가지고 있을까. 옥천(沃川)의 땅이름으로서 마니산을 둘러싼 분포를 보면〈摩：聖：馬：沃〉으로 미루어 '마'의 훈을 따서 쓴 [*걸-]로 상정할 수 있을 것으로 보인다. 결국 '마니'를 우리말로 옮기면 [마니-거룩한 태양(불)]로 뒤칠 개연성이 있다. 지금도 성자를 [거룩하다]고 하며 윷놀이에서는 말을 [걸]로 읽는다. 태양불)은 위대하고 두려우니까 마치 통치자에게도 그런 속성을 부여해서 쓴 것으로 판단된다.

 반드시 일본어가 우리말과 동일한 계열의 말이라고 속단할 수는 없으나 지금까지 많은 사람들의 글에서 형태나 문법 또는 음운의 측면에서 가까운 말임을 지적하였다(김공칠 《원시 한·일어의 연구》(1989)). 친족관계는 아니라 하더라도 앞에서 풀이한 연오랑 세오녀의 설화가 일본의 건국신화(天照大神)와 궤를 같이 하고 있음은 무엇인가 연관이 있음을 암시하고 있다고 하겠다. 필자는 일본어에서 〈니(尼)〉와 관계가 있을 형태소를 우선 〈日〉-〈ni〉로 상정해서 몇 개의 보기를 살펴 나가기로 한다.

 (2) 〈日〉[ni]의 분포

 ㄱ. 日[ni·hi]-土·尼·煮·荷

 ㄴ. 尼公[nigou](신분이 높은 사람) /日本[nihon] 日本風[nihon-hu] /煮出[nitasi](삶아내는 것) 煮ぇ[nie](찜질) 煮えたきる[nietagiru](끓어 솟구치다) 煮方[nikata](끓이는 방법) 煮返す[nikaes](되끓이다) /丹色[niiro](붉은 색) 丹塗[ninuri] (붉은 색 칠하기) /-(=[ni] -께〈경칭〉)

 ㄷ. 옛날 신라국에 왕자가 있었는데 그 이름은 천일창(天日槍)이라고 하였다. 왕자가 일본으로 건너 왔는데(중략) 여기에 하늘의 태양이 여자의 음부를 비췄는데 그 옆에 천한 사나이가 감시하고 있었다. 과연 천한 여자는 그 때부터 임신하여 마침내 붉은 구슬(赤玉)을 낳았다. (중략) 어느 사이에 구슬이 아름다운 처녀로 화하였다.(《古事記應神紀》)

 위의 지명자료나 기타의 비교언어학적 자료와 함께 중요한 방증이 되는 것은 천신계로 보이는 신라의 왕이름 [니사금(尼師今·尼叱今)]에 대한 분포이다.

 (3) ㄱ. 高墟村長蘇伐公望陽山麓蘿井芳林間有馬詭而嘶則往觀之忽不見馬呪有大卵剖之(중략)辰人瓠朴以初大卵如瓠故以朴爲姓居西干辰言王(或之貴人之稱)(중략)居西干升遐葬蛇陵在曇巖寺(《삼국사기》권1 신라본기 제1)

ㄴ. 南解次次雄~次次雄或云慈充金大問云方言謂巫也世人以巫事鬼神
尙祭祀故畏敬之遂稱尊長者爲慈充(《삼국사기》권1 신라본기 제1)
ㄷ. 脫解曰吾死後汝朴昔二姓以年長而嗣位焉其後金姓亦與三姓以齒長
相嗣故稱尼師今 /儒理尼師今 脫解尼師今 婆娑尼師今 氏摩尼師今嗣
聖尼師今 /智證王外(《삼국사기》)
ㄹ. 무당 - 굿재이(밀양·순창) 단골(전라 평안) 단골레(전라) 단
골(구례) 당골래(전남) 무당(전역) 스성(황주) 스승(길주·부평
·무산·회령·종성·경흥) 스시이(명천) /님그미스승ᄉᆞ로말삼
가시고(前聖愼焚巫)(《두시언해》10-25) 셰쇼개스승이간대로비셰
원ᄒᆞ여(世俗巫禱)(《정속언해》20) 六師는外道의스승여스시라
(《석보상절》6-26) 스승은사라믹規範이라(《능엄경언해》7-6) 스
승사(師)(《훈몽자회》상 34·《신증유합》상 17)
ㅁ. 만주-ningu(上·頭)(퉁구스) - (예)kimenin) - ni(예)enimi
(母)amnini(父)akini(兄) - nin(sonin英雄)
ㅂ. 泥[ni¹ni³乃計切·乃禮切·年題切]-泥丘(진흙이 분화구의
둘레에 원추형으로 쌓여서 된 언덕) 泥火山(진흙을 내뿜는
화산) 泥流(화산 폭발시 흐르는 진흙의 흐름) /쇠니기다(鍊
鐵)(《동문유해》하 23) 니긴쇠(熟鐵)(《동문유해》하 23) 닐
딕(戴)(《왜어유해》하 38) 니을연(連)(《신증유합》상 6) 念
念이서르니서(《원각경언해》상 2의 2-10) /니(此)(《염불보권
문》38) 니(稻)(《구급간이방》1-86) 니(齒)(《훈몽자회》상
26·《신증유합》상 20) 니(蝨)(《신증유합》상 16)

기능으로 보아〈니사금〉은 자충(慈充 = 巫)과 같다. 자충은 제사장 곧 무당으로 존장의 자리에서 귀신을 섬기고 사람들을 다스린다. 신라시대에 파찰음 음소가 자리잡지 못하였던 점을 고려한다면 [慈充→즈증~스승((3)ㄹ)]과 같이 읽혀질 가능성이 높다(박은용(1970)·문선규(1969)·김동소(1981)·유창균(1980)·이윤동(1988) 참조). 지금도 함경도 방언에서는 무당을 스승이라고 하는데 제정일치에서 사제기능이 약화되어 쓰이는 경우라고 하겠다. 그러니까〈니사금〉은 한 겨레를 이

끌어 가는 스승 곧 사제로서의 역할을 하였음에 틀림없다. 어떻게 보면 왕이란 스승의 개념을 본질로 한다고 하겠다. 물론 제사를 지내는 대상은 하늘과 땅의 신이다. 구체적으로 하늘의 태양인 불이요, 땅의 태음인 물의 신에게 제사를 올리는 것이다.

한자를 차용함에 있어 그것이 소리이든 뜻이든 어느 면으로든 일단 쓰이는 한자는 무엇인가 관계가 있을 것으로 보인다. 〈니사금(尼師今)〉의 '니(尼)'가 소리 중심이라고 하더라도 〈尼-昵-泥〉와의 연관을 보면 (ㅂ 참조) 해와 관계가 있으며 〈師〉 또한 위의 글자를 〈니/닛〉 어느 쪽으로 읽더라도 '스승(= 무당)'과 관계가 있는 것으로 보인다. 뒤에 [니사금 > 왕(王)]으로 바뀌었지만 〈왕〉 또한 크게 다르지 않다. 글자가 바뀐 과정을 보면 '불이 타오르는 모양'을 나타낸 글자로서 결국 왕은 태양신 곧 불신과 물신을 제사하는 내용을 단적으로 드러낸 말이 아닌가 한다.

ㅂ의 보기 중에서 〈니(尼)〉와 동음이의어로 보이는 형태들을 어떻게 풀이할 수 있을까. 이 가운데에서 먼저 〈이(齒)〉에 대하여 알아보도록 하자.《삼국사기》권1 의 기록에 탈해가 이르기를 '왕의 자리는 용렬한 사람이 감당할 바가 아니다. 성스럽고 지혜로운 사람은 이가 많다'고 하였다(脫解曰神器大寶非庸人所堪吾聞聖智人多齒). 결국 이가 많은 순서 곧 나이가 많은 순서로 하여 왕위를 싸우지 않고 물려받았다는 내용으로 이어진다. 이서(李曙)는 《마경(馬經)언해》에서 이를 뼈의 정수(夫齒者骨之精粹)라고 하였거니와 해 – 〈니〉의 속성을 함께 하고 있는 것으로 보인다. 태양은 빛의 환한 것과 같이 이는 황색이나 흰색일 수가 많이 있고 〈니〉가 맨 앞 또는 위에 있는 것처럼 입에서 맨 앞쪽에 있고 오행으로도 금행(金行)으로 흰색이며 비교적 제일 오래가는 신체 부분이다. 해를 뜻하는 〈나(ᄒ)〉(《법화경언해》 5-18)로 연령을 나타내는 것과 〈니〉(《법화경언해》 6-13)로도 연령을 드러내는 것은 흥미로운 일로 뒤에 형태 분화의 부분에서 다루기로 한다.

벼를 뜻하는 [니(稻)](《구급간이방》 1-86)는 어떤 걸림이 있을까. 곡식 중에서는 가장 으뜸되는 것이요, 따라서 제사에 반드시 쌀밥을 쓰는 것이 일반적이다. 그 빛깔도 물론 희거나 누르다. 곡식 – 식량은 생명 보전의 일차적인 곡물 중의 곡물이고 식량 사정이 어려웠을 적에 벼의 출현이란 그야말로 삶의 활력소요, 빛이었던 것으로 보인다.

그 밖에 머리에 잘 끼는 〈니(蝨)〉(《구급간이방》 6-23)가 있고, 〈니(此)〉(《염불보권문》 38)가 있다. 앞의 경우 검은 머리에 흰 이가 보이듯이 색깔로 상관을 보이는 것이고, 뒤의 경우는 공간 상에 제일 가까운 앞에 있는 것으로 〈니(尼)〉와 서로 맥을 함께 하고 있는 게 아닌가 한다.

단일 형태는 아니지만 파생 형태의 분포를 보아 〈니〉의 의미 특성은 진행이나 머리 또는 위의 개념으로 드러난다.

(4) ㄱ. 진행 – 어셔도라니거라(《월인석보》 8-101) 須達이護彌 집 의니거든(《석보상절》 6-15) 아비보라니거지라ᄒᆞ대(《월인석보》 8-101) 우흐로셔니거디라(《계축일기》 29면)

ㄴ. 위蓋 – 한플니윤亭子ㅣ로다(一草亭)(《두시언해》 초 7-14) 새니욘 菴子가 (《남명집》 상 72) 디새니다(《역어유해》 상 17·《사서언해》 하 31)

ㄷ. 傳과記를녜며보며드른거슬(《소학언해》 5-2) 녜힝(行)(《왜어유해》 상 29) 녈힝(行)(《훈몽자회》 하 27)

따지고 보면 지구는 가만히 있고 해가 가는 것으로 인식하여 움직여 가는 동작을 [니 +–다>니다]로 드러낸 것이고, ㄷ에서와 같이 그 표기적인 전이형으로 〈녜다〉와 〈녀다〉가 쓰이는데 기본형은 모두 〈니다〉에서 비롯된 것이다. 지금까지의 살핌에서 드러난 〈니(尼)〉의 의미 특성을 간추리면 다음과 같다.

(5) 〈니〉의 의미 특성

ㄱ. 중심의미 – 태양(日)(불火 – 태양신) /왕(=제사장) > 사모하는 사람

ㄴ. 파생의미 – 열(熱)·끓임(渚)·익힘(熟·鍊·習)·진행·위(蓋) 이(齡) 이(蝨) 이(此) 이음(繼) 설음(舌音) 붉음(丹) 앞(已·前)

남은 문제는 〈니마-님〉에서 기본형을 〈니마〉로 보아 음절 구조의 변동으로 '니마〉님'이 된 것으로 상정하여 형태 분석을 〈니(尼-日)-마〉로 하였는데 〈-마〉를 어떻게 풀이할 것이냐와 〈니마〉와 〈니사금〉의 관계로 요약할 수 있을 듯하다. 먼저 접미사 〈-마〉에 관계되는 몇가지 분포를 알아 보도록 한다.

(6) ㄱ. 졔죵이또닐오디마노랏父母ㅣ늘그시니(其僕亦尉解曰公父母 春秋高(《삼강행실도》(충)若水效死) 奴婢稱其主曰抹樓下遂爲卑 賤者呼尊貴之稱(이두)

ㄴ. 南風謂之麻卽景風((《성호사설》)

ㄷ. 마히미양이라장기연장다스려라(시조)

ㄹ. 사ᄅᆞ미무레사니고도즁싱마도몯호이다(《석보상절》6-5)

ㅁ. 마(-마) - 내시 집 하인들이 상전을 부를 때 쓰는 말(《조선어사전》상) /마님₁ - 귀인의 안해의 존칭(抹樓下主) /마님₂ - 귀인의 존대 // 엄마 · 아줌마 /마(摩) - ※걸(거룩하다)

ㅂ. 벼를充實케홀마히하고(《두시언해》중 1-4)

여러 가지 다양한 뜻으로 쓰이는 〈마〉와 〈니마〉의 〈마〉가 관계되는 것은 ㄱ의 보기와 ㅁ의 경우라 하겠다. 아랫사람들이 주인을 일러 〈마노라〉라고 하였으며 〈마님₂〉의 경우는 〈대감마님〉에서처럼 남녀간에 존칭의 접미사로 쓰였으며 〈마(-마)〉의 경우도 상전을 부를 때 붙여서 쓰는 존칭의 접미사라 하겠다(엄마 · 아줌마 등). 그러다가 〈마님〉이나 〈마노라〉에서처럼 여성에 국한하는 존칭으로 쓰다가 뒤에 와서 〈마누라〉는 보통사람의 '아내' 정도로 쓰이는 등 그 위상이 조금씩 바뀌어 쓰이게 되었다. 〈니〉는 항상 존칭의 이름 아래에만 붙여 쓰기 때문에 형태소의 결합을 따라 〈니마~님〉이 함께 쓰이다가 오늘의 〈님〉과 〈니마〉(=이마)로 분리되어 쓰인 것으로 상정할 수 있다.

비교언어학적으로 볼 때는 〈닌[ningu]〉(만주)에서 〈님〉과의 상관성을 찾을 수 있으나 분명 지명이나 왕의 이름에서 〈니(尼)〉의 분포가 확인되고 접미사 〈-마〉의 형태소가 확인하는 것이 확실하지 않은 친족어에 터를 대는 일보다는 무리가 없을 것으로 보인다.

다음으로 〈니사금(尼師今)〉과 〈니마〉의 관계에 대한 풀이이다. 우선 가능한 논의는 〈니사 + 금 : 니 + 마〉의 대응에서 〈니 : 니사〉의 형태가 눈에 띈다. 이 두 형태 중에서 공통된 것은 〈니〉를 제외한다면 뒤의 〈-사(師)〉가 남는다. 여기에 대하여는 〈니〉의 히읗 말음의 첨가로 볼 수 있고 아예 〈닛-〉의 기본형으로 보아 '이어감'의 뜻으로 풀이할 수도 있다. 필자가 보기에는 어느 쪽으로 보든 기본형은 〈니〉에서 비롯된 것이니까 같은 낱말 겨레로 본다. 중세어 자료로 보아 히읗 종성체언의 직접적인 분포는 확인되지 않고 〈닛〉의 분포는 그렇지 않다(김종택《국어어휘론》(1992) 참조).

(7) ㄱ. 니ㅅ므음(牙根)(《역어유해》상 33) 니ㅅ무음(《동문유해》하 26) 니ㅅ샷(牙縫)(《한청문감》 5-51)

ㄴ. 몰앳웃풀니윤지비버드리새려어드윗고(沙上草開柳新暗)(《두시언해》중 10-18) 디새닐와(《훈몽자회》하 18) 燈혀아닛위여(《석보상절》 9-35) 닛딥피면(《노걸대언해》상 16) 닛므윰(〈훈민정음 주해〉) 닛집드러내여(고시조·정철) 닛바래人讚福盛ᄒ샤(〈처용가〉·《악학궤범》)

보기 ㄱ, ㄴ의 경우를 보면 시옷이 사이시옷으로 쓰이든 아니면 체언의 끝받침으로 쓰이든, 같은 뜻으로 쓰이는 경우를 볼 수 있다(닛므윰 - 니ㅅ므음 / 니ㅅ집 - 닛집 등). 그러나 〈닛다〉의 예는 좀 다르다. 아예 어간의 받침으로는 교착되어 쓰이고 있으며 그 뜻도 '이음·있음' 등의 내용을 드러낸다. 다시 〈니사금〉으로 돌아가 여기 〈-사(師)-〉는 위의 〈니〉에 받침으로 쓰든 아니 쓰든 사이시옷의 구실을 하는 것으로 풀이할 수 있을 법하다. 〈명사₁ + ㅅ + 명사₂〉명사와 같은 조어상의 특징을 보이는 것으로 풀이할 수 있을 법하다. 《삼국유사》에 보면 〈師 : 叱 / 尼 : 齒〉의 대응관계가 드러나는데 상당한 개연성을 더해주는 것이라고 하겠다(脫解齒叱今(一作脫解尼師今)脫解王時(《삼국유사》권 1).

결국 〈니마 : 니사금〉의 〈니(尼)〉는 같은 의미특징 '태양·불·맨 위'의 뜻을 드러내는 것이고 다만 〈님금〉의 경우는 [니마 + 금＞님

금]으로 풀이하는 것이 무리가 없을 것으로 보인다. 현대로 오면 '니마
＞이마 / 니마＞님＞임'의 형태 분화가 일어나 각각 다른 뜻을 드러낸
다. (5)ㄴ에서도 지적하였지만〈님〉에서 파생된 것으로는 '진행・앞・
하늘・이마'로의 분포가 확인된다.

  (8) ㄱ. 보션버서품에품고신버서손에쥐고곰븨님븨님븨곰븨쳔방지
      방지방쳔방(고시조)

  ㄴ. 麻衣를 니미츠고葛巾을기우쓰고(《성산별곡》) /이말(성주방언)

  ㄷ. 니마히넙고平正ㅎ야(額廣平正)(《법화경언해》6-14) 니마해두워
      (법어7)

  ㄹ. 東애니거시든(《용비어천가》38)

《대동지지》의 지명자료를 통하여 그 대응성을 보매 '태양(불)'을 뜻
하는 의미소는〈尼(火)→陽・赤(丹)・白・昌〉으로 드러나는바, 보기를
보이면 (9)와 같다.

  (9)〈니(尼)〉의 지명 방사 (《대동지지》)

  ㄱ. 陽城本百濟沙伏忽一云次巴乙新羅景德王十六年改赤城爲白城郡 /
      青陽本百濟古良夫里唐改憐德爲熊州都護府

  ㄴ. 丹陽本新羅赤山一云赤城上岳之東造山村有赤山古話 / 丹城本新
      羅闕支新羅景德王改闕城郡丹溪東北四十八里本新羅赤村景德王改丹
      色爲闕城郡(山水)尼邱山

  ㄷ. 昌寧本新羅比自火(一云比斯伐與全州古號相同) / 昌城一禑元年泥
      城元帥崔公哲麾下二百餘人叛殺軍民渡江而出 / 淮陽一斷髮嶺東南一
      百五十里天摩山南支一云摩尼山高峻不可直上領上有檀閣

표기에 따라서〈尼-泥〉로도 되며 분포로 보아 지명의 '주・군・현'에
해당하는〈一火(伐) 弗〉과 같이〈-陽〉도 동일한 기능을 하는 것으로
보인다. 이상의 여러 가지 자료를 통하여 살펴보았는데 의미 특성을 동
아리 지으면 다음과 같다.

  (10) ㄱ. 니 - 태양(불) ＞사모하는 사람 /하늘・앞・위・혓소리・
      여름・진행・삶다・뜨겁다・붉다・희다・이마・임(= 짐) 이
      (蝨・稻・此)

 ㄴ. 마 — 상전·남쪽·식량·장마·귀신의 존칭·경칭접미사
 ㄷ. 니+마>니마(님>임) — 태양신(불신 天神)>임금>사모
  하는 사람(임) / 니마>이마(額)

 보기(10) ㄷ에서 눈에 띄는 것은 〈니마(님)〉가 가리키는 대상이 바뀌어 쓰인다는 점이다. 태양신에서 왕으로 다시 사모하는 사람으로 쓰임은 신 중심의 가치에서 인간 중심의 대상이 된 셈이다. 이와같이 같은 형태라도 쓰이는 시대와 장소에 따라 다르게 쓰임은 보편적인 현상이라고 하겠다(예)영감(=벼슬) 영감(=노인) /마누라(=왕비) 마누라(아내의 속칭) /어라하(=왕) 에라(보통의 대신·어른) /마담(=귀부인) 마담(다방 술집 마담 등)).

 언어 외적인 풀이로서 임금은 남쪽을 향해 앉는다(南面北坐)라든가 장마가 오고 아니옴이 별신(星神)의 다스림에서 비롯된다는 믿음은 언어의 형태로 표현되는 의미와 무관하지 않은 것으로 보임은 재미있는 일이다.

3. 형태분화의 양상

 형태소 〈니〉는 명사인 바, 그 활용상의 특징은 어떠한가. 중세어 자료를 통하여 살펴보면 〈니〉가 ㄱ곡용의 굴절을 하던 명사로 보인다. 우선 자료의 확인부터 하기로 한다.

 (11) ㄱ. 法을닷가니겨(《월인석보》 18-15) 聖人이닷가니겨(《법화경언해》 1-142) 브즈러니닷가니겨(精勤習)(《법화경언해》 2-248) 練은니길씨라(《법화경언해》 6-155) 니긴쇠(熟鐵)(《동문유해》 하 23) 니가알암(《신증유합》 하 35) /이밥이닉거다(這飯熟了)(《박통사언해》 중 하 45) 니글슉(熟)(《훈몽자회》 하 12) /글닉이다(溫習)(《동문유해》 상 43) 금여러번닉이다(練熟金)(《한문청감》 359)

ㄴ. 日谿東四十里本新羅熱兮一云泥兮景德王三十六年改日谿爲古昌郡
領縣高麗太祖二十年來屬泥兮東初三十終五十卽日谿古縣盈尼山南二
十五里有石塔《《대동지지》의성조》/ 菓兮·勿阿兮·所非兮·秋子
兮·省大兮·丘斯珍兮《《삼국사기》권37》

ㄷ. 兮一(上古音)[gieg(동동화)geg(《주법고》)] /(中古音)[giei
(칼그렌)giəi(《주법고》)]

ㄱ에서 기본형 〈니기다/닉이다/닉다〉가 확인되는데 모두가 같은 뜻
을 드러내는 표기상의 변이형들이다. 형태소 〈니(ㄱ)〉와 같이 ㄱ특수
곡용을 하는 명사인 것으로 상정된다. 이러한 가능성은 지명 자료 ㄴ에
서도 드러난다. '군·읍·현'에 값하는 〈~只·支〉와 함께 〈~兮〉가 나오
는데 상고음이나 중고음을 보더라도 '기'[gi]로 읽을 가능성을 보이기
때문이다. 또한 〈谿 : 兮〉의 대응에서 초성이 기역으로 읽힌다. 그럼 독
립된 의미를 보이는 〈兮〉를 어떻게 〈니〉의 곡용어미로 볼 수 있단 말인
가. 말이 그 뜻이나 형태가 바뀌는 과정에서 빼놓지 못할 현상의 하나가
인접해 있는 형태들이 결합하거나 영향을 주어 말의 꼴과 뜻이 바뀐다는
점을 들 수 있다. 마침내 〈니(ㄱ)-〉닉-/니기-〉와 같은 형으로 옮
아간 것이 아닌가 한다(도수희 〈백제지명 연구〉(1980) 참조).

음운의 변화를 떠올릴 때 람스테트가 지적한 것처럼 소리의 약화로 말
미암은 친족어간의 대립적인 음소로서 드러나는데 /ㄱ/과 관련하여 봄
에 〈ㄱ→ㅎ→ㅇ〉의 단계를 생각할 수 있다. 다시 /ㅎ/을 인식하고 표
기된 자료에 따라서 /ㅎ-ㅅ-ㅈ/과 같은 종성으로 나타난 경우를 가
정할 수 있다.

(12) ㄱ. 평북방언 - 닣다(→이다(볏짚 등으로 지붕 위를 덮다)/
디새닐와(《훈몽자회》하 18) 새닐(苫)(《훈몽자회》하 8) 하놀홀
이고따해서며(頂天立地)(《금강경삼가해》2-11) 일터(戴)(《훈몽
자회》하 10)/ 니마해(법어 7) 니마히(《법화경언해》6-14) 니
마흘(〈내훈〉2-60)

ㄴ. 샹녜닛게ᄒᆞ야(常常相續)(〈몽산법어〉9) 니올승(承)(《석봉천
자문》20) 법앳웃플니윤지비버드리새려어드웻고(《두시언해》중

10-18) / 드른말卽時닛고본일도못본듯(고시조·宋寅) 닛디마ᄅ쇼셔(《용비어천가》110) 길우희糧食니저니(《용비어천가》53) 忘은니즐씨오(《월인석보》17) / 尼斯今方言也爲齒理以齒長相嗣故稱尼斯今(《삼국사기》권1 신라본기1)

ㄷ. 나히侵逼ᄒ야(《두시언해》중 9-15) 너희무른어루나홀닛고(《두시언해》중 22-10) 나ᄒ로兄이라(《두시언해》중 23-34)

위의 보기에서 [니]가 ㅎ종성체언임을 보여 주는 것은 평북방언의 [넣다]가 직접 자료로서의 가능성을 보이고 나머지는 모두가 / ㅅ-ㅈ /의 표기들이다. ㄷ에서 〈나(ㅎ)〉는 '치리(齒理)'의 '치(齒)'와 함께 '나이-연령'을 뜻하는데 ㅎ종성체언인바, [니]도 부분적으로 ㅎ의 말음을 지닌 체언으로 추정된다. 음운의 변천으로 보아 'ㄱ>ㅎ'의 변천이 예상되지만 / ㄱ /쪽은 살아남고 / ㅎ /쪽은 [넣-닛-닢-닐-] 등의 표기적인 변이형으로만 증거를 남기고 있다. 그러니까 보다 고어형이 남아있는 셈이라고 할 수 있다. 이제 [니]의 형태변화를 요약 정리하면 다음과 같다.

(13) 〈니〉의 형태변화

형태소 〈니〉는 ㄱ곡용을 하는 체언으로서 불완전한 곡용형을 보이고 있으매, 부분적으로 ㅎ종성체언으로 발달한 형태들이 드러난다. 앞의 경우가 음운사로 보아서는 보다 오래된 꼴이며, 분화 형태소의 독립성을 보면 '니(닉)-/넣(닛-닢-닐-)'계는 의존형태소이고 나머지는 자립형태소들이다.

형태의 분화를 함에는 일반적으로 음운의 교체와 형태소 간의 파생과 합성이 일반적인 틀이라 할 수 있다. 〈니〉의 형태분화는 우선 크게 두 계열로 나누어 음운의 교체와 형태소 간의 파생과 합성의 꼴을 살펴 보도록 한다. 한 계열은 〈니〉계열이고 다른 하나는 〈니마(님)〉의 계열로 나눌 수 있다. 여기 〈니〉 계열은 의존적이건 자립적이건 두 뜻을 모두 고려하면서 살펴 나가도록 한다.

음운의 교체에서 제일 두드러지면서 형태 분화에 깊이 관여하는 것은 어말자음의 교체와 모음의 교체로 크게 나누어진다. 편의상 형태소 [니]

를 중심으로 하는 접미사 [-다]가 붙어서 이루어지는 형태를 고려하기
로 한다.

(14) ㄱ. 東이니거시든西夷((용비어천가) 38)이제수년을니디아니ᄒ
   니((오륜) 2-20) 大將이朝廷에니거늘(大將赴朝廷)((두시언해)
   6-38) /녀거든((법화경언해) 3-155) 수를녜며((두시언해) 초 23-
   19) -〈니다·녀다·녜다〉

   ㄴ. 그조ᄒᆞᆯ기섯거니겨(和氣淨土作泥)((불정심) 중 7) 쯺은니길쎠
   라((훈민정음주해)) /니기드럿거늘((두시언해) 중 1-13) /豆子
   ᅵ비예ᄒᆞ마닉도다(豆子雨已熟)((두시언해) 중 9-17) 니글슉(熟)
   ((훈몽자회) 하 6) -〈니기다·니기 /닉다〉

   ㄷ. 聖人이니ᄉᆞ샤도(聖繼)((용비어천가) 125) 燈혀아닛위여((석보
   상절) 9-35) 닛디마ᄅᆞ쇼셔(勿忘)((용비어천가) 110) 天下蒼生을
   니즈시리잇가(天下蒼生其肯忘焉)((용비어천가) 21) -〈닛다(닞
   다)〉

   ㄹ. 닛紅花((제중신편) 8-8) 齒난니라((훈민정음주해)) 니슬(蝨)
   ((훈몽자회) 상 12) 니(稻)((구급간이방) 1-86) 녜업던이리로라
   ((월인석보) 1-14) -〈닛(紅)·니(齒·蝨·稻·此)·녜(노)〉

위의 보기에서 ㄹ은 독립하여 쓰이는 자립형태들이고 ㄱ, ㄴ은 그렇
지 않다. 많은 보기는 없으나 [N+다〉N다]V와 같은 틀에 따라서 풀이
되는 것이 대부분이고 기원적으로 ㄱ곡용이었던 말이 발달한 형태들이
ㄴ이며 사이시옷(혹은 ᄒ곡용어미)이 교착되어 형태의 합성을 이룬 것
으로 상정할 수 있는 형태가 ㄱ의 보기이다. 이 가운데에서 어말자음의
교체로 인한 형태의 분화를 보이는 것은 〈닛-〉계의 낱말들이다.

(15) ㄱ. 닛-서르닛건마튼(相接)((두시언해) 초 21-18) 스승을곧
   닛긔ᄒᆞ니((월인천강지곡) 112) /아져긔닛다가((염불보권문) 11)
   -닛다(잇다)

   ㄴ. 닞-제임금아니니저((용비어천가) 105) 올길흘니저늘(忘却來
   時路)((금강경삼가해 3-23) 話頭니주미((몽산화상) 18) 니즐망
   (忘))((신증유합) 하 13) /어딜믈이즈면(忘善則)((어제소학언해)

4-36) 漁舟에누엇신들이즌적이이실쏘냐(해동가요) — 닛다(잊다)

ㄷ. 닐 — 구쳐니러절ㅎ시고(《석보상절》 6-3) 닐기(起)(《훈몽자회》 하27) 御坐애니르시니(《용비어천가》 82) 起는닐씨니(《석보상절》 6-42) 川原에니르거나(《원각경언해》 상 1의 2-136) 니르시리어늘 (《법화경언해》 2-7) 成은일씨라(《훈민정음언해》) — 닐다(起)・ 니르다(起・謂)・일다(成)

ㄹ. 닏 — 어버이를닏는츠례라(《소학언해》 2-49) — 닏다

위의 보기는 어말자음의 교체를 따라서 서로 넘나들면서 분화해 가는 형태를 보인 것이다. 우선 /ㅅ→ㅈ/의 마찰음이 파찰음으로 바뀌어 이루어진 형태소이다. 〈닛다〉의 경우, 의미로 보아서는 〈니〉의 '진행'에서 비롯한 것으로 보인다. 시간이 흐르면 현재는 과거가 되고 기억 속에서 사라지게 마련이다. 구개음의 발음이 없어지면 〈잊다〉로 된다. ㄷ~ㄹ의 경우, /ㄴ→ㄷ/의 절음현상에 따르는 표기의 전사라고 볼 수 있는데 〈닛 — 닏〉으로 갈라져 표기한 결과로 보이며 〈닏 — 닐〉의 관계는 유음화 현상에 따라서 빚어진 결과로 판단된다. 의미상의 풀이를 하자면 〈닐다(니르다)〉는 '일어나다・말하다'의 분포로 드러나는데 '일어남'은 태양으로부터 모든 일이 가능한 것으로 인식하였고, '말하다'는 태양신의 숭배과정에서 주술의 내용을 비는 제천의 과정에서 말미암은 것이 아닌가 한다. 다시 그 결과로 이어지는 동작이나 과정이 바로 [일다]로 변별하여 표기한 것이다(필자 《우리말의 상상력》(1991) 참조).

형태소 〈니(닛・닏・닞・닐)〉에서 모음이 바뀌어 같은 형태소는 아닐지라도 동일계열의 뜻을 드러내는 말이 〈나(ㅎ)(낫・낮・낯・낟・날)〉의 형태와 이로 말미암은 낱말의 겨레들이라고 하겠다. 중성모음이 양성모음으로 바뀐 결과로 보고 있다.

(16) ㄱ. 하늘삼긴나흐로(以天年)(《소학언해》 6-52) 져믄나히로다 (妙年)(《두시언해》 초 21-7) 내나흔늙고(我年老大)(《법화경언해》 2-213) /나흔子息이(《석보상절》 9-26)

ㄴ. 낫午晝鎌其訓同(《아언각비》) 位에나ㅇ샤(《소학언해》 6-34) 나을진(進)(《신증유합》 하5) 낫밤(日夜)(《소학언해》 6-10) — 낫・

낫다

ㄷ. 나져바며(《구급간이방》 1-114) 나지여바미여(《내훈2》 하17) /
엇뎨ᄂ촐보디몯ᄒᄂ뇨(何不見面)(《능엄경언해》 1-60) 늘근ᄂ추
란(《두시언해》중 21-5) - 낮·낯

ㄹ. 여러낟거늘(開現)(《능엄경언해》 1-179) 낟만홈애미쳐(及日中)
(《명종소학언해》 4-11) 두려이나타(圓現)(《능엄경언해》 1-79) -
낟다(낱다現)·낟(日)

ㅁ. 나리져믈오(《법화경언해》 2-7) 날와돌와(日月)(《능엄경언해》
2-8)飛生刃日其訓同날(《아언각비》) - 날

보기 ㄱ에서 〈나(ㅎ)〉는 '나이'를 드러내 쓰이고 있으며 〈낳다〉는
'생산'을 뜻하고 있다. 나이가 들려면 원천적으로 태어나야 함을 전제로
한다. 형태의 발달로 보아 〈나〉가 ㅎ종성체언이었다가 동사의 어간이
되는 과정에서 아예 녹아붙어 어말자음이 된 것으로 보이는데 이런 예들
은 상당한 분포를 보이고 있기 때문이다.

'오주겸(午晝鎌)'이 같은 〈낫〉으로 표기되는 동음이의어인데 모두가
물체 자체가 '밝음'에서 비롯된 인식의 결과로 보이고, /ㅎ→ㅅ/은 음
운인식에 따른 표기적인 변이형으로 보인다. 다시 절음현상에 따른 /ㅅ
→ㄷ/은 아주 자연스러운 음성의 한 부류(natural class)로 묶일 수
있다. 유음화 현상으로 /ㄷ→ㄹ/이 되는 것 또한 드물지 않는 보기로
서 모두가 그 뜻은 '해(날)'에 비롯된다. 얼굴을 의미하는 [낮(>낯)]
도 밤낮의 〈낮〉도 [낟>낮>낯]과 같은 파찰음화 현상에 따라 분화
된 낱말의 겨레로 보이는바, 얼굴은 온몸의 부분에서 가장 두드러져 보
이는 부위이기에 태양 - 해의 환한 속성에 비유하여 태양 얼굴로 인식한
것으로 보인다. '비생인일(飛生刃日)'의 〈날〉도 같은 맥락에서 풀이할
수 있을 듯하다.

앞에서 풀이한 [니] 계의 음운교체에 따른 형태의 분화와 더불어 〈니
마〉계의 형태분화의 모습은 어떠한가. 기원적으로 우리 국어가 개음절
(CV)의 음절구조였음을 고려하고 형태론적인 짜임을 돌아볼 때 〈니
마〉는 음절구조의 변동을 입어 〈님〉으로 실현된다. 같은 형태인 〈니〉

에서 비롯된 말이나 지금은 달리 쓰이고 있다. 즉 형태의 분화가 굳어진 셈이라고 할까. 물론 〈니마〉는 [니 + ─마 > 니마(> 님)]으로 쪼개진다. 자료에서 드러난 분포를 더듬어 보자.

(17) ㄱ. 니마 – 니마히너브시고(《법화경언해》 2-17) 부텨니마히겨 신白毫光明이라(《금강경삼가해》 2-51) 니마우콰고과(《분문온역방》 15) – [니마].

ㄴ. 이말(성주방언) / 빗니믈(紅頭)(《역어유해》 하 21) / 紅裳을니미 츠고(〈송강가사〉 1-14) – 니믈·니미츠다

ㄷ. 님 – 님쥬(主)(《훈몽자회》 중 1) 下稱上曰님《행용이문》 아소님 하(〈정과정〉) 님군우(禹)(《석봉천자문》 26) 님금이예서업스시니(《삼강행실도》 충 27) /님븨곰븨(《청구영언》 23) 福으란림븨예 받줍고〈동동〉님의혁고(《해동가요》 74) /田地님의자히라(《석보상절》 9-19) 님재 업순디아니로다(非無主)(《두시언해》 초 10-7) – 님·님금·님븨곰븨·님자

ㄹ. 닙 – 닙은丹砂로직은듯ᄒ다(《해동가요》 113) 내닙으로소론후에(《염불보권문》 32) /닙셩의것도(《계축일기》) /프른닙픠그늘이일고(《태평광기》 1-14) – 닙(口·葉).

ㅁ. 닢 – 곳동앳니피즈므니라(《석보상절》 11-2) 새닢나니이다(《용비어천가》 84) 그고지五百니피오(《석보상절》 11-31) – 닢(葉)

보기 ㄱ에서는 [니마]가 '눈썹에서부터 머리털 부분까지의 얼굴' 부분을 이르고 있으며 [-마]의 영향으로 ㅎ종성을 갖고 있다. [니마]의 파생, 즉 모음의 바뀜이나 자음의 덧붙임으로 [니말(이말) 니믈]이 '이 미 앞'의 뜻으로 쓰이고 있다. ㄴ중세어 자료에서 [님]의 분포는 주로 군왕을 가리키는 경우가 대부분이다(ㄷ 참조). ㄹ, ㅁ의 경우는 [님]에 서 어말자음이 무성파열음이나 유기파열음으로 바뀌면서 분화되는 모습으로 드러난 결과라고 하겠다. 의미 특징으로 보아서는 '앞·위'의 의미소를 바탕으로 쓰는 형태로 판단된다. 오늘날에 오면 [임]은 '사모하는 사람'으로 바뀌어 쓰이게 되었으니 [신 > 군왕 > 보통 사람]의 위상으로 전이되어 가리키는 대상이 달라진 것이다. 사람의 입이나 나무의 잎이

그 구실에 있어 크게 다르지 않음이니 실로 한 낱말의 겨레로서의 유연성(有緣性)을 짐작할 수 있다.

이제 음운교체에 따른 [니]의 형태들을 살펴보았거니와 그 동아리를 짓자면 다음과 같다.

(18) 음운교체로 인한 [니]의 분화형태

ㄱ. '니-' 계 : 니다(行·蓋) 니기다(닉다)·니기/닛다(잇다)·닡(잇다)/닐다(니르다) 일다/니(此·稻·齒·紅·蝨)∥(니마-계) 니마(>이마) 니플 니믜츠다/님·님금·님곰·님자/닙(口·葉)/닢(葉) - 중성모음계(Vº)〉

ㄴ. '나-' 계 : 낫·낫다/낯(日) 낯(面)/날(日) 낟다(낟다 現) 날(日·終) - 〈양성모음계(V+)〉

ㄷ. '녀-' 계 : 녀다·녈다·녜다(行·蓋)·녜(옛적古) - 〈음성모음계(V-)〉

형태의 특징이나 음운 변동에 따른 형태의 분화와 함께 형태소들 간의 파생이나 합성, 그리고 유추 또는 혼태 등은 낱말의 겨레를 늘려가는 주요한 통로가 된다. 여기서는 주로 음운변동에 따른 분화 형태를 중심으로 한 형태소 간의 합성에 터를 둔 복합형태들에 대하여 알아 보고자 한다. 먼저 ㄱ~ㄷ에서 중성(Vº) : 양성(V+) : 음성(V-) 계열이라고 부를 형태들의 합성에 대한 문제를 풀이해 보기로 한다. 파생에 따른 형태의 합성은 주로 [N + -다 > N다]N류의 보기가 중심을 이루는바 앞절의 보기들은 중복을 피한다.

(19) ㄱ. 니구무후(喉)(《신증유합》상 20) 니건히예行宮이太白山올當ᄒ야(《두시언해》초 25-31) 닛딥(《역어유해》하 10) 닛머리(《훈민정음언해》) 닛무음(《두창집경험방》 45) 닛발(《처용가》) 닛우머기면(《구급방》상 12) 잇기(苔)∥님븨곰븨(《청구영언》 123) 님재업순디아니로다(《두시언해》초10-7)/닙곳디아니ᄒ나(《내훈》1-51) 닙셩(《계축일기》 115) 니마ㅅ돌(《한청문감》 283) 니마ㅅ박(《역어유해》상 32) 니마ㅅ살(《한청문감》 186) 니마좃다(頓)(《훈몽자회》하11)/니스리(後繼者)(《석보상절》6-7) 니

잇곶(紅藍花)(《구급간》1-90) (중성모음계 V⁰)
ㄴ. 낫도적(白眼强盜)(《역어유해》상 66) 낫밤을블으지져(《소학언해》6-10) 낫참(《동문유해》상 11) 낫맛감(《본문온역방》6) /날달이츳거늘(《월인천강지곡》17) 내비츤(《두시언해》중 3-64) 눌연장으로(경민편 16) 눌즘싕(《동문유해》하 36) (양성모음계 V+)
ㄷ. 녈구름이(〈송강가사〉1-7) 녈손님(行客)(〈송강가사〉2-8) 녈비예(〈서경별곡〉) /녜 ᄅ온닷ᄒ더라(〈계축일기〉221) 녯날애바리롤어더(《월인천강지곡》88) 녯졍을니ᄆ 눈디라(《태평광기》1-6) 녜히(昔年)(《한청문감》18) (음성모음계 V⁻)

분포의 양으로 보아 중성모음(V⁰)계의 분화 형태가 가장 폭 넓게 검증된다. 하지만 '해(불·하늘)'를 뜻하는 [니−]계의 직접 대응은 찾아보기 어렵다. 물론 단일어로서 [님금] 또는 [님]이 드러나긴 한다. 합성되는 조어법으로는 명사들이 합성하여 이루어지는 $N_1 + N_2 \rightarrow N$의 틀이 중성모음계(니−중성)에서 돋보이며 양성모음계(나−양성)에서도 그러하다. 음성모음계(녀−음성)에서는 $[V + N]V$의 어형성 규칙에 따른 [녀(녈)−]을 중심으로 하는 분포가 가장 눈에 띈다.

4. 간추림

단군왕검의 〈왕검〉을 형태론적으로 되풀어 보기 위하여 〈고마(곰·검·금)〉에 짝이 되는 〈니마(님)〉를 중심으로 그 의미 특징과 형태 분화를 함으로써 이루어지는 낱말겨레를 알아 보고자 하였다. 그 결과를 간추리면 아래와 같다.

〈니마〉는 태양(불·하늘)을 뜻하는 〈니〉에 '상전·귀인·남쪽·장마·양식'을 드러내는 존칭접미사 〈−마〉와 결합하여 된 말이다. 중심의미인 태양신 또는 불신은 천신사상(天神思想)을 말하는데 뒤로 오면서 폐음절(CVC)의 〈님〉은 제사와 정치를 주관하는 군왕의 뜻으로 쓰이게 되었다. 현대국어에 와서는 사모하는 사람을 가리키는 등의 의미의 전성이 일어난다. 개음절(CV)의 〈니마〉는 중세어에 와서 [니마(>이마額)]로 분화하여 눈썹에서 머리털에 이르는 얼굴만을 가리키게 된 것이다. 한마디로 분포에 따라서 드러나는 바의 형태소 〈니〉의 파생 의미는 '하늘·앞·위·이마·혓소리·여름·이(齒·稻·蝨)·진행·삶다·붉다·희다·짐' 등의 여러 가지로 파악된다.

형태상의 특징으로 보아서 〈니〉는 ㄱ곡용을 하는 체언이며 부분적이지만 ㅎ종성체언으로 발달하였는바, ㄱ곡용의 형태 〈니(ㄱ)〉가 기본형으로 상정될 수 있다. 음운사적으로 보아 /ㄱ > ㅎ/의 단계가 증명될 수 있기 때문이다. 통사상의 독립성으로 보면 〈니기(닉)-(닛·닞·닏·닐)-〉계는 용언의 어간으로 쓰이는 의존 형태소이고 나머지 분화 형태는 자립형들이다.

〈니마(님)〉를 기본형으로 하는 형태 분화의 주요한 바탕은 어말자음과 모음교체에 따른 갈래가 있다. 모음교체에 의한 분화는 다시 ①중성모음계(니- 계) ②양성모음계(나- 계) ③음성모음계(녀- 계)로 하위 범주화할 수 있으며, 어말자음의 교체 형태로는 [닛-닞-닏-닐(님-닙-닢)〈V⁰〉/ 낫-낟-날-낮-낯〈(V⁺)/-널-녯〈V⁻〉]을 들 수 있다. 이들 세 계열의 형태를 중심으로 하는 파생 형태는 명사(N)에 접미사 〈-다〉가 교착하는 [N + -다 > N다]V의 어형성 규칙을 만족시키는 용언군이 생산적인 분포를 이룬다.

이상의 논의를 바탕으로 하여 볼 때 단군왕검의 〈왕검(王儉)〉에서 그 소리는 [임금]으로 읽어야 하는 바, 〈님〉은 [니마 > 님]에서 비롯한 '태양신(불신)'을 뜻하고 〈금〉은 [고마 > 곰(검·금)]에 바탕을 둔 '태음신(물신)'을 상징하는 음성기호로 풀이할 수 있겠다. 단군을 [단골]이라고 읽고 '비는 사람(대제사장)'이라고 상정할 때 단군왕검은 태양신(불신) - '니마(님)'와 태음신(물신) - '고마(곰·금·검·감)'에게 비는 사람으로 볼 수 있으니 [단군 = 비는 사람(제사장) /왕검 =

님금{님〈태양신(불신·하늘)〉 + 금〈태음신(물신·땅)〉}]의 등식이 성립되는 셈이다. 뒤로 오면서 제사의 대상인 〈님금〉이 비는 사람 곧 단군의 뜻으로 쓰이게 되었는데 〈님〉은 마침내 '사모하는 사람'이란 의미로 널리 통용된다. 이는 겨레가 누리는 문화의 변천과 함께 상징의 위상이 바뀐 것으로 보인다.

제6장 〈검〉과 곰신앙

1. 줄거리

앞(제2장)에서 필자는 단군왕검의 〈왕검〉(王儉)을 단군(스승)이 겨레의 안녕과 번영을 비는 대상신(神)이라고 상정한 바 있다. 〈왕검〉은 뒤에 왕-님금이라는 대응관계로 보아 [님검(님금~임금)]으로 읽힌다. 그러니까 왕검(王儉)의 '검'은 왕(王)을 뜻으로 읽으라는 끝소리 표지로 보면 된다. '검-금-곰-감'은 고마 신(神)의 뜻을 드러내다가 뒤에 임금의 〈금〉으로 정착되기에 이른다.

님금(임금)의 〈님〉이 단군의 아버지신(神)이요, 하늘의 태양신이라면, 〈금〉은 단군의 어머니신이요, 땅의 태음신 곧 물신이라 하겠다(필자 《우리말의 상상력》(1991) 참조). 신화의 근원상징으로 보아 님금의 〈금〉은 짐승으로부터 인간의 몸을 입어 환웅의 아내이자 단군의 어머니가 된 〈고마〉(熊《용비어천가》·《신증유합》) 곧 지금의 곰을 드러낸다. 이르자면 곰을 겨레의 조상신으로 모시는 수조신앙(獸祖信仰 totemism)에 뿌리를 내린 제의문화가 단군신화에 투영된 것이라 하겠다. 곰(검·감·금)이 드러내는 상징은 복합적인데 그 줄거리는 어떻게 간추릴 수 있을까.

신화라 함은 문화의 반영이며 집단무의식의 드러냄을 바탕으로 한다. 단군신화의 〈곰〉에 대한 언어적인 상징성은 바로 우리의 역사와 문화의 보람이고, 사회변동의 실마리 곧 근원상징에 맞먹는다. 문헌이나 풀이하는 사람에 따라서 〈곰〉이 갖는 상징적인 갈래는 아주 다양하다. 가장 먼저 손꼽힐 만한 문헌자료는 《삼국유사》의 기록이다. 짐승인 곰이 웅녀가 사람으로 변하여 하늘의 신, 환웅과 어우러짐으로써 제사장인 단군왕검을 낳았다는 줄거리로 역사적인 정통성 시비의 대상이 되어 왔다.

《삼국유사》에 실려 전해 오는 단군신화의 원천이라 할 〈위서〉나 〈고기〉가 어떠한 것인지 그 정체가 확실하지 않고, 불교설화를 바꾸었으니 중이 지어낸 근거 없는 허구일 것이라는 일본인 소전성오의 주장이 있다. 정상수웅의 경우도 마찬가지다. 이들 일본인 학자들은, 《삼국유사》가 지어지던 당시 몽고군의 침입에 맞서기 위하여 온 겨레가 뭉칠 정치적인 목적으로 지어냈다는 것이다. 한마디로 민족의 주체성을 없애버리고자 하는 식민지 사관에 따른 침략주의에 기초한 아전인수의 풀이다. 그럼 우리의 역사를 돌이켜볼 때 단군신화의 곰 이야기를 부인하거나 가볍게 다룬 논의는 어떠하였던가.

김부식의 《삼국사기》에서는 곰과 사람이 한몸이 되어 단군을 낳았으니 말도 안되는 허탄지설이라 했다. 마침내 단군신화는 역사를 기록한 사서에 실을 수 없다 하여 사료(史料)에서 빼버리게 되었다. 이조 때 안정복은 《동사강목(東史綱目)》에서 중들의 속임수로 몰아세워 전혀 의미 부여를 하지 않았다.

근대사의 개화기로 접어들면서 곰 이야기에 대한 풀이는 새로운 상징으로 떠오른다. 최남선의 〈불함문화론(不咸文化論)〉에서는 후세 사람들을 포함해서 특히 일본인들의 손에 건국신화인 단군신화가 말살당함을 완강히 비판하였다. 보다 합리적인 인문과학의 방법에 따라서 단군왕검의 실체를 캐어봄이 마땅하며 단군왕검의 풀이야말로 한국 고대사의 열쇠로 보아 그 중요성을 강조하였다. 요컨대 단군왕검은 정치와 종교가 일치되던 제정일치시대의, 당시의 사회상을 되비친다는 관점이었으니 놀라운 논점의 전환이라 하겠다.

김정배(1973)에서는 원시신앙과 민족이동이란 바탕에서 사회변천의 투영으로 단군신화를 풀이하였다. 곰을 토템으로 하는 고아시아족이 옮겨 살아온 역사의 반사체라는 가설을 세웠다. 해서 일본인들의 그릇된 단군신화의 값매김을 떨치고 한민족의 역사를 기원전으로 끌어올렸다는 데에 연구의 몫을 찾을 수 있다. 요약하건대, 곰을 종족의 조상으로 숭배하는 민족과 민족의 이동을 살펴 본 것이다.

사회경제사적인 관점으로 백남운은 《조선사회경제사》(1927)에서 곰의 경제적인 가치를 중심으로 논의하였다. 조선족 조상들은 숲속에 살면서 곰의 고기를 주요한 먹거리로 썼으며 털가죽은 옷과 이불로, 뼈는 도구나 무기로 써서 삶의 유용한 가치를 만들어 냈다. 또 생산발전의 단계로 보아 단군신화의 쑥과 마늘이 등장함은 전원경작의 단계를 보여준다는 것이다. 나아가서 단군은 현실적으로 남성계열의 추장이 지배하는가부장사회를 반영한다고 풀이한다.

단군신화에 대하여 실증적인 방법으로 그 위상을 정립한 것은 김재원의 《단군신화의 신연구》(1987)에서였다. 고미술사의 대응 – 재구성이란 관점에서 산동성 가상현에 있는 무씨사석실(武氏祠石室)의 돌에 새겨진 벽화가 단군신화의 원형임을 상정하고 여기서 〈곰〉을 북방계의 샤먼사상으로 풀이하였다. 문화사적인 측면을 중시하여 곰설화의 분포를 살펴봄으로써 고아시아쪽보다는 퉁그스쪽의 설화와 더 가까울 거라는 가설을 상정한 논의도 있다(김화경 《웅·인교구담의 연구》(1989)).

〈단군왕검〉의 언어학적인 논의가 본격적으로 된 것은 강길운에서였다(《한국어계통론》(1988), 《고대사의 비교언어학적인 연구》(1990)). 그밖에도 부분적이긴 하지만 꾸준히 논의되어 온 게 사실이다(최남선(1925) · 박노철(1934) · 양주동(1942) · 안재홍(1948) · 이탁(1958) · 안호상(1962) · 박시인(1970)). 필자의 〈'고마'의 형태와 '단군왕검'〉(1988)에서 〈왕검(王儉)〉의 '검(儉)'이 동물 상징으로는 토템신인 곰(熊)이며 지모신이며 어머니신으로서의 가능성을 제기한 바 있다. 그러니까 〈검(금)-곰(고마)〉의 대응이 찾아지며 웅녀(熊女) 곧 〈곰(고마)〉의 변이형이 〈검-금-감-굼-갬(개마)〉이라는 것이다.

단군의 어머니신이자 땅의 신이요, 물의 신인 〈곰(고마)〉은 바로 곰을 토템신으로 섬기던 곰겨레의 신앙과 역사의 정치가 투영된 것이라고 볼 수 있다. 단군신화의 근원상징이라고 할 형태소 〈곰(고마)〉이 갖고 있는 상징적인 뜻과 이들 상징소들이 어떻게 땅이름에 되비쳐 있는지를 알아보도록 한다. 특히 어머니신과 물신앙을 중심으로 살피면서 주변적인 의미도 함께 따져보기로 한다.

2. 곰(고마)의 언어적 상징

형태는 본질을 반영한다고 하였거니와 〈곰(고마)〉이라는 음성형태는 어떠한 본질 곧 뜻을 드러내는 것일까. 상징의 바탕은 드러냄이요, 주체적인 보람이다. 말에서는 음성상징인 언어기호가 드러내는 지시내용 — 뜻으로 이해하면 좋을 듯하다.

중세어 자료를 보면 〈곰〉은 〈고마〉로 적힘을 알 수 있다. 우선 다음의 자료를 보기로 한다(필자《우리말의 상상력》(1991)).

(1) 고마의 분포

ㄱ. 卽熊津고마ᄂᆞᄅᆞ也(《용비어천가》3-15) 고마경敬(《신증유합》하 1) 고마건虔(《신유증합》하 3) 고마흠欽(《신증유합》하 9) 그고마ᄒᆞ시던바ᄅᆞᆯ恭敬ᄒᆞ며(敬其所尊)(《내훈》 1-37) 고마온바를보고(見所尊者)(《소학언해》3-10)

ㄴ. 곰웅熊곰비(《훈몽자회》상 19) 곰과 모딘 ᄇᆞ얌과(《석보상절》9-24)

ㄷ. 時有一熊一虎同穴而居常祈于神雄 (중략) 熊得女身虎不能忌而不得人身熊女者無與爲婚(《삼국유사》권 1)

위의 자료(1)을 보면 이미 중세국어에서는 짐승을 가리키는 곰이 〈고마(ㄱ)-곰(ㄴ)-熊(ㄱ)〉과 같이 함께 쓰이고 있었음을 알 수 있다. 《삼국유사》의 기록에 나오는 단군의 어머니신인 웅녀를 〈고마(곰)〉라 상정한다. 우리말 계통으로는 [고마] 혹은 [곰]으로 읽었을 가능성이 있다. 이 때 개음절에서 폐음절로 바뀌어 간 음운사적인 흐름을 함께 생각하면 '고마>곰'이 국어사적으로 풀이된다. 그러니까 단군의 어머니신, 웅녀는 〈고마〉신으로 불렀을 가능성이 높다.

이상에서 〈고마(곰)〉의 형태바꿈에 대하여 살펴보았는데 〈고마─곰〉이 상징하는 내용은 어떤 것이 있는지를 더듬어보도록 한다(필자 《낱말의 형태와 의미》(1988) 41면 참조).

(2) 〈고마(곰)〉의 상징소

ㄱ. 고마경敬고마건虔(《신증유합》 1-3) 고마흠欽(《신증유합》 하9) 고마ᄒ시던바롤恭敬ᄒ며(敬其所尊)(〈내훈〉 1-37) 熊女者無與爲婚(《삼국유사》권 1) homot'tri(곰) ─ homok'or(영혼) ─ homogen(조상신) 〈tung〉〈신(神)〉

ㄴ. 슈신곰(尿孔)(《구황간》 3-121) 一熊一虎同穴而居(《삼국유사》) 北爲孔巖구무바회津(《용비어천가》 3-13) 구무孔구무穴(《훈몽자회》 하 8) Kuma(熊) 〈Jap〉〈구멍〉

ㄷ. 빗고물쵸 (《훈몽자회》 중 13) 德으란곰븨예받ᄌᆞ고(〈동동〉)山後磨堆迫(《조선관역어》) 月伊谷頭衣谷鎭龜城山(《경상도지리지》) 〈뒤〉

ㄹ. 人君以玄獸爲神(《한서》) 前朱鳥後玄武(《예기》) 漆原─漆吐─龜城─龜山─熊神(《세종실록지리지》)〈검정〉

ㅁ. 玄武(북방의 일곱별)─斗・牛・女・虛・危・室・壁(사기)〈북극성〉.

ㅂ. 故五音之中喉爲主喉居後而牙次之北東之位也齒又次之南西之位(중략) 後邃而潤水也(《훈민정음해례》)〈물〉

ㅅ. 於時爲冬於音爲羽(《훈민정음해례》)〈겨울・목소리〉

ㅇ. 고마ᄂᆞᄅ(熊津)(《용비어천가》 3-15) 거미야거미야왕거미야(영남민요〈왕거미 노래〉) 熊川─錦江・龜湖─琴湖(母─儉)・龜尾─金烏〈곰・거북〉

ㅈ. 단군왕검─[단군(=제사장)]+[왕검(王儉)→〈님검~님금 님(니마=태양신)+검(금・고마=태음신・물신・땅신・곰신)〉]

위의 자료 ㄱ~ㅇ을 보면 고마(곰)는 〈신(→곰・고마신)─구멍─뒤─검정─북극성─겨울(목소리)─곰(거북)〉을 상징하는 복합상징의 가능성을 보여 준다. 이러한 복합상징을 드러내는 〈곰(고마)〉은 변이형으로 〈검－금〉으로 적히기도 하는바, 그 좋은 본보기가 ο, 〈왕검〉의 〈검(금)〉이다. 그러니까 〈단군왕검〉의 〈왕검(王儉)〉은 〈님검(임금)〉으로 태양신 〈니마(님)〉와 물과 지모신(地母神)〈검(금－고마·곰)〉의 합성어라고 하겠다(필자 《우리말의 상상력》(1991)). ㅈ을 따라자면 배달겨레의 부족장이자 사제로서 제사장인 〈단군〉은 불신이요, 하늘의 태양신 〈니마(님)〉와 물신이요, 땅과 어머니신인 〈고마(곰－검·금)〉신에게 제사를 드려서 겨레의 번영과 안녕을 빌던 사람이란 뜻이 된다. 이제까지의 〈단군왕검〉의 풀이와는 달리 필자는 제정일치와 곰토템과 태양숭배의 제의문화가 〈단군왕검〉에 되비치고 있다고 보는 관점에서 그 실마리를 찾아보고자 하는 것이었다(필자 《낱말의 형태와 의미》(1988)). 이러한 문화투영의 바탕에서 풀이해 본 곰토템의 〈고마(곰)〉가 갖는 상징들이 우리들의 약속인 음성상징 속에 어떻게 드러나 있는가를 드러내 보임은 김재원(1947)에서 보인 무씨사석실의 석상화 돌그림에 드러난 것 못지 않은 하나의 증거가 되리라고 본다.

〈고마(곰)〉의 여러 가지 상징소 가운데 중점적으로, 물신·땅신·어머니신으로서의 신(神)상징이 오늘날 '어머니'라고 하는 말과 어떤 걸림이 있고, 농경사회에서 절대적인 영향을 주었던 물신(水神)으로서〈고마(곰)〉의 상징적인 의미소는 무엇인가.

1) 〈고마(곰)〉와 어머니신(地母神)

우리는 아버지에 대립되는 안부모를 일러 [어머니]라고 한다. 시대를 달리하여 단군의 모친－안부모는 웅녀(熊女) 곧 [고마(곰)]신이라 하여 경건하게 숭배하는 대상으로 모셔 왔다. 단군을 낳아서 기르고 제사장이 될 수 있도록 보살펴 준 생명의 고향이 〈고마(곰)〉이었다. 그렇다면 오늘날의 〈어머니〉와 고조선시대의 〈고마(곰)〉는 어떤 관련이 있으며 거기에 부여할 수 있는 언어적인 질서는 무엇인가.

먼저 〈고마(곰)〉에서 〈어머니〉로 바뀌어 쓰였음을 보이기 위해서 음운 /ㄱ/이 어두에서 약해져서 마침내 탈락한 과정논의를 해볼 필요가 있다. 이런 가설의 가능성을 알타이 친족어에서 /ㄱ/의 반사형으로 람스테트(1939)는 풀이하였다. 즉 /ㄱ→ㅎ→ㅇ/으로 약화탈락하여 친족관계의 대응을 보여준다는 것이다. 이 가설을 우리 국어의 조기분열과 연관지어 보면, 한국어에서 /ㄱ/이 가장 잘 보존되어 있다는 얘기가 될 수도 있다. 같은 알타이계의 말로서 퉁그스(tungus)의 에벤키 말을 보면 [고마(곰)〈kor〉-호모뜨리〈tung〉]에서 〈고마-호모〉의 대응을 확인하게 되며 다시 /ㄱ-ㅎ/에서 /ㄱ/의 반사형이 /ㅎ/임을 상정케 한다.

(3) /ㄱ/의 약화탈락

ㄱ. 곰(고마·곰팡이) — 홈(홈 파다·호미) — 옴(오막하다)〈穴〉

ㄴ. 굼(구무) — 훔(훔 패다) — 움(움집·우물)〈穴·芽〉

ㄷ. 골(谷) — 홀(忽)·간(干) — 한(汗) 견(見) — 현(見)·개(解) 《계림유사》— 해(解)·검(儉) — 험(險)

ㄹ. 가시개(한국) — 하사하(만주)·가루 — 하루·가지 — 하지·구유 — 후유//(몽고·만주어의 수단위 접미사) gon-hon ~ on(an) 〈Kor〉

ㅁ. 어머니의 방언 — 어머니(전역) 어마니(화순·보성·해남·강진) 엄니(안성·아산·연기·부산·전남대부분) 어망(제주) 어무이(예천·의성·영일·선산·김천·칠곡·고령) 엄마(강원·전남북·예천·포항) 어메(군위·김천·금릉) 옴마(칠곡·대구·달성·경산·함안·진주·진양·마산·충무) 옴매(통영·충무) 오매(진안·부안·정읍·김천) 오메(군위·김천·고령) 오마(함안) 오마니(평안도·함경도) 움마(남해) 어머이(강원)

단편적이기는 하지만 자료(3)을 통하여 〈고마(곰) — 호모(홈) — 오마(옴)/구무(굼) — 후미(훔) — 움〉의 대응 가능성이 있음을 알아보았다. 덧붙여 둘 것은 '옴(움)'에 대한 풀이다. [옴]의 경우 '속을 오목하게 오비어 파다(→옴 파다)' 또는 '사기로 만든 오목한 바라(옴파리)'란 말을 쓴다. 이 때 [옴]은 구멍(굴(穴))을 뜻하는데 ㄱ의 [홈]

도 같은 뜻을 드러낸다. 그럼 짐승으로서 〈곰〉과 '구멍' 그리고 '오마(오마니~어머니)'와는 무슨 걸림이 있는가를 따져보도록 한다.

〈곰〉을 짐승으로만 보면 그뿐이겠으나 곰을 사람의 조상신으로 생각하는 수조신앙(獸祖信仰)의 관점 곧 토템으로 보면 신(神)상징이 되며 땅과 물 그리고 어머니신 그러니까 지모신(地母神)을 드러내기에 이른다. 퉁그스계의 에벤키 말에서는 〈곰〉을 조상신(homok'or) 또는 영혼 불멸의 영혼(homogen)으로 숭배하였던 것을 보면 수조신앙으로서의 증빙은 그렇게 어렵지 않으며 다음 절 2)에서도 살피겠지만 생명보존의 주요한 물질이 되는 물을 다스리는 물신(水神)으로까지 그 기능과 의미가 부여되고 있음을 알겠다.

단군신화는 우리나라 세움의 말미암음이었으니 여기 〈곰〉은 단군의 어머니였다. 곰은 호랑이와 더불어 한 굴에서 살았으니 〈구멍=굴〉이 크게 다르지 않은 공간이며 이 굴에서 통과제의를 거친 새로운 인간으로서 탄생이 이루어졌고 거룩한 곰(고마)부인 자궁(굴=구멍)속에서 단군이 태어났음을 생각하면 '구멍'이 곰상징의 주요한 의미소임을 떠올리게 된다. 분명 단군왕검의 어머니는 이 고마(곰)신이었고 오늘날 우리들의 고마(곰)는 어머니인 것이다. ㅂ의 어머니에 대한 방언분포를 볼 때, 〈오마(오마니)〉는 함경도 지역에서 쓰이는 어머니의 변이형태라고 할 수 있다. 역사성과 사회성을 갖는 문화가 언어라는 문화투영의 가설을 받아들인다면, 〈어머니〉는 의미 형태음소적인 통로를 따라 〈고마(곰)〉에서 비롯했을 가능성이 높다. 그러니까 '어머니'는 나무에 움이 돋아나듯이 단군을 낳아 길러 마침내 오늘의 우리 겨레가 있게 한 말미암음인 것이다. 나를 중심으로 보았을 때 어머니는 나를 낳아 길러서 오늘의 내가 있도록 한 생명의 샘이요, 가나안의 젖줄인 것이다. 역사와 신앙과 정치가, 경제가 오래도록 하나의 흐름을 이루어 음성상징으로 되비치어 두고두고 오랫동안, 칼융이 가리킨 집단무의식(collective unconsciousness)을 만들어 간다. 이 집단무의식에서 민족정서와 겨레문화는 그 원천적인 힘을 얻어내는 불가분리의 걸림이 있음은 상식에 속하는 일이다. 〈곰(고마)〉의 변이형으로 보아 〈곰(옴) – 감(암) – 검엄) - 금(음) - 굼(움)〉의 형태가 있음을 알겠는데 이 때 〈암〉에서 어 말자음교체가 되어 〈암 - 압 - 앞〉으로 낱말이 갈라져 나간다. 어머니가 안부모라면 아버지는 바깥부모이다. 형태분석을 하여 〈아버지→압 +어시(親)〉아버시〉아버지〉의 가능성을 보게 되는데 〈감→암 - 압(앞)〉을 전제하면 어머니가 안(뒤)쪽의 부모이고 아버지는 밖(앞)의 부모가 되는 걸림이 있지 않나 한다. 일종의 음상에 따른 분화이다.

생식과정에서 한쌍의 짐승이 새끼를 쳐 하나의 겨레를 이루듯이 말의 갈라짐도 그러하다. 음운이 바뀌고 형태가 파생되거나 합성하여 낱말의 겨레를 이루어 간다. 단군신화에서 근원상징으로 보이는 〈곰(고마)〉은 우리 겨레의 모태이며 자궁에 값하는 것인바, 엄청난 낱말의 겨레를 이루어 집단무의식의 겨레문화 - 겨레정신을 드러내기에 이른다.

한마디로 〈어머니〉곧 〈고마(곰)〉는 우리들의 거룩한 성모(聖母)요, 샘이 깊은 옹달샘이다. 마늘과 쑥을 먹고 일정한 기간 동안의 통과제의를 거쳐 사람의 몸을 입었다. 지금도 아이가 탄생하면 삼칠일, 스무하루가 지나야 문 밖 출입을 자유롭게 생각하며 백일에 이르면 잔치를 벌임도 결코 단군의 이야기와 무관하지 않다고 본다. 구멍이요 물인 〈고마(곰)〉는 근원적으로 땅의 신(地母神)으로 숭앙되기에 이른다. 땅에서 모든 가치가 비롯되고 땅이 없으면 우리가 인식하고 관계를 갖는 모든 존재는 무의미하다. 결국 〈어머니→고마(곰)신→땅신·물신〉의 대응이 이루어짐을 유추할 수 있다. 앞에서 풀이한 고마와 어머니의 알맹이를 간추리면 다음과 같다.

(4) 〈고마(곰)〉와 어머니

람스테트(Ramstedt, 1873-1950)는 알타이계의 친족어에서 /ㄱ→ㅎ→ㅇ/의 과정을 비교언어학적으로 증명해 보였는데 이런 가능성은 〈곰(굼) - 홈(훔) - 옴(움)〉의 대응이 국어에서도 가능한 것으로 보인다. 방언분포로 본 〈어머니〉의 변이형 〈오마(옴)〉로 보아 〈어머니(오마니, 오마, 옴마, 움마)〉는 〈곰(고마)〉에서 비롯되었음을 상정할 수 있다. 따라서 단군신화는 언어적으로도 엄연한 사실임이 입증된 셈이다.

단군의 어머니 〈고마(곰)〉가 신(神)이라면 오늘날 우리들의 〈고마(곰)〉는 사람이다. 신본주의의 두렵고 어두운 신석기시대의 조상들은 편리하고 인간의 삶에 대해 빛을 던져준 청동기(철기)문화로 접어들면서 자아개념·공동체개념이 강해졌고, 인본주의로 차츰 옮겨온 것이 아닌가 한다. 단순비교이기는 하지만 우리말의 〈어머니〉처럼 단적으로 건국의 신화에서 오늘에까지 이어지는 말이 그리 많지 아니하다(어머니〈곰(고마神)〉 어머니(인간)〈kor〉 mother〈Eng〉 mutter〈Deut〉 mere〈French〉 母親〈Chin〉 haha〈Jap〉).

김달수(1986)의 보고에서 일본의 자료를 보면 [고마 Koma]로 한 민족을 통틀어 읽었던 기록도 보인다. 11세기 일본의 기록문학의 성격을 지닌 이야기책 《원씨물어(源氏物語)》 속에서도 상당한 분포가 확인된다. 일부자료는 《고마씨계도(高麗氏系圖)》를 따른다.

(5) 원씨물어 속의 [고마 Koma]

ㄱ. [Koma] - ①고구려 ②고려 ③예전의 한국이름

ㄴ. 고마-계열 - 高麗·高麗人·高麗樂·高麗紙·高麗綿·高麗亂聲(일본음악의 하나)·高麗

ㄷ. 고마-계의 일본성씨 - 高麗井·駒井·井上·新·神田·丘登·岡登·岡上·本所·和田·吉川·大野·加藤·福泉·小谷野·阿部·金子·中山·武藤·芝木·熊本(21성)

일본에는 팔만에 가까운 엄청난 신사(神祠)가 있다고 한다. 역사적으로 중요한 것은 나라현의 아스카를 중심으로 한 평성(平城)시대에 이룩된 고마계 신사라는 것이다. 〈고마〉 즉 한 민족의 신에게 국왕이 제사를 모시고 나라와 겨레의 번영을 빌었을 터인즉 다른 사람의 신에게 제사를 드릴 사람이 누가 있을까. 필시 고구려의 유민 발해사람과 가야지방의 유민이 일본에 가서 상당한 세력을 뿌리내렸다 함이 정연한 일로 보인다. 일본에 정착한 이들 유민은 〈고마 Koma〉신 - 어머니신을 경배하면서 망한 나라의 백성으로서 그 슬픔을 달랬을 것이다.

〈곰〉을 제사하는 전설과 민속은 우리나라에도 있다. 그리 많은 수는 아닐지라도 그 징표로서 더듬어보기에 충분하다(임헌도 《한국전설대

관》(1973)). 충청남도 공주의 곰 이야기는 단군왕검의 이야기로 거슬러 오른다. 지금도 공주에는 곰이 살던 굴과 사당터가 보존되어 있다.

2) 〈고마〉와 물신(水神)

삶의 원초적인 가능성은 물에서 비롯된다. 특히 농경사회에서 물의 기능이란 곧 생산의 열쇠였으며 물신에게 제사를 올리며 그 뜻을 받드는 것은 제사장이자 부족장인 임금의 주요한 일이었다. 한마디로 물은 삶에 필요한 식량과 일상에서 요구되는 사람의 몸에서 신진대사를 가능케 한다. 피의 본질이 물임을 생각하면 생명의 절대절명한 것 중의 하나가 물이다. 자연물 숭배의 시대에서 물신〈고마(koma)〉에 대한 숭배는 삶 그 자체를 있게 하는 말미암음의 제의요, 필연이었다.

모든 겨레의 삶은 물이 모여 흐르는 내 또는 강을 따라 이루어진다. 언제부터인가 용 곧 미륵과 함께 물신 상징으로 드러나는 짐승은 거북이다. 〈거북〉이의 옛말은〈거미〉였고〈거미〉는 다시〈검-곰-금-굼-감〉 등의 변이형태로 실현된다(박지홍 《구지가의 신연구》(1952)). 근거가 되는 민요로서 경남 양산지방의〈왕거미 노래〉를 보기로 들어보자.

(6) 왕거미 노래

ㄱ. 거미야 거미야 왕거미야 진산덕산(晋山德山) 왕거미야 네 천룡(天龍) 청용산에 청바우 미리국미리국 두덩실 두덩실 왕거미야(양산〈왕거미 노래〉)

ㄴ. 龜何龜何首其現也若不現也燔灼而喫也 / 龜乎龜乎出水路拉人婦女罪何極汝若悖逆不出獻入網捕掠燔之喫(《삼국유사》) / 玄武→玄(검)+武(ㅁ)>검

ㄷ. 喉邃而潤水也聲虛而通如水之虛明而流通也於時爲冬(중략) 喉居後而牙次之北東之位也(《훈민정음해례》)

〈왕거미 노래〉에서〈거미〉는 거북이며 음상징으로 보아〈거미-검 / 고마-곰〉의 대응이 확인되며 ㄴ에서와 같이〈거미〉-거북이는 물신

과 걸림이 있지 않나 한다. 《삼국유사》의 해가사(海歌詞)나 영신가에서 그러한 가능성을 보여주기 때문이다. 훈민정음해례에서 목소리 － 후음이 사물로는 〈물〉을 드러내고 물은 다시 겨울이요, 북방과 뒤를 뜻하는 것으로 보아 〈고마 － 곰〉의 상징성과 멀리 있지 아니하다. 물과 땅은 우리삶의 어머니요, 젖줄인지라, 이를 떠나서는 삶은 그 자체의 의미를 잃고 만다. 바슐라르는 물을 일러 재생과 사랑, 죽음과 영혼의 상징이라고 한다. 앞절 1)에서 〈어머니〉가 〈고마(곰)〉에서 비롯되었을 가능성을 풀이하였는바, 물신 땅신이야말로 우리 겨레의 어머니신이자 고마(곰)신임을 상정할 수 있다. 물신 상징으로는 곰 － 거북(거미)과 함께 용이 등장하는데, 중세어 자료로는 용이 〈미르룡龍(《훈몽자회》 상 10)〉이었으니 바로 〈물 － 미르〉와 서로 같은 상징소를 바탕으로 쓰이는 변이형들이다.

〈거미(거북)〉와 함께 〈고마(곰)〉가 물신으로서 어떠한 걸림을 보이는지에 대하여 설화분포를 확인해 보자.

(7) 〈곰〉의 설화분포

ㄱ. 충남 공주 － 암콤과 함께 살던 어부는 열린 바위문으로 강을 건너 도망쳐 버렸다. 이를 알게 된 암콤은 새끼곰 두 마리를 데리고 강물에 몸을 던져 목숨을 버렸으니, 사람들은 이로 인하여 이 곳을 웅진(熊津) － 고마(곰)나루로 부르게 되었다. 곰이 물에 빠져 죽은 뒤로는 까닭없이 풍랑이 심해 나룻배가 강에서 뒤집히는 일이 많았다. 해서 부근에 제단을 모시고 봄 가을로 위령제를 지내게 되었으며 그 뒤로는 별일이 없게 되었다.

ㄴ. 전남 구례의 곰소 － 구례 섬진강의 동방천에 곰소라는 곳이 있었다. 이곳에는 담상담상 건너 뛸 만한 바위가 물속에 징검다리마냥 놓여 있어 곰의 다리라고 불린다.

ㄷ. 중국 후미 마을의 곰사당 － 왕펑은 장사하러 마을을 떠나 바다에서 풍랑을 만나게 되었다. 마침내 산으로 올라가 암콤에게 잡혀 굴속에 갇혀 같이 살게 되었다. 암콤이 마음 놓고 사냥 간 동안에 왕펑은 바닷가의 사람들 배를 타고 떠났다. 뒤늦게 이를 안 암콤이 뒤

를 쫓아 헤엄쳐 왔다. 해서 왕평은 바다의 신에게 기도를 올리고 무사히 돌아왔으며 후일 물신의 사당을 지어 경배하게 되었다.

ㄹ. 수로부인 설화 – 거북아 거북아 수로를 내놓아라 사람의 부녀자를 빼앗은 죄 막심하다. 만일 내놓지 않으면 그물로 널 잡아다가 구워 먹겠다.

위의 설화에서 ㄱ~ㄷ은 곰의 설화로 말미암아 그 지역의 땅이름이 지어진 사연들이다. 〈곰나루(고마나루) – 금강 – 공주 / 곰소 / 후민(humin~곰)〉이 그 보기인데 모두가 강이나 바다와 관계가 깊다. 땅이름의 관계는 다음 절(3절)에서 밝히겠지만 여러 가지 표기상의 변이형들이 있다(곰 – 검 – 금 – 감 – 고마 – 거미(거북) – 구무 – 가마 / 熊 – 黑 – 北 – 漆 – 龜 – 錦 – 黔 – 孔 – 公 – 등). ㄷ에서 중국설화이기는 하지만 그 지역의 퉁그스 에벤키족이 사는 지역으로 알타이계의 족속이 사는 지역으로 볼 때, 그 지명도 마찬가지로 곰 – 바다(물신)와 관계가 있는 것으로 보인다. 후민(humin)이란 말은 〈굼(곰) – 훔(홈)〉과 같이 말머리에서 소리가 약해져서 굳어진 /ㄱ→ㅎ/의 반사형으로 보면 된다.

물신 곧 물이 있는 곳에 생명이 움트게 마련이다. 앞 1)에서 풀이하듯 〈움〉은 〈홈←굼(구무)〉에서 비롯하였으니 움은 굴이요, 땅이요, 생명이 싹트는 물신의 공간으로 인식한 것이 음상징으로 드러난 것이다. 역사적으로 보면 곰을 우리 겨레의 조상신으로 받들던 집단무의식의 되비침이기도 하다. 움에 고인 물 – 움물(우물)이 있는 곳에 안식과 삶의 꿈이 꿈틀거린다. 이것이 곧 옹달샘이 되는데 역사라는 긴 가람도 보잘 것 없는 작은 옹달샘에서부터 흘렀음은 우리의 상식에 속하는 일이다.

이제까지 〈고마(곰)〉의 언어적 상징성에 대하여 살펴보았다. 그러면 이들 상징소가 땅이름이나 같은 계열의 낱말에 되비치는 반사의 모습은 어떠한가.

3. 〈곰〉과 땅이름의 걸림

　큰 바람이 엄청난 파랑을 일으키듯이 영향력이 강한 신앙이나 문화일수록 사람이름이나 땅이름에 폭 넓은 분포로 방사되게 마련이다. 가령 여섯 부족이 모여 신라를 이루었는데 이 때 '새로운 만듦' – 개신(改新)은 벼슬・사람・땅이름에 큰 영향을 주었다(필자《개신과 땅이름의 상관》(1991) 참조). 본질적으로 방사(放射)란 어떤 사물이나 사실의 한 특질이 다른 사물이나 사실의 이름에 햇살이 퍼지듯 붙어 나감을 이른다.

　〈곰(고마)〉의 상징성은 방사작용의 말미암음이 되는데 이들 상징성은 땅이름이나 또는 여러 가지 단어형성에 큰 영향을 준다. 이들 상징성은 고마(곰) 숭배신앙을 바탕으로 한다. 땅이름으로 적힐 때 문자가 없었기 때문에 한자의 소리를 빌리는 음독(音讀)과 한자의 뜻을 빌려 쓰는 훈독(訓讀)의 계열로 나누어 쓰던 분포가 확인된다. 훈독계열의 대표적인 표기는 〈웅・구(熊・龜)〉이며 음독계열로는 〈고마・구마・개마・금마・감물・건마・고막・금미・공・금(古麻・久麻・蓋馬・金馬・甘勿・乾馬・固莫・今彌・功・黔)〉계와 같은 표기적인 변이형들이 있다((2)ㄱ~ㅈ 참조).

1) 훈독(訓讀)계열의 땅이름

　훈독표기에 전제해 둘 풀이는 〈웅・구(熊・龜)〉의 관계이다. 언제부터 〈고마(곰) – 거미(검)〉가 함께 쓰였느냐에 대하여는 꼬집어 말하기는 어렵다 하더라도 최소한 〈구지가〉가 불린 그 어름쯤 이전이라고 보아야 할 것이다. 그럼 곰과 거북은 어떤 공통된 상징성을 보이는 것일까.

　(8) 거미(검龜)의 상징성
　ㄱ. 玄武 – 북쪽 방위의 물 기운을 맡고 물을 다스리는 태음신(太陰神)・무덤 속의 뒷벽과 관(棺)의 뒤쪽에 그렸음. 玄武(검무>검

ㄴ. 별 - 북쪽의 일곱 별(斗·牛·女·虛·危·室·壁)
ㄷ. 玄武旗 - 대오방기(大五方旗)의 하나. 진영의 후문에 세워서 후군을 지휘한다. 기면(旗面)은 다섯자 평방인데 검은 바탕에 거북과 구름을 그리고 가장자리와 붉은 흰빛. 깃대의 길이는 열다섯자이며 영두(纓頭) 주락(珠珞) 장목이 있다.
ㄹ. koma(熊) ⟨kor⟩ kuma⟨lam⟩ kuma⟨tung⟩ kuma⟨jap⟩ -
kəmi(龜)⟨kor⟩ kame⟨jap⟩-kam(神)⟨kor⟩ kami(神)⟨jap⟩

짐승으로서 곰과 거북은 서로 다르다. 하지만 위의 자료(8)로 보아 상징성에서 크게 다르지 않으며 ㄷ에서와 같이 소리가 같은 음절구조 ⟨ㄱ-모음-ㅁ(-모음)KVmV⟩를 갖는 까닭에 같은 단어족으로 다룬다. 근원적으로 ⟨고마(곰)-거미(검)⟩는 신(神)을 드러낸다. 신이라면 토템 신앙과 연결 지을 때 [고마(곰)]를 겨레들의 조상신으로 예배하던 제의문화에서 말미암은 것이라고 하겠다. 따라서 훈독계열은 ⟨웅·구·부·현·흑·칠(熊-龜-釜-玄-黑-漆-)⟩의 표기를 들겠다.

(9) 웅(熊) - 계열의 땅이름

ㄱ. 웅산(경남 양산) 웅봉(강원 정선) 웅곡악(熊谷岳) - 웅암(熊巖>陰城>黑壤) 웅천(熊川)(충남 비인) 웅연(熊淵)(전북 고부) 웅한이(熊閑伊)(황해도 장연) 웅포(熊浦)(충남 보령) 웅진(熊津)(충남 공주) 웅천성(熊川城)(경남 창원) 웅도(熊島)(충남 서산)
ㄴ. 熊神縣古之熊只縣新羅時改熊新縣諺傳熊川現屬義安郡任內名山熊山(《경상도지리지》)
ㄷ. 熊女(《삼국유사》) 고마敬(《신증유합》) 고마虔(《신증유합》) - homogen(영혼)⟨tung⟩ kuma⟨jap⟩

⟨웅-⟩계열은 산·섬·고개·강이름에 관계 없이 분포되어 자료 ㄴ, ㄷ을 보면 ⟨고마(곰)=신(神)⟩의 등식성을 찾을 수 있다.《삼국유사》의 단군신화에 나오는 ⟨웅녀(熊女)⟩와 퉁그스계의 말에서 ⟨고마(homo)=영혼⟩의 대응을 보여줌은 곰 숭배 신앙에 바탕을 둔 땅이름이라는데 큰 무리는 없을 듯하다. 이와 함께 ⟨구(龜-)⟩계열에 드는 땅이

름에는 어떤 것들이 있는가를 알아보도록 한다.

(10) 〈구(龜) - 〉계열의 땅이름

ㄱ. 龜寧院(평산역) 龜澤(단양) 龜石(보은) 龜城(영주·지례·단성) 龜城(정주) 龜旨津(김해) 龜山浦(칠원) 龜山(홍산) 龜岩峯(김해) 龜山領(안동) 龜峯山(부산) 龜浦(동래) 龜尾(구미)

ㄴ. 龜何龜何首其現也若不現也燔灼而喫也(〈구지가〉) 龜乎龜乎出水路(〈해가사〉)

박지홍(1957)에 따르면 〈거북 - 거미(검)〉의 원관념은 신이란 말이 된다. 직접 물신을 보고 위협하는 일은 있을 수가 없다. 비유적으로 소리가 같은 짐승으로서 거북이를 대상으로 물신과 부딪치지 않으면서도 신(神)에게 할말을 강한 목소리로 다하는 조상들의 슬기가 아닌가 한다.

거미(>거북)와 고마(>곰~검~감~굼~금)가 둘 다 신령스러운 동물이면서 상징성이 크게는 같다. 게다가 음성상징까지 비슷하여 기능의 전이가 일어날 수밖에 없다. 또 곰과 거북의 분포지역을 보더라도 거북은 한반도의 남쪽에, 곰은 주로 북쪽의 산간지역에서 주로 살고 있어 〈웅구(熊 - 龜)〉의 대응을 밑받침해 주는 것이다.

한자의 뜻을 빌려 쓰는 〈고마(곰)〉계의 땅이름 적기로는 위에서 든 〈웅 - 구 - 〉계 말고도 〈부·현·칠·흑(釜 - 玄 - 漆 - 黑(陰) -)〉계를 들 수 있다. 〈웅 - 구 - 〉계가 물신이자 어머니신(神)의 존재 자체라면 〈현 - 칠 - 흑 - 부〉계의 땅이름은 물신, 또는 땅신이 갖는 〈고마(곰) - 거마(검)〉의 '검은' 속성을 반사하여 되비친 땅이름의 계열이라고 하겠다. 먼저 〈부(釜) - 〉계의 자료에 대하여 알아보자.

(11) 부(釜) - 계열의 땅이름

ㄱ. 가마釜가마鍋(《훈몽자회》 중 6)罪人올글는가마에드리티ᄂ니라(《월인석보》 서 29) - kame(龜)〈jap〉kuma(熊)〈mon〉kuma·koma(熊)〈jap〉

ㄴ. 釜谷(영천) 釜山(在東平縣山形如釜)(부산) 釜谷(영산) 釜谷浦(웅천)(《대동지지》)/감골(태안) 가마골(태안·공주) 가막골(태안)

위의 자료(11)에서 음상징으로 가마는 〈거미·곰〉과 비슷한 음절구조임을 알 수 있는데 그 겉의 모습은 어떠한가. 필자가 보기로는 〈가마솥〉의 '가마'가 동물은 아니지만 마치 거북(거미·곰)의 검고 네발이 달린 모양과 비슷한 데서 비롯한 것이 아닌가 한다. '가마(釜)'는 일종의 움이다. 거북이같이 생김은 물론이려니와 가운데가 '우묵'하여 웅덩이처럼 가운데가 들어가 있음은 〈곰(굼) − 홈(훔) − 옴(움)〉에서 생산신이자 어머니신의 공간상징인 〈구멍(굴)〉과 서로 걸림이 있기 때문이라 생각한다. 그 구멍 같은 솥에서 음식을 만들어 먹고 영양을 얻으니 먹는 것보다 더 중요한 게 있을까. 하여간 '가마(釜)'는 그 모양이나 기능으로 보아 〈고마(곰) − 거미(검) 神〉의 속성반사가 된 것으로 보인다.

물신과 관련하여 강이나 바다의 북쪽에 위치하였거나 산의 남쪽으로 자리잡은 공간이 많음은 우연한 일이 아니다. 그러면 〈고마(곰)− 거미(검)神)〉의 속성 반사형인 〈현·흑·음·칠(玄 − 黑 − 陰 − 漆 −)〉계의 땅이름에 대한 분포는 어떠할까.

(12) 현(玄) − 흑(黑) − 음(陰) − 칠(漆) − 계의 땅이름

ㄱ. 가물玄(玄武) (《신증유합》 상 5) 가만할陰(默也)(신자원)새셔 가만 ᄒ애라(《악학궤범》·〈동동〉) 거믈흑(黑)(《훈몽자회》 중 14) 거무ᄆᆞᆫ正에 屬ᄒ니(《금강경삼가해》 3-60) 片雲이 머리우희거므니(片雲頭上黑)(《두시언해》 초 15-30) ~漆原本新羅漆吐縣(邑號) 龜城(古邑) 龜山縣屬于熊神縣後屬 金州(坊面) 昌原府之西墳 卽余音浦之北也

ㄴ. 음죽(陰竹 → 黑石里) 음성(陰城 → 甘味) 칠곡(漆谷 → 龜岩 → 龜川) 현풍(玄風 → 釜洞 → 陰洞 → 琴洞)

〈고마(곰) − 거미(검)〉의 속성이 '검다(黑) − 북쪽(北) − 가운데 − 여성 − 구멍 − 뒤'임을 돌아보면, 이와 걸림이 있는 땅이름 〈현·음·칠(玄 − 陰 − 漆 −)〉계의 분포가 있음직하다. 분포가 넓지는 않으나 그럴 개연성이 엿보이는데 ㄱ에서 〈칠·구·웅·금·북(漆 − 龜 − 熊神 − 金 − 北)〉의 대응관계는 〈고마(곰) − 거미(검)〉의 반사형임

을 미덥게 해준다.

2) 음독(音讀)계열의 땅이름

〈고마(곰)〉에 대한 땅이름 표기는 한자의 뜻을 빌려 쓰는 훈독계열의 분포와 함께 한자의 소리를 빌려 쓰는 음독계열의 분포가 큰 흐름을 이룬다.〈고마(곰)〉의 변이형들까지 고려하면 음절구조의 형태는 〈ㄱ-모음-ㅁ-모음〉으로 실현되었을 가능성이 짙다. 개음절 짜임에서 폐음절 짜임으로 음절짜임의 발달이 국어사적인 방향임을 바탕으로 할 때 '고마>곰'과 같이 변동했을 것으로 상정할 수 있다. 하나 어느 시기에 음절짜임의 변동이 있었는가는 잘라 말하기가 어렵다. 땅이름이나 중세어 자료를 보아 〈고마(熊)~곰〉이 나오는 것으로 미루어 중세국어까지는 아직 개음절의 〈고마〉형이 쓰였을 가능성이 높다.

우선 낯익은 속음으로 적혀 있는 《천자문》·《신증유합》·《조선관역어》·《계림유사》 등에 나타나는 표기를 떠올려 보자.

(13) 음독계열의 땅이름

ㄱ. 금마(金馬) 금미(今彌) 구마(久麻) 건마(乾馬) 금(黔·錦·琴·今·金) - 감물(甘勿) 고마(固麻) 고막(固莫) 고미(古彌) 개마(蓋麻) 공목(功木)

ㄴ. 固麻 - 格們(《만주원류고》)고마 - 熊津(《용비어천가》 3·15)古麻只·古麻彌和(《삼국사기》) / 久麻怒利(《일본서기》)盖馬 - 玄兎 - 王險城(《후한서》〈동이전〉동옥저) 功城 - 熊山(《경상도지리지》) 咸悅 - 甘勿阿(《삼국사기》)

ㄷ. 熊果門(《조선관역어》)熊膽鄕名古音矣余老(《향약채취월령》)

ㄹ. 감-검-금-공-〈중앙·흑·웅〉

위의 자료 ㄷ에서 〈고마(곰)〉를 소리나는 대로 적음에 있어 한자의 머리소리와 끝소리를 따라 적는 반절식 표기가 중심을 이루었던 것으로 보인다. 그럼 ㄹ의〈감-검-공-〉계 땅이름 표기는 〈고마(곰)〉의 음독계 땅이름에 보이는 음절구조의 기본형들이다. 이들 변이표기에 드는 땅이름의 분포를 들어보고 여기서 갈라져 나오는 물음에 대하여 풀이하도록 한다.

(14) 음독계열의 변이와 방사

ㄱ. '감~'계 — 甘勿 — 今勿 — 陰達 — 禦侮 ~ 甘川(김천《대동지지》) 外甘·中甘·內甘·佳勿·巨勿·釜谷(甘川~甘源有三一出縣西十五里茂朱之釜項嶺稱內甘川一出大德山稱外甘川一出牛馬峴合而北流經龜山之下東北流入金山界復東流經開寧善山通稱甘川)(《대동지지》) [釜~甘~今~陰~禦侮] 감남굴(태안) 가매바우(옥천) 가막골(釜洞·加莫洞) 감골(釜谷)(구한국지명) 甘勿阿 — 甘羅 — 甘悅(熊津浦)(《대동지지》)(곰(공)~금) 公州(熊津 — 公州)→錦江(本熊川河東北五里源出長水)(《대동지지》)→孔岩·甘泉·加馬洞·錦酒幕·錦洞·宮洞·宮峴(구한국지방행정·공주) 金烏山(雄盤高大山北有大穴寺寺有道詵·龜尾 — 云仇彌)(《대동지지》)古彌 ~ 孔岩 ~ 錦川 ~ 禁糊(구한국지명) // 곰섬·안곰섬·밧곰섬(태안) 금안동(태안) 금산(錦山)(금산) 금흥리(공주) 금남원(금산) 공주(공주)

ㄴ. 갑천(甲川)(횡성·대전·진양) 갑산(甲山) 갑동(甲洞) (공주) 갑파리(연기) 갑동(유성) /新羅以八月望日謂之嘉俳今俗謂之嘉優者嘉俳之轉變也(《동환록》) 오늘낮 嘉俳샷다(〈동동〉)

위의 자료(14)에서 〈고마(곰) — 가마(감) — 금〉의 표기는 땅이름을 적음에 있어 〈가운데·곰·구멍·물〉 상징이 중심을 이룬다. 앞절(제2절)에서도 〈고마(곰)〉가 물신(水神) 숭배와 아주 밀접한 관계가 있음을 보였거니와 특히 물(내·바다·강)이 흐르는 북쪽을 두고 이르는 북방 지향성이 두드러진다. 〈공(孔·公) — 궁(宮) — 〉계가 [곰]과 맥을 이은 것은 〈곰(ㄱ)굼(ㄱ) — 공(궁)〉과 같은 음운론적인 풀이가 가능할 뿐더러 '궁(宮)'의 경우는 제의공간이 곧 '궁성'임을 전제하고 〈고마(곰)〉가 신으로서 경건하게 예배할 대상임을 생각할 수 있기 때문이다.

〈갑(甲)—〉계의 땅이름은 '가배'에서와 같이 〈갑~가운데〉이며 '감〉갑'과 같이 신(神) '중심'의 고대문화가 드러내는 '감'에서 어말자음교체가 이루어진 결과 '갑'으로 된 것이 아닌가 한다. 물신앙이란 참으로 중요한 의미를 갖는다. 모든 자연물에 영혼이 있음을 정령주의(精靈主義)라고 하거니와 농경생활과는 불가분의 관계에 놓여 있다. 삶의 터전이요, 목숨살이의 어머니가 물이라고 할 때 전해오던〈고마(곰)·어머니(물신)〉의 과정에서 의미전성이 일어난 것이다. 어디까지나 이러한 현상은 목축을 중심으로 하는 수렵문화에서 농경문화로 옮기어 가는 이른바 문화의 전이과정이란 문화변이의 사회변동을 드러낸 것으로 볼 수 있다.

아울러 지적할 것은〈고마(곰) － 거미(검) － 가미(감) － 구미(굼～금)〉의 대응에서 소리의 유사성으로 말미암아〈고마(곰)熊→거미(검)龜〉과 같은 동물상징의 대상이 바뀐 것으로 보인다. 이와 같이 특정한 상징소들은 방사작용을 따라 한자의 뜻을 빌린 훈독과 소리를 빌린 음독 계열로 땅이름에 투영되었다고 할 수 있다.

4. 간추림

단군신화에서 단군의 어머니로 나오는〈고마(곰)〉의 상징성은 어떤 문화를 드러내며 땅이름에는 어떠하게 방사되는가 하는 물음이 이 장의 중요한 보람이었다. 이미 앞서 풀이한 내용들의 줄거리를 간추림으로써 마무리를 짓고자 한다.

〈고마(곰)〉의 상징소는〈신(神)·구멍·뒤·검정·북극성·물·겨울·목소리·곰·거북〉으로 상정할 수 있다. 여기에 근거하여〈단군왕검(檀君王儉)〉의 국어학적인 풀이는 [단군(＝제사장)＋왕검(＝제사의 대상 '님'(태양신)＋'검'(금·고마)(태음신)〉단군왕검〉(왕검〉님금〉님]과 같이 하게 된다. [고마(곰)]는 음운교체와 음절구조의 변동을 따라 [고마(곰) － 구마(굼) － 거미(검) － 가마(감) － 금]과 같은 표기상의 변이형을 갖는다. 문화적으로 보면 곰숭배 토템에 따른 샤머니즘과 혈거생활을 통한 지배족인 알타이와 원주민이자 피지배족인 곰숭배의 종족이 하나됨으로써 어울린 문화를 곰숭배 문화의 밑으로 한다.

신(神)이라면 〈고마(곰)신〉은 단군의 어머니이자 땅신, 물신, 생산신으로서의 위상을 바탕으로 한다. 재구성의 비교언어학적인 접근을 따라서 따져보매 [고마(곰－굼)〉호모(홈～훔(후민))〉옴(움)]과 같은 음운변천에 따른 소리의 내력이 있음을 짐작할 수 있다. 지역의 방언분포와 함께 견주어보면 오늘날의 〈옴마(오마～움마～암마)〉가 곰신앙에서 우러나온 수천년 이래의 표상임을 알겠다. 오늘날 어머니란 언어기호가 드러내는 속뜻은 '단군을 낳고 길러 오늘의 배달겨레가 있게 한 거룩한 성모(聖母)'가 된다. 곧 나를 낳아서 길러 오늘의 내가 있게 한 '고마신'이란 말이 된다.

물신 상징으로서의 〈고마(곰)〉는 동음이의어인 〈거미(검)〉로 드러나 그 뜻이 바뀌어 쓰인다. 설화분포는, 한반도는 물론 만주지역에 걸쳐 있으며 다분히 물신앙에 근거하고 있다. 방위와 연관지어 보면 산의 남쪽 혹은 물의 북쪽에 주로 자리잡아 살고 있음을 땅이름과 민요 등의 노래에서 찾을 수 있다.

곰신앙－고마숭배(어머니 경배)가 땅이름에 적힐 때 문자상의 제약이 있었다. 주로 한자의 뜻을 빌린 훈독계열의 땅이름과 소리를 빌린 음독계열의 표기적인 갈래들이 있다. 훈독계열의 땅이름에 쓰인 한자로는 〈웅·현·구·부·칠·흑·음·북(熊－玄－龜－釜－漆－黑－陰－北－)〉이 있는데 분포로 보아 〈웅·구(熊－龜－)〉계열이 넓게 쓰이고 있으며 동물상징으로 고마(곰) 자체를 드러낸다. 한편 〈현·칠·부·흑·음·북(玄－漆－釜－黑－陰－北－)〉은 고마(곰)신의 속성을 나타내고 있다.

음독계열의 땅이름으로는 〈감(甘·咸·加幕·佳勿)－곰(固馬·古麻·古彌)－공(孔·公)－금(錦·金·琴)－검(巨勿)－갑(甲·嘉俳)-〉의 한자표기를 들 수 있다. 훈독계와는 달리 반절식표기의 땅이름이 눈에 띄는데 소리를 적은 표음성을 전제한다면 훈독계보다 앞선 표기의 관행으로 보인다. 여기서는 '중앙·검정·고귀함·아름다움·유일'의 뜻을 담고 있는 것으로 보인다. 근원적으로 고마(곰)가 우리 겨레의 원시신앙 곧 어머니 신앙이듯이 땅이름에도 물신을 드러내며, 그로 말미암은 생산을 장려하고 겨레의 번영을 꾀하려는 정치적인 기능이 땅이름에 되비쳤을 가능성도 있다. 보기에 따라서 땅은 우리 삶의 어머니이기도 하니까 존재론이나 인식론적으로 보아 옛적 사람들 특히 농경을 주로 하는 시대에는 더욱 땅과 물에 대한 신앙이 절실했을 것이다.

보다 정밀한 땅이름의 살핌은 통시적으로 맥이 서고 고대국어의 음운이나 형태소의 배합과정에 대한 논의가 활발해질 때 기약할 수 있을 것으로 본다.

제7장 굴살이와 곰

 환웅이 신단수 나무 아래 내려와서 신의 나라 – 신시를 열었을 때 한 마리 곰과 호랑이가 같은 굴에서 살면서 항상 환웅에게 빌되 사람이 되게 하여달라고 아뢰었다. 이야기는《삼국유사》에 전해오는 단군신화 가운데 한 부분이다. 시련을 겪어낸 곰은 마침내 사람이 되어 환웅과 혼인하여 단군을 낳았다.
 일상적으로 살아온 곳도 굴이요, 쑥과 마늘을 먹고 시련을 이겨내 사람이 된 곳도 굴이었다. 사람으로 치자면 굴속에서 살던 혈거생활 곧 굴살이에 비유할 수 있을 것이다. 원시신앙의 관점에서 보면 곰을 자기 씨족의 조상으로 생각하는 곰토템의 겨레들이 북방아시아계의 알타이 족들과 화해하면서 흡수, 통합되던 때의 이야기이다. 한반도의 북쪽지방으로 가면 흙이나 풀짚으로 만든 구멍이나 굴처럼 생긴 움집에서 살던 흔적들이 산재해 있다. 춘천 소양호 주변에 남아 있는 움집들의 모형이나 서울시 암사동의 움집들은 우리 조상들이 움집 곧 굴살이형의 삶을 살았음을 엿보게 해준다.《진서》·《후한서》·《삼국지》등에 보이는 기록을 보더라도 우리조상 – 동이겨레들은 '여름에 나무 위에서 살고 겨울에는 굴 같은 곳에서 살았음'을 기술하고 있다.
 곰의 언어적 상징은 아주 복합적이라 하였는데 (제6장 참조) 공간상징에서 지모신(地母神)으로서 땅이요, 구멍(구무~고마/굼~곰)이라 했다. 구멍이 다름 아닌 굴이요, 그 굴은 단군의 어머니이자 우리 겨레의 거룩한 말미암음이신 고마(곰)님이 살던 곳이며 단군이 태어난 생명의 고향이다. 제6장에서 오늘날의 어머니는 원천적으로 고마(곰)에서 비롯되었다 했다. 그 고마(곰)가 살았으며 단군을 낳았던 굴은 우리 겨레의 거룩한 성지, 요람이 된다. 아울러 단군이 하늘의 태양신 〈님〉과 땅의 물신이요, 구멍신 곧 생산신인 태음신 〈고마(곰)〉에게 제사를 모시던 곳도 이 굴이 있는 숲속이었으니 이름하여 솟대[소도(蘇塗)]라 이르는 장소였다.

강한 빛이 멀리 비치듯이 상징성이 강한 말들은 그만큼 많은 낱말의 떼를 이루어간다. 고마(곰)신이 살았던 〈굴〉도 그러한 경우라고 하겠다. 본디 굴은 〈굿 - 군 - 굴〉과 같이 음절의 끝소리 자음이 바뀌며 오늘날의 굴이 된 것으로 보인다. 굴에서 모음이 바뀌면 〈곳 - 곤 - 골〉도 갈라져 나온다. 이들은 모두 〈굴 - 군 - 굿〉의 낱말겨레라는 말의 집합을 이루는 바탕이 된다. 기술의 편의상 〈곧〉을 중심으로 해서 굴살이와 관련하여 그 낱말의 겨레들을 알아보도록 한다.

중세국어로 오면 〈곧〉은 글월 속에서 명사의 구실을 하지만 제 홀로 쓰이는 독립성이 없는 의존명사가 되기에 이른다. 하지만 이 글에서는 삶과 믿음, 죽음의 장소를 뜻하는 공간명사로 보아 살펴 나아가기로 한다.

1. 줄거리

형태는 본질을 반영한다는 형태심리학의 이론이 있다. 말에 있어서도 모든 언어형식은 반드시 그 언어형식에 걸맞은 뜻 - 내용을 드러내게 되어 있다. 앞의 본질이나 뜻은 같은 맥락으로 이해할 수 있다. 언어형식에 담기는 의미로서의 뜻은 실제로 언어대중들이 쓰는 통용되는 의미요, 약속이다. 언어대중이 사용하는 뜻을 담는 언어형식은 사람들이 이루어 놓은 문화를 반영하기도 한다. 문화란 인간이 정신적으로 활동한 모든 결과를 일컫기도 한다. 민족이 있는 곳에 반드시 일정한 역사가 이루어지듯이 말의 역사도 이루어지고, 따라서 낱말의 겨레가 형성된다. 단적으로 언어는 문화를 반영한다는 전제 위에서 소리상징으로 인간의 인식작용을 드러낸다. 무엇인가 언어형식이 바뀌면 거기에 대응하는 의미도 달라진다. 그럼 아무렇게나 언어 형식이 바뀌며 말의 겨레를 이루는가. 물론 언어의 변천에도 가장 중심을 이루는 틀이 있게 마련인데, 낱말의 형태가 쓰이는 시대나 지역에 따라서 분열하며 변이하게 되어 있다. 가장 두드러지는 언어 변천의 틀은 음운·유추·차용으로 지적되는바, 본고에서는 주로 의미와 형태의 함수관계를 음운의 교체와 첨가 그리고 차용의 관점에서 풀이하고자 하였다.

공간명사 〈곧〉은 분포의 경향으로 보아 전형적인 매인이름씨로 정리하였으며(허웅 1975-276), 표기적인 변이형으로 〈곳〉을 지적한 바도 있다(왕문용 1988-22). 이른바 낱말의 겨레 – 단어족이란 관점에서 살펴봄으로써 〈곧〉의 변천양상을 가리는 논의가 필요하다고 본다. 이렇게 함으로써 국어의 음운과 어휘 또는 문장들이 구체적으로 어떻게 발달해 왔는가에 대한 총체적인 접근이 가능하리라고 생각한다. 그러니까 공간명사 〈곧〉에 대한 형태분화의 단어족을 살피는 일은 어휘분화의 시간적인 변천을 알아보는 작업의 조그만 한 가지 – 밭(word field)이 될 수 있다는 논의의 값을 매길 수가 있겠다.

공간명사 〈곧〉의 형태분화에 따른 낱말의 겨레를 알아보기 위하여 먼저 그 의미특성과 문화적인 배경으로서의 혈거문화의 상관성을 살펴본 뒤 모음과 자음교체, 그리고 차용에 의한 한자어 내지 지명관계를 더듬어 보기로 한다. 음운의 교체는 양성모음이나 음성모음, 그리고 중성모음 계열에 따르는 음성상징의 체계를 틀로 삼아 낱말의 겨레들을 되비추어 볼 것이다.

2. 의미특성과 세로관계

공간명사 〈곧〉은 대체로 공간의 어느 점이나 부분을 뜻한다. 일반적으로 공간이란 개념은 모든 방향으로 끝없이 널리 퍼져 있고 비어 있는 장소로 드러낸다. 철학에서는 시간과 더불어 물적 체계를 이루고 인식하는 기초형식으로 정의된다. 공간을 실재하는 것으로만 보면 실체론 또는 유물론의 개념이 강해지고 칸트의 철학에서처럼 직관형식으로 생각하면 인식을 가능하게 하는 관념론의 범주에 들게 된다. 그런가 하면 심리학에서는 감각의 문제를 떠난 물체의 위치·방향·크기로 이루는 상관의 개념으로 이해한다. 그밖에 물리학에서는 실재성의 공간으로, 수학에서는 불특정한 수의 독립된 좌표로 결정되는 양의 집합을 지시하기도 한다.

여러 가지 개념을 간추려 볼 때, 공간명사 〈곧〉은 일정한 위치와 방향, 그리고 크기(혹은 양)를 가진 공간의 한 부분을 뜻하는 것으로 동아리 지을 수 있다. 중세어 자료에서는 〈곧〉의 분포로 보아 어떠한 개념으로 파악할 수 있을까.

(1) ㄱ. 處는고디라(《석보상절》 13-12) 곧쳐(處)(《신증유합》 상 24) 살쳐(處)(《훈몽자회》 하 8)

ㄴ. 든디아니ᄒ산고ᄃᆞᆯ(《석보상절》 6-7) 威力이론고ᄃᆞᆯ아라라(《석보상절》 9-28) 相對ᄒᆞ고ᄃᆞᆯ어느알리오(《두시언해》 초 8-9)

ㄷ. 곧미틔셔흐터오고(《두시언해》 중 6-15) 곧다온프를 相對ᄒᆞ야 (《두시언해》 중 5-35) 곧다오ᄆᆞᆯ든고져(《두시언해》 중 7-34) 곧치쳔(串)(《왜어유해》 하 15)

ㄹ. 곧즉(卽)(《신증유합》 하 47) 곧닛긔ᄒᆞ니(《월인천강지곡》 112) 곧여리ᄂᆞ니(《용비어천가》 120)

ㅁ. 놉고고ᄃᆞ며(《석보상절》 19-7) 고ᄃᆞᆯ뎡(貞)(《훈몽자회》 하 11) 고ᄃᆞᆯ딕(直)(《석봉천자문》 29)

위의 보기 ㄱ~ㅁ은 공간명사 〈곧〉의 분포와 동음이의어로 보이는 형태의 유형들을 정리해 본 것이다. ㄱ은 '장소'를 드러내고 ㄴ은 '것'(사물·사실)의 뜻을, ㄷ은 '꽃'의 뜻을 나타내며 ㄹ은 '즉시·바로'의 뜻으로 쓰이고 있다. 아울러 ㅁ은 '곧음'의 뜻으로 보인다. 같은 표기이면서 다른 뜻으로 쓰이는 동음이의어들을 보다 합리적인 유연성(有緣性)을 부여하기 위하여 가장 기본적인 뜻으로서의 ㄱ'장소'에 대하여 살펴보기로 한다.

예문에서도 드러난 바와 같이 한자와의 대응에서 〈곧〉은 '처(處)'와 대응된다. '처(處)'의 뜻에 대하여 같은 후기 중세어 문헌인 훈몽자회에서는 〈살(다)〉로, 신증유합에서는 ·〈곧(=장소)〉으로 나오는바, 훈몽자회의 뜻인 '살(다)'의 보기는 공간명사 〈곧〉의 의미특징을 드러내는 중요한 암시라고 본다. 같은 장소이면서도 삶의 처소(處所)라는 뜻을 내포하고 있다. 일반적으로 생물이 살아가는 중요한 구실은 자기의 생명 보전(保全)과 종족 보존(保存)으로 갈라서 풀이한다. 한마디로 먹고 입고, 그리고 살아가는 가장 구체적인 생활의 공간이 바로 '곧'이 아닐까 한다. 살아있는 동작의 내용은 무엇인가.

(2) ㄱ. 목숨을 이어 나가며 존재하다.

ㄴ. 어느 장소에 거주하거나 거처하다.

ㄷ. 일정한 데에서 자기 생활을 하다.

ㄹ. 죽음의 자리에서 소생하다.

결국 공간명사 〈곧〉의 중심된 뜻은 '목숨을 보호하고 이어 나가면서 거처하는 데'로 요약된다. 대응되는 한자 '처(處)'의 짜임새를 참고 삼아 풀어보면 본래의 글자는 '처(処)'인데 뒤에 '處'로 변형되어 쓰인 것이다. 글자의 짜임새와 뜻을 들어 보면 다음과 같다.

(3) ㄱ. (글자의 짜임) 処→夂 (止를 아래로 향하게 씀)+几 (책상 · 궤 - 신단(神壇))

ㄴ. 뜻 - 지위 · 장소 · 거실 / 머무르다(止 =정지) 두다 / 돌아가다 (→보금자리로) /나누다 /처하다

(3)의 내용으로 보아 유목민의 생활에서 정착하여 삶의 보금자리를 일정하게 뿌리 내린 것을 뜻하는 내용으로 보인다. '궤(几)'는 안석(案席) 또는 책상으로 신주(神主)를 모신 것을 상징하는바, 부락신 혹은 조상신을 받들어 모시는 종교 공간을 이루는 것이니 신전을 중심으로 삶의 터전으로 전개되었던 것이 아닌가 한다. 배달 겨레의 주거생활에 대한 중국의 기록을 보면 단편적이지만 굴이나 나무 위에서의 생활을 엿볼 수 있다.

(4) ㄱ. 亦無城郭作土室形如塚開戶在上(《후한서》 동이전)

ㄴ. 邑落各有大人處山林之間常穴居大深九梯以多爲好(《삼국지》동이전)

ㄷ. 夏則巢居冬則穴處(《진서(晋書)》동이전)

위 (4)의 자료로 미루어 동이 — 우리 조상들의 삶, 특히 주거 형태는, 여름에 나무 위에 둥우리와 같은 '둥우리 살이(巢居)'를 하였으며, 겨울에는 '굴살이(穴處)'를 하였던 것으로 상정할 수 있다. 출전은 확실하지 않으나 '겨울에는 굴살이를 하고 여름에는 들에서 살았다(穴居而野處)'고 함도 같은 내용의 기록으로 보인다. 소부(巢父)의 옛 이야기에서도 드러내고 있는바, 중국의 요 임금 때 속세를 떠나 나무 위에서 살았다고 하여 붙여진 처사로서 요임금이 천하를 맡기고자 하여도 받지 않았던 이름 모를 덕이 높은 선비를 이르고 있음은 동이뿐만이 아니고 혈거시대에는 대략 나무 위와 굴 속에서 살았던 역사적인 사실을 믿게 해주는 보편적인 현상이라 하겠다. 언어는 생활 — 곧 문화를 반영한다고 하였거니와 나무 위의 보금자리가 〈깃〉('깃들인다'의 깃 혹은 새의 날개)으로 대표되는 것이라면, 겨울의 굴살이를 하는 구멍의 공간은 〈굿〉(굴 — 굳으로 변이함)으로 드러난다.

〈곧〉의 중심의미가 '목숨을 보호하고 이어가면서 사는 장소'라고 규정하는 것을 참작할 때 결국 〈깃(-긴-길)/굿(-굳-굴)〉이 있는 삶의 현장을 통틀어 말하는 것으로 상정할 수가 있다. 공간명사 〈곧〉에 접미사 〈-다〉가 붙어 〈곧다〉가 되는데 〈곧다〉의 뜻은 '휘지 않고 똑바름'을 드러내는 것으로 보아 〈깃/굿〉이 모두 우선 수직으로 위아래가 바른 모양을 한 거처였음을 짐작하게 해준다.

여름철에 나무 위의 집 〈깃〉에서 살았을 경우를 생각해 보면, 곧은 나무가 훨씬 집으로서의 가치가 있다. 숲 속의 생활이라면 나무에서 나무로 옮아다닐 수도 있고 다른 동식물의 침입을 막기도 훨씬 쉬울 것이다. 다소 높이 있어야만 먹이가 있는 곳이나 침입해 오는 짐승을 바로 봄으로써 어떤 대책을 세울 수가 있기 때문이다. 〈깃〉을 떠받치고 있는 나무를 〈긷〉(긷爲柱(《훈민정음해례》))이라고 하였는바, 현대 국어에서는 〈기둥〉으로 쓰이고 있다. 이와 함께 다닐 수 있도록 만들어진 삶의 장소를 〈길〉이라고 하지만, 모두가 〈깃〉의 낱말 겨레에 따라 붙는 말들임을 알 수 있다. '방법'이나 '수단'의 뜻으로도 쓰이는 '길'은 입고 먹고 살아가기 위한 통로의 원초적인 공간이었는데 지금도 삶의 수단이나 방법으로 쓰임은 본디의 뜻과 크게 다르지 않고 상당한 의미의 상관성 – 유연성(motivation)을 보이고 있다.

〈깃·굿〉이 있는 장소를 〈곧〉으로 드러내는 것으로 보이는바, 〈깃〉은 땅 위로 솟아 있는 나무 위에 지어 놓은 보금자리이니 전체적으로 '위로 솟아 있음'을 알 수 있고, 〈굿〉은, 물론 안으로 들어가 거처했으니까 구멍 – 굴의 형태임은 짐작이 가는 일이다. 새들이 나무가지 위에 보금자리를 만들고 살아가듯이 나무에 아들과 손자의 〈깃〉이 있었을 것으로 예상된다. 마찬가지로 부족장의 〈깃〉은 아마도 제일 크고 높은 나무에 만들어 경우에 따라서는 높이 올라가 제사를 모시어 부족들의 안녕과 번영을 빌며, 현실적으로는 외세의 침입이나 기상의 변화를 관찰하여 알리는 구실도 하였을 것이다.

《삼국지》의 기록은 지도자 – 대인(大人)의 굴은 깊을수록 좋다고 하였다. 또한 그 장소가 숲속이라 한 것을 보면 흙과 나무를 이용하여 엉성하나마 추위와 눈비를 피할 수 있도록 만든 장소가 아닌가 한다. 오늘날의 한옥을 보면 마루와 구들이 있는데 구들은 겨울의 주거생활을, 마루는 여름의 주거형태를 결합한 짜임새임을 알 수 있다. 사실상 〈구들〉이란 말도 〈굿 – 군 – 굴〉의 단어족에서 구덩이와 같은 말로 쓰이는 〈군〉의 갈래임을 생각하면 더욱 그러한 개연성이 높아짐을 알게 된다(科는 구디요(《능엄경언해》1-16)). 현대적인 감각을 표현하여 생물의 종류나 대학의 학과를 말할 때, 〈-과(科)〉(禾本科/國文科)는 주거형태로 보면 독립하여 살 수 있는 하나의 굴을 드러내어 생활의 단위가 달랐음을 뜻하는 것으로 보인다.

〈곧〉의 뜻을 '목숨을 보호하고 이어 가면서 사는 일정한 장소'와 '위로 솟아 있음', 그리고 '수직 방향'으로 좁혀서 규정할 수 있는데 수직의 방향성을 부여한 것은 나무 위나 굴속으로 오르내리기 때문에 그러한 속성을 붙인 것으로 풀이하면 된다.

다시 보기(1)로 돌아가서 같은 형태소 〈곧〉이 (1) ㄴ~ㄹ의 '사물·사실(=것)/꽃/즉시(바로)'와 같은 뜻으로 쓰임을 살펴보면 공간명사 〈곧〉의 중심의미인 〈깃/굿〉의 삶의 공간에서 갈라져 나간 말이 아닐까 하는 짐작을 하게 된다. 사물(혹은 사실)을 드러내는 〈곧〉은, 삶의 상황에서 일어나는 일들이며 삶에 필요한 모든 물질들을 제일차적으로 〈깃/굿〉과 같은 장소 〈곧〉에서 이루어짐을 짐작하기가 어렵지 않다. 모든 일체의 사실이나 경험이란 가장 구체적이어야 하는 먹고 입고 살아가는 현장에서 비롯하는 것이니까. 뒤에 다시 풀이하겠지만 〈것〉이란 말도 〈곧 - 곳 - 골〉과 상당한 상관성이 있는 형태로 보인다.

다음으로 〈곧〉이 '꽃'의 뜻으로 쓰인 것은 어떻게 풀이할 수 있을까. 앞에서 〈곧〉의 의미특징 중에서 '솟음'의 특징을 말한 일이 있다. 대개의 꽃들은 피기 위하여 꽃 봉오리가 먼저 위나 아래로 튀어나오는 것으로 인식된다. 그것은 〈깃/굿〉의 볼 모양이 위로 튀어나오는 꼴을 하고 있음에 크게 다르지 않은 속성을 보임으로써 삶의 장소가 갖는 특성에서 옮아간 뜻으로 풀면 무리가 없을 것이다.

그럼 이제 '바로(즉시)'의 뜻으로 쓰이는 (1)ㄹ이 남는다. 공간명사 〈곧〉의 뜻으로 그 방향성을 '수직'으로 설정한 바 있다. 모든 위치나 방향을 고려할 때 수직의 방향만큼 운동의 힘이 빠르고 바로 옮겨지는 일이 다 수직의 방향성과 이어지는 뜻으로 보이기 때문에 그리 볼 수 있다. 하지만 굴의 경우에 수평 상태의 굴도 흔히 있는데 이것과는 무슨 연관을 지을 수 있을지. 물론 기록상으로 보아서는 혈거 상태의 주거 환경을 엿볼 수 있으나 바윗굴과 같은 데에서 살았을 가능성이 높다. 근원적으로 수직이란 개념은 수평의 기초 위에서 인식되는 것이기도 하니까 〈곧〉의 공간은 수평의 방향성을 전제하고 있다고 본다.

요약하건대 한 곳에서 다른 한 곳의 수직의 거리는 가장 빠른 거리이다. 그 공간이 상하로 위치할 때는 가장 빠른 시간 안에 이른바 떨어지기 현상이 일어나게 되는 것이니 가장 빠른 공간의 개념이 곧 시간의 뜻으로 옮겨간 것이라고 하겠다. 일종의 의미의 전이라고 하겠는데 이를 요약하면 공간명사 〈곧〉의 뜻을 다음과 같이 간추릴 수 있다.

(5) ㄱ. 중심의미 — 목숨을 보호하며 이어 가면서 사는 일정한 장소 〈주거지〉

ㄴ. 주변의미 — 두드러져 솟음・동시성

공간명사 〈곧〉의 의미특성에서 ㄴ의 두드러져 솟음과 동시성을 드러낼 수 있는 특징을 어느 정도 받아들일 수 있다면 〈곧〉은 〈굿(굳)〉에 비하여 겉으로 드러나 보이는 가시성의 특징을 따라 붙임은 너무도 당연하다. 나무가 위로 솟아 자라는 모양이나 흙으로 만든 무덤 같은 집으로서의 굴이 평면보다 둥그렇게 솟아 있을 것은 충분히 짐작된다. 이런 점은 언어학적인 풀이도 가능하다. 흔히 일컫는 음성상징(sound symbolism)에 따른 관유계열의 음성계열 — 〈굿 — 굳 — 굴〉이 있고 강박계열로서의 양성계열 — 〈곳 — 곧 — 골〉이 검증되기 때문이다. 〈굳〉이 안 보이는 곳의 굴이라면 〈곧〉은 깃이든 굿이든 눈으로 알아차릴 수 있는 두드러져 솟음의 한 공간이라고 하겠다. 다시 말하자면 잘 보이는 장소가 〈곧〉이었다고 해둘까. 공간명사 〈곧〉은 오늘날에 와서 〈곳〉으로 표기되어 쓰이지만 중세어 자료에서도 〈곧〉과 더불어 쓰이는 보기를 찾을 수 있으니 표기적인 변이형태로 보이고 뜻은 마찬가지로 추정된다.

(6) ㄱ. 시름ᄒᆞ얀곳마다슶盞을求ᄒᆞ노라(《두시언해》 중 3-9) 串곳處所也(《행용이문》) 이곳(此處)(《동문유해》 하 47) ᄆᆞ리온곳(《한청문감》290) 곳곳이南을향ᄒᆞ여(處處向南)(《박통사언해》 중 60)

ㄴ. 곳시냇ᄀᆞ이로다(《두시언해》 중 3-29)

ㄷ. 곳픈ᄃᆞ래(花月)(《두시언해》 초 8-9) 곳화(花)(《훈몽자회》 하 4)곳가지제뎌르며기도다(花枝自短長로다)(《금강경삼가해》 2-12)

ㄹ. 疑心곳잇거든(《월인석보》 10-68) 가락곳업스면(《법화경언해》 서 23) 사롭 곳아니면(《금강경삼가해》 2-3)

이상의 분포로 보아 공간명사 〈곧〉의 표기적인 변이형들이라고 보아 무리는 없을 것으로 보인다. 형태 또는 통사론상의 특징으로 보아 장소를 드러내는 〈곧(곳)〉은 공간명사로 쓰이고 꽃이나 부사어로 쓰일 때는 자립형태소로 쓰이는데 이러한 특징도 〈곳〉과 〈곧〉에 다르지 않다. ㄹ의 경우 〈곳〉이 강세의 뜻을 더하는 언어형식으로 쓰였는데 〈곧〉의 분포에서는 확인되지 않고, 〈곧〉은 내포문 명사로서의 기능을 하지만 〈곳〉은 그렇지 않은 차이를 보인다. 하나 장소를 드러내는 중심의미와 주변의미가 상당 부분 같은 것으로 보아 변이형태로 다루었다. 특히 〈곳〉과 같이 자음이 어말 위치에서 대표음 디귿(ㄷ)으로 나는 경우는 말음현상으로 풀이되는 보편성을 갖고 있다. 이러한 내용을 간추려 비교해 보면 아래와 같다.

(7) 형태소/특징   장소   솟음   동시성   내포문형성   강조
    곳   +   +   +   —   +
    곧   +   +   —   +   —

앞에서 공간명사 〈곧〉을 혈거생활과 관계 지어 풀이하였는데 이러한 가능성을 우리의 자료에서도 단편적이지만 찾을 수 있다.

(8) ㄱ. 凡主人間三百六十餘事在世理化時有一熊一虎同穴而居常祈于神雄願化爲人(중략) 故每於壇樹下呪願有孕(《삼국유사》고조선)

ㄴ. 時有一男子自言天帝子解慕漱誘我於熊神山下鴨綠室中私之而往(《삼국유사》고구려)

ㄷ. 朝代記云東川帝亦稱檀君每當寒盟祭迎三神于平壤今箕林屈卽其祭所也大迎禮典始行隧穴有九梯宮朝天名行路之人(《고구려국본기》)

ㄹ. 耽羅縣在全羅南道南海中其古記云大初無人物三神人從地聳出(其主山北麓有穴曰毛興是其地也)(《고려사지리지》)

위의 자료에서 모두가 주인공들이 굴과 관련이 있고 특별히 관심이 가는 것은 굴에서 빌고(祈于神雄) 기림굴에서 제사를 모셨다고 하니(箕林屈卽其祭所也) 때로는 굴이 종교 공간이 되었음을 알 수 있다. 그렇다면 여름의 나무 숲속에서도 제천의식을 행하였다는 추론이 가능하다. 삶의 현장에서 고대인들의 굴(굿)은 삶과 죽음의 공간이요 믿음의 공간이었으니 오늘날 조상이 돌아가면 산소를 찾아 제를 올림도 바로 조상을 모신 굴―구덩이에 제사를 드리는 것이라고 하겠다. 결국 〈굿〉의 장소는 삶과 죽음 그리고 종교공간의 구실을 하기도 했다.

수풀 속에 있는 〈깃〉의 경우는 바로 의식주를 해결하는 자원을 얻는 가장 주요한 삶의 현주소이기도 하였으니, 거룩한 숲(聖林, holly wood)이라고 할 것이다. 원시상태의 옷을 생각하면 그것은 별 수 없는 나뭇잎이나 풀줄기를 이용하거나 짐승의 가죽을 이용하였다고 할 때 그 짐승들도 결국은 숲 속에서 살아갈 밖에 다른 길이 없다. 원천적으로 숲이 사람들의 보금자리가 됨은 동서양이 마찬가지이다. 식량 자원의 경우도 크게 다르지 않아서, 먹을 수 있는 풀이나 열매 또는 짐승의 고기를 주식으로 하였을 것은 뻔한 일이다. 집은 앞에서 예를 들어 보였던바, 참으로 가장 원형적인 주거의 형태가 깃이요, 굿(굴)이었으며 이들 거주처 또는 삶의 장소를 공간명사 〈곧〉으로 드러낸 것으로 보인다. 그럼 당시에도 공간명사였던가 하는 점은 확실하게 알 길이 없으나 독립해서 쓰이던 말들이 의존형식이 된 것을 생각하면 자립형식이었을 것이 아닌가 한다.

이제까지 공간명사 〈곧〉이 드러내는 장소의 기능을 중심으로 풀이하였는데 모두 합하여 뜻의 갈래를 나누어 보면 다음과 같다.

(9) 〈곧〉의 의미소
ㄱ. 중심의미 — 장소·집·옷·거주지·종교·통로·사실·사물
ㄴ. 주변의미 — 솟음·수직성 강조
ㄷ. 장소의 범주

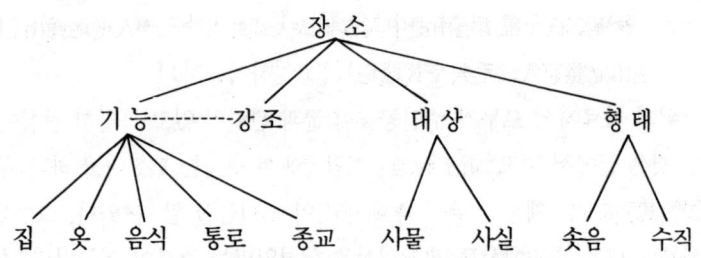

이상의 보기에서 상정한 공간명사 〈곧〉의 의미특징을 드러내는 낱말의 겨레들은 어떤 분화의 구조를 따라서 형태의 분화를 이루는 것일까.

3. 형태분화의 구조

숲속의 나무가 가지를 벌고 성장함에 있어서 태양빛을 고루 받도록 줄기에서 적절한 방향으로 벌어진다. 그렇지 않으면 균형있는 성장이란 기대할 수가 없는 일이다. 이와 마찬가지로 하나의 낱말이 쪼개져 분화가 이루어짐에 있어 아무렇게나 되는 것이 아니다.

일반적으로 형태가 분화하고 낱말겨레를 이룸에 있어 가장 주요한 통로가 되는 것은 모음과 자음의 교체로 이루는 음운교체가 있다. 이와 함께 눈에 뜨이는 방법은 일단 모음과 자음의 교체에 따라서 형태가 분화되면 여기에 다시 다른 접미사가 교착하여 낱말의 겨레는 그 수를 더하게 된다. 이와 함께 본장에서는 일단 분화된 형태들이 형태론적인 구성을 함에 있어 어떤 특징을 보이며 통사론적인 관점에서 보아 분화된 형태들의 자립성 여부는 어떤가에 대하여 살펴보도록 한다.

1) 분화의 유형과 음운 교체

공간명사 〈곧〉은 모음과 자음이 바뀜에 따라서 다른 형태를 만들어 낸다. 앞(제2장)에서도 지적한 바와 같이 형태가 바뀌면 반드시 바뀐 것에 걸맞게 무엇인가 그 뜻이나 느낌이 바뀌어 가게 마련이다. 가장 두드러지는 것은 모음교체에서 양성모음(V^+)과 음성모음(V^-), 그리고 중성모음(V^0)이 대립적인 짜임을 보이면서 서로 변별적인 뜻을 드러낸다. 이 때 같은 뜻이면서 모음의 소리상징에 따른 그 느낌이 달라진다. 먼저 공간명사 〈곧〉을 중심으로 하는 모음교체에 따른 대립의 분포를 간추려 보도록 한다.

(10) 제1유형(양성계 V^+) 곧(곳 – 곶 – 골)
     제2유형(음성계 V^-) 굳(굿 – 궂 – 굴)
     제3유형(중성계 V^0) 긷(깃 – 깆 – 길)

형태가 분류됨에 있어 모음의 교체와 더불어 고찰의 대상이 되는 것은 자음의 교체라고 하겠다. 같은 자음의 교체라고 하더라도 어말자음(Cf)의 경우와 어두자음(Ci)의 경우로 나눌 수 있다. 보기(10)에서 보인 형태들을 분포로 볼 때, 어말자음(Cf)의 교체가 지배적이다. 특히 표기적인 변이형을 생각하면서 갈라져 나간 낱말의 겨레를 살펴보기로 한다.

제1유형의 경우, 〈곧 - 곳 - 골〉과 같은 낱말들이 발달한다. 그 분포의 실례를 보아가면서 고찰하기로 한다.

(11) ㄱ. 곧 - 시부모겨신곧애가되(《소학언해》2-3) 높흔곧애가졀ᄒᆞ고(《소학언해》2-62) 이곧뎌고대(於此於彼)(《용비어천가》26) 듣디아니ᄒᆞ샨고든(《석보상절》6-7) ᄆᆞ슴行ᄒᆞᆯ 꼬디업스니(《영가집》하 24) /곧미틔셔흐텨오고(《두시언해》중 6-15)

ㄴ. 곳 - 이곳(此處)(《동문유해》하 47) 시름ᄒᆞ얀곳마다(《두시언해》중 3-9) ᄆᆞ리온곳(《한청문감》290) /時節아닌곳도프며(《석보상절》11-2) 곳화(花)(《훈몽자회》하 4) /ᄒᆞᆫ곳(一串)(〈어록해〉 11) 金銀곳골히(《향약구급방》상 53)

ㄷ. 곶 - 구룸이김허갈고즐아디못게라(《가곡원류》83) /다ᄉᆞᆺ곶두고(《월인천강지곡》7) 건년편고즐여(〈서경별곡〉) 곶됴코여름하ᄂᆞ니(《용비어천가》2) 블쵸즐토ᄒᆞ야(언중경 23) /暗林串암림곶(《용비어천가》1-36)

ㄹ. 골 - 蛇洞ᄇᆞ얌골(《용비어천가》6-43) 묏고래수머겨샤(《석보상절》6-4) 골곡(谷)(《훈몽자회》상 3) /골업거나美커나(《법화경언해》6-51) 몺골아라우히(《월인석보》2-41) /골독(《훈몽자회》중 6)

ㅁ. 갇 - 갇爲笠(《훈민정음해례》26) ᄌᆞ식이갇스며(《여씨향약》6) 갇모(帽)(《훈몽자회》중 11) /갓-풍류가소로(《월인석보》8-8) 풍류가시(《월인석보》8-15) 갓믈(物)(《훈몽자회》하 2) /즘겟가재연ᄌᆞ니(《용비어천가》7) /소ᅵ예가치니ᅀᅥ(《월인석보》2-40) 가치설치고(《두시언해》중 3-50) / 갈-白帝ᄒᆞᆯ갈해주그니(《용비어천가》22) 갈爲刀(《훈민정음해례》) 두갈히것그니(《용비어천가》36)

공간명사 〈곧〉의 표기적인 변이형으로 인식되다가 나중에는 독립된 형태로 쓰이는 경우는 형태의 분화에서 흔히 볼 수 있는 일이다. 〈곧〉은 원래 '장소'의 의미로 쓰였는데 같은 뜻으로 보이는 ㄱ, ㄴ의 〈곧 - 곳 - 곶〉은 일종의 변이형들이었다. 서로 넘나들면서 쓰이다가 〈곧〉은 '동시성 수직'의 뜻을 중심으로 하게 되었고, 〈곳〉은 '장소'만 쓰이게 된다. 한편 〈곶〉은 어말자음(Cf)의 일치에서 마찰음에서 파찰음으로 바뀌어 〈곶〉이 되는데 '꽃·두드러짐'의 뜻으로 분화되다가 현대국어로 오면 〈꽃〉으로 바뀐다. 다시 어말자음의 약화로 유음화 현상이 일어나 〈골〉이 되면서 '깊은 구멍·두 산 사이가 우묵하게 갈라지어 물이 흐르는 길·물건의 모양을 잡는 틀'의 뜻으로 쓰인다. 음성상징으로 보아 〈굴〉에 비하면 모양이 굴보다 작고 환하며 더욱 단단하고, 빠르고 작은 느낌을 주는 동작이나 상태의 의미로 파악할 수 있다. 이와 같이 〈곧〉의 분화형은 처음에 표기적인 변이형으로 넘나들어 쓰이다가 뒤로 가면서 독자적인 뜻을 드러내는 형태소로 굳어져 간다.

이와 더불어 〈갇〉 또한 〈곧〉의 변이형으로 보인다. 나무가 땅 위로 솟아나고 꽃이 나무나 풀에서 두드러져 솟아 피듯이 〈갇〉은 위로 툭 솟은 모양을 한 물체를 뜻하는데 여기서 발달한 형태들로는 〈갇 - 갓 - 갖 - 갈〉이 있다. 모두가 어말자음의 교체를 따라 이루어진 것들로 보여진다. 좀더 풀이해 두어야 할 것은 '사물'을 뜻하는 〈갓〉(갓物《훈몽자회》하 2)이라 하겠다. 단적으로 표현하여 눈에 보이고 인식할 수 있는 존재를 통틀어 〈갓〉으로 나타낸 것이다. 모든 물체는 분명 일정한 장소에서 존재하므로 장소의 개념에서 전이한 것으로 보인다. 〈갈〉의 경우도 〈곧〉에서 비롯한 것으로 볼 수 있는 것은 〈곧 - 갇〉이 모두 두드러져 솟음으로써 빗물이나 유동적인 물체가 여러 갈래로 쪼개지는 구실을 하는 사물 대상이 되기 때문이다. 이상에서 풀이한 내용을 간추려 보면 다음과 같이 요약할 수 있다.

(12) ㄱ. 음운의 교체로 빚어지는 표기적인 변이형은 넘나들어 같은 뜻과 다른 뜻으로 쓰이다가 독립해서 쓰이는 형태소로 발전해 간다.

ㄴ. 곧(장소·사물·꽃→동시성·수직) 곳(장소·꽃·꽃이→장소) 곶(장소·꽃·곶(串)→곶(串)/꽃) 골(구멍·틀·길→우묵하게 갈라진 길//갇(갓→갓) 갓(물체→물체) 갖(가지→가지) 갈(칼→칼)

공간명사 〈곧(곳)〉이 '두드러져 솟은 물체 장소'를 드러내는 것과 관련하여 얼굴의 코를 뜻하는 중세어로 〈고鼻(《훈몽자회》상 26)〉가 무슨 걸림이 있지 않을까 한다. 현대어로 오면서 '고>코'로 바뀌어 쓰이게 된다. 코는 우리 몸의 일부로 얼굴 복판에 우뚝 솟아 나와서 숨쉬기와 냄새 맡는 구실을 하고 소리내는 것을 돕는 기관으로 정의된다. 〈코〉의 의미특성은 '두드러져 솟음·숨쉬는 구멍'으로 간추릴 수가 있다. 음운론적인 발달로 보아 〈고〉는 히읗(ㅎ)종성체언이기 때문에 〈고(ㅎ)→곳·곧·곶·골〉과 친연성을 갖고 있으며 한편으로는 '고(ㅎ)→공>콩'으로 발달할 가능성도 갖고 있다. 콩과 식물의 열매를 싸고 있는 껍질 부분을 '꼬투리'라고 한다. 중세어로는 〈고토리〉(《훈몽자회》하 6)인데 형태분석을 하면 [고 + 톨 + 이 > 고토리 > 꼬투리]로 볼 수 있다. ㅎ 종성체언 〈고(ㅎ)〉를 〈곳굼긔(《금강경삼가해》4-32) 곳구무(《구급간이방》1-542) 암림곳(《용비어천가》1-36)〉과 같이 〈곳·곶〉으로 표기되는 분포를 확인할 수 있다. 어절의 끝 자음은 대표값 소리로 나는데 /ㅎ·ㅅ·ㅈ·ㄷ/이 모두 /ㄷ/으로 인식되기 때문에 그 친연성을 부여할 수 있다고 본다. 결국 ㅎ 종성체언 〈고〉의 히읗(ㅎ)이 받침으로 되어 표기되는 과정에서 갈라져 적힌 것으로 볼 수 있다.

분포상 제1유형의 공간명사 〈곧〉의 계열 형태들이 대립적으로 모음이 바뀌면 〈굳-굿-궂-굴/걷-것-겆-걸〉의 형태가 된다. 필자가 보기로는 〈굳〉계의 형태들은, 〈곧〉계의 형태가 나타나고 있는 본질-뜻을 음성상징의 구실을 따라서 모음이 바뀐 것이라고 생각한다. 먼저 〈굳〉계의 형태들이 확인되는 분포를 알아보도록 한다.

(13) ㄱ. 굳-구데뼈러디긔ㅎ 누니(《석보상절》 9-14) /구대이(예산) 구더이(안동) 구데이(단양·울진·선산·청주·영동·부여·논산·청양·서산·당진·조치원·천안·무주·전주·담양·

진도・장흥・강원 지역) /굳감坎・굳갱坑(《훈몽자회》하 17)

ㄴ. 굿 – 굿바얌(《유씨물명고》 2介) 굿거시하도다(多鬼)(《두시언해》 중 12-39) 굿들이 몰브리디아니ᄒᆞ야(《여씨향약》 23) 세자친영 구슬보러(《계축일기》 52) 구슈조(槽)(《신증유합》 상 27) /('구유'의 방언형) 구융(양평・화성) 구시(충남북・전라・경상도의 상당 지역) 귀(옹진・안악・은율) 궤(태탄・장연) /구ᄉᆡ예주어(《남명집》하 63) /구의예오미(到官)(《두시언해》 초 25-36)

ㄷ. 궂 – 됴ᄒᆞ며구주믈에서다보며(《법화경언해》 1-69) 구즌相ᄋᆞᆯ보거나(《석보상절》 9-24)

ㄹ. 굴 – 굴墺(《사성통해》 상 63) 굴墺(《훈몽자회》 중 5) 굴蠣(《훈몽자회》 상 20) /쑬밀蜜(《훈몽자회》 중 11) 皆云쑬(《아언각비》 권 1)

ㅁ. 걸 – 걸허로믈그츤두들걸當ᄒᆞ놋다(決渠當斷崖)(《두시언해》 초 7-36)

제1유형의 공간명사 〈곧〉에 해당하는 형태는 〈굳〉인데 ㄱ에서처럼 그 중심의미는 '구덩이'로 보인다. 지금에 와서는 보통 '땅이 움쑥 들어가 사람이 거처로 쓸 수 있는 구덩이' – 굳(=굴)이라면 그 속성은 '굳고 단단'해야 한다. 아니면 살 수 없으니까. 그 〈굳〉이 바위나 나무 혹은 흙으로 되어 있더라도 '굳음'을 그 기본적인 전제로 떠올려야 한다. 지명 자료로 보아 '굳음'이 확인되는데 뒤에 [굳 +-이 > 구디 > 구리]로 바뀌어 오늘날의 구리라는 말로 쓰인다(金池縣 – 仇知縣・金溝 – 仇知 《삼국사기》 지리 3). 따지고 보면, 구리가 생산되는 장소가 바로 굴안에서 나오는 경우가 대부분이기 때문에 [굳(=굴) + 이(=사물) > 구디(=굴에서 나온 물체)]의 뜻으로 풀이할 수가 있다고 본다. 그러다가 나중에 〈구디 – 金・銅〉의 대응으로 드러나 쓰이게 되었으나 그것이 바로 지명상의 분포였던 것이다. 방언의 분포로 보아서는 〈구덩이〉형이 가장 많이 쓰이고 있음을 알 수 있다.

〈굳〉은 표기되는 경우를 따라서 〈굿〉으로 적히기도 한다. ㄴ의 보기가 그러한 방증을 보여 주는데, 방언형으로 〈구유 – 구시〉의 경우 짐승

의 먹이를 넣어주기 위한 움푹하게 파인 나무통을 뜻한다. 형태분석을
해보면 [굿(=구덩이) + 이(물체) > 구시(우묵하게 구멍난 물체)]
로 바뀌어 쓰인 것이 아닌가 한다. 오늘날 〈굿〉은 무당들이 점을 치기
위하여 벌이는 춤이나 연희 모두를 통틀어서 그 개념을 규정하고 있다.
거슬러 올라가 제정일치 시대에는 왕이 나라굿을 통한 제사장의 구실을
하였던 것으로 상정할 수 있는데, 이 때 경우에 따라서는 [굿(=굴)]에
서 그러한 제사였던 것으로 보인다. 몇 가지 기록을 우선 살펴본 뒤에 풀
이하기로 한다.

(14) ㄱ. 獨行入中嶽石窟齋戒告天盟誓曰乃援以秘法曰愼勿妄傳(《삼
국사기》김유신)

ㄴ. 高句麗常以三月三日會獵樂浪之丘穫猪鹿祭天及山川(《삼국사기》
32 잡지제례)

그러니까 굴속에서 제사를 모셨을 가능성을 갖고 있다. ㄴ의 '구(丘)'
도 사냥하는 터로 볼 수도 있지만 신전(神殿)의 의미로 파악할 수 있는
가능성도 있다(박용숙 《한국의 시원사상》(1987) 16면 참조). 백천정
(白川靜)의 《한자의 세계》를 보면 〈연도(羨道)〉에서 못된 악귀를 내
쫓는 제의(祭儀)를 '양(禓)'이라고 하였다. 여기서 연도(羨道)라 함은
왕의 능과 같은 고분의 내부로서 약간의 사람들이 묘실(墓室)로 들어가
는 길 ― 연도에서 제사를 모시는 일이 있으니 이 제사가 바로 '양(禓)'
이었던 것이다. 곧 바로 무당과 굿을 연상하게 된다. 적어도 무당―사제
(司祭)가 행하는 굿은 연도에서 이루어졌으며 제단도 고분 안에 설치되
었다. 고구려의 덕흥리 고분의 명문에서도 그런 가능성이 엿보인다.

눈이나 비가 내려 날씨가 나쁜 것을 〈궂다〉고 한다. 여기 〈궂―〉
도 〈굿〉에서 어말자음이 파찰음화하여 바뀌게 된 것으로 상정한다. 물론
제 홀로 쓰이는 형태소는 아니지만 [굿]이 파찰음화하여 굳어진 것으로
보인다. 사실상 농경문화에서 비는 절대적인 것이다. 비가 와야 할 때 내
리고 오지 말아야 할 때 오지 않아야 한다. 아울러 춥고 더운 것이 농작
물에 맞아야 상당한 결과를 기대할 수 있다. 이를테면 나라굿 ― 기우제
든 풍년제이든 ― 을 잘 모셔야만 좋은 결과가 오는 것인데 그렇지 않을

때 굿은 결과가 오는 것이라고 우리의 선조들은 믿었을 것으로 보인다.

〈굴〉의 경우는 어떠한가. 대립적으로 보아 〈골 – 굴〉의 대응을 보이는 말로서 속으로 움푹 패어 잘 보이지 않는 음성상징을 드러낼 뿐만 아니라 '무덤길(=隧道)'을 뜻하기도 한다. (13)ㄹ에서는 주로 굴뚝의 '굴'을 가리키고 있다. 필자가 보기로는 무덤길이 본디의 뜻인데 그러한 속성이나 모양을 갖춘 공간은 모두 굴이라고 묶어서 일컫게 된 것이다. 결국 의미의 전이가 일어난 것으로 보인다. 〈쑬〉은 무슨 이유로 함께 묶었을까. 그러니까 〈벌꿀〉하면 '벌이 거처하는 굴'에서 형태론적인 구성을 하면서 '벌이 만들어 놓은 생산물'의 뜻으로 옮겨져 쓰이게 된 것으로 보았기 때문에 같은 계열로 보게 된 것이니, [굴 > 쑬 > 꿀]로 되어 된소리로 굳어진 것으로 생각한다. 이어 (13)ㅁ의 〈걸〉은 '도랑'과 같은 공간으로 '폭이 좁은 개울'(溝渠)을 뜻한다. 음성모음계의 제2유형에 드는 형태로 보고 모음교체에 따른 분포의 유형을 정한 것이다. 그럼 제3유형의 〈깃〉계에 드는 형태들의 의미와 형태들의 상관은 어떤 것일까.

제3유형에 속하는 공간명사 〈곧〉의 분화 형태는 〈깃·긷·길〉로 대표된다. 먼저 분화형태들의 분포를 살펴보도록 한다.

(15) ㄱ. 깃 – 깃爲巢(《훈민정음해례》 용자례) 깃기섯는곳고리(巢鶯)(《두시언해》 초 15-7) /우희두세깃절오(上頭鋪兩三箇子)(《박통사언해》 초 (상)56) /기젯그를보고(見襟書)(《삼강행실도》 방효) /짓과터리왜(羽毛)(《두시언해》 중 7-15) /글짓는例우리짓그레미츠(及吾家詩)(《두시언해》 초 34-30) /짓옷니븐사ᄅ미(羽人)(《두시언해》초 22-46)

ㄴ. 긷 – 긷爲柱(《훈민정음해례》 합자해) 네긷寶帳이잇고(《월인석보》 8-19) 기데오ᄅ라ᄒ야(《내훈》서 4) 긷불휘(《법화경언해》 2-56)

ㄷ. 길 – 六道눈여슷길히라(《월인석보》서 4) 묏길콰섭나모門(山道柴門)(《두시언해》초 8-47) /믿과길헤(本利)(《박통사언해》 초 (상) 34) 너비와길왜다스물다ᄉ由旬이오(《월인석보》8-12) // (방언자료) 길(경기 전지역·삼척·원주·옥천·울진·영양·청송

·영덕·해주·웅진·장연·은율·안악·재령·곡산·평양·박천·영변·구성·강계·후창·자성) 짙(경남·경북·제주·강원·충청·전북 전지역)

위의 보기 중에서 ㄱ의 〈깃〉은 '보금자리·기저귀·웃깃'이란 뜻으로 쓰이었다. 앞(제2장)에서도 풀이하였거니와 〈깃〉은 《진서(晋書)》의 기록처럼 '나무 위에서 살던 집(巢居)'의 개념에서 비롯한다. 이르자면 새의 보금자리와 같은 형태의 집에서 여름 숲속의 삶을 누렸던 까닭에서 말미암은 것으로 보인다. 입천장소리되기를 따라서 바뀐 형태 〈짓〉은 '날개·집'을 드러낸다. 결국 사람이 나무 위에 지어 놓고 사는 집은 〈짓〉이요, 새가 사는 보금자리는 〈깃〉이다. 본디는 같은 〈깃〉이 었는데 분화되어 [깃→①깃(=짐승의 집) ②짓(=사람의 집)]으로 나누어진다. 그러면 오늘날의 〈집〉과는 무슨 관계가 없을까.

흔히 밥 반찬으로 〈김〉을 먹는다. 바다에서 나는 풀도 〈김〉이요, 논밭에서 나서 필요 없어 뽑아 버리는 풀도 〈김〉이다. 모두가 〈김〉인데, 그 본질은 '풀'이란 말이 된다. 사용하는 지역에 따라 〈김〉을 〈짐〉이라고 한다.

(16) ㄱ. 김-경기 전역·횡성·원주·진천·음성·충주·제천·괴산·보은·무주·완주·이리·봉화·영덕
ㄴ. 짐-고성·속초·양양·강릉·명주·삼척·화천·춘천·인제·양구·홍성·정선·평창·영월·충청도 전역·전라도·경상도·제주도 전지역
ㄷ. 김→짐→짚→집·짚/김-깁-깊
ㄹ. 깃→짓-음〉기슴〉*기슴〉기음〉김/깃→짓(지슴〉지음〉짐)

위의 보기에서 보는 바와 같이 집은 〈김〉에서 비롯된 말이다. 다시 일러 나무 위에서 집을 짓고 풀을 이용하여 둥우리를 만들어 그 속에서 살았던 것이 분화하여 오늘날의 [김·집·짚] 등의 낱말 겨레-단어족으로 새끼를 친 결과로 보인다. 풀은 동물의 존재를 가능하게 하는 원천이며, 그 풀이나 풀의 열매를 식품으로 삼아서, 숲 속의 나무에 풀로 지은

집에서(-여름철) 살고, 풀 - 칡 같은 풀 오라기나 짐승 가죽을 옷 삼아 살았던 것이니 말 그대로 풀은 의식주의 본원이었음을 쉽게 알 수 있다.

〈옷〉이란 말도 그 본 뜻은 '몸 위에 걸치는 것'이란 개념으로 쓰이게 되었다. 사용하는 지방에 따라서는 지금도 옷을 [오티, 우티, 우테]라고 한다. 〈양서(梁書) 신라조〉에는 신라인들의 옷을 〈우개〉라고 하였음을 보이고 있다(襦曰尉解). 여기 〈우개〉란 말은 [우개(尉解) > 우(ㅎ) > 웃 > 옷(오티, 우티)]의 변천을 거쳐 오늘에 이르고 있다고 보인다. 〈우(위)〉와 관련하여 지금도 방언에서는 〈우개〉에 가까운 말들이 쓰이고 있다.

(17) ㄱ. 우그 - 익산·부안·고창·정읍
ㄴ. 우구 - 전주
ㄷ. 우게 - 익산·고창·영광·장성·담양·곡성·구례·광주·함평·목포·나주·화순·순천·광양·여수·장흥·강진

방언 분포로 보아 신라어에서 〈옷〉을 가리키는 〈우개(尉解)〉와 '위(上)'를 뜻하는 전라 지역의 〈우그, 우구, 우게〉가 크게 다르지 않음을 알 수 있다. 따라서 옷의 속성은 '몸 위에 걸침'으로 요약할 수 있다. 혈거 시대에 풀이나 짐승의 가죽으로 몸 위에 걸치고 살았던 효용가치가 〈우개〉에 투영되어 오늘에 이르렀다고 하겠다. 어떻게 보면 나무 위에 집은 풀과 나무로 만드는데 이 시절 집이나 사람이 몸에 두르는 우개 - 곧 〈옷〉은 [깃 > 짓]의 형태로 썼을 것이라고 상정된다.

보기(15) ㄴ에서 〈긴〉은 '기둥'의 뜻으로 쓰이는데 〈깃〉과의 연관성을 상정하기 어렵지 않다. 나무 위의 집을 〈깃(짓)〉이라고 했을 때 그 집을 떠받쳐 주는 기둥이 바로 〈긴〉인 것이다. 그러니까 〈깃〉을 받치는 나무 줄기로써 기둥이 튼튼해야 그 집이 안전하다. 해서 기둥을 나누면 〈기둥 머리 - 기둥 목 - 기둥 몸 - 기둥 뿌리〉로 되나니 사람의 몸에다 비유하여 쓴 것 아닌가 한다. 공간 인식으로 보아 〈깃(짓)〉이 있는 아랫부분은 모두 〈긴 > 기둥〉이 되는 것이다. 이와 함께 (15)ㄴ의 〈길〉은 어떻게 풀이할 수 있을까.

다닐 수 있도록 만들어진 장소는 통틀어 모두 〈길〉이라고 규정할 때,

땅 위로 솟아오른 〈긴 - 깃〉이나 땅 속으로 내려간 〈굳 - 굿 - 굴〉이나 겉으로 두드러져 나온 〈곧 - 곳 - 골 - 갓〉의 사물이나 공간에서 다닐 수 있도록 만들어진 곳은 〈길〉이라 이해하면 될 것 같다. 필자가 보기로는 (15)ㄷ에서 〈길〉이 '이자·길이'의 뜻으로 파악되는데 특히 〈긴 - 깃〉과 관련한 하나의 암시라고 여겨진다. '길이'의 관점에서 보면, [긴(=기둥) + 깃(=집 또는 풀, 나뭇잎) = 길이]의 등식으로 이루어진다. 따지고 보면 나무 뿌리에서 줄기가 마지막까지 뻗어나간 데를 기둥이라고 할 수 있을 것 같다. 나무의 무성한 잎사귀들을 나무의 〈깃〉으로 본다면, 나무의 모든 길이는 나무 줄기와 그 위에서 자라는 잎새까지를 전체의 길이로 보아 마땅하다. 또한 땅 위에서 자라난 부분의 밑에서 비롯되었으니 돈으로 비유하면 밑천과 이자에 비길 수 있을 것이다. 마찬가지로 〈골〉이나 〈굴〉의 경우도 〈길〉에서와 같은 등식이 이루어진다고 생각한다. 이러한 방증은 (18)ㄹ의 보기에서도 가능성을 보이고 있다(井上秀雄(1988)-115 참조).

(18) 그림

ㄱ. (길)

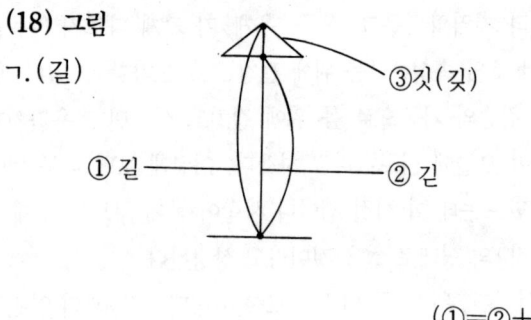

(①=②+③)

ㄴ. (골)

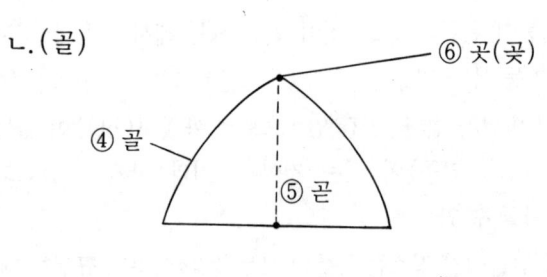

(④=⑤+⑥)

ㄷ. (굴)

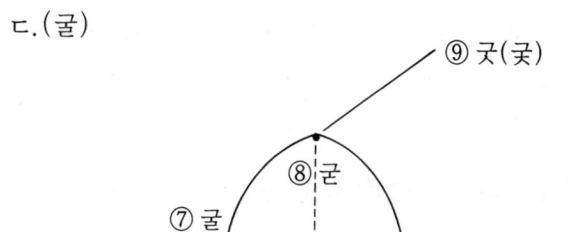

ㄹ. 골 → 곳 + 곧 = 골
　　굴 → 굿 + 군 = 굴
　　길 → 깃 + 긴 = 길

이렇게 〈골·굴〉을 길과 대응시킨 것은 굴이 모두 '길'과 같은 의미로 쓰이는 분포가 확인되기 때문이다(고래뫼아리라(谷響)(《능엄경언해》 8-55) 골곡谷(《훈몽자회》 상 3) /굴돌(《훈몽자회》 중 9) 굴총塚 (《훈몽자회》 중 9).

2) 공간명사 [곧]의 낱말겨레

낱말들은, 씨알 하나가 땅에 떨어져 많은 겨레를 이루어 더 많은 씨알을 빚어내듯이 하나의 말에서 비롯한 한 겨레의 무리를 이루는 일이 종종 있다. 앞절(1)에서 분화의 유형을 따라서 각 형태소가 이루어 내는 말의 겨레-단어족(word family)을 단일어와 합성어로 나누어 살펴보기로 한다. 이 때 합성어로 나누어 그 갈래를 검증하여 나감을 일러둔다.

(가) 제1유형 양성모음계

양성모음 계열이 기본을 이루는 형태들은 〈곧 – 곳(곳) – 골〉이 있는데 이 형태들을 둘러싸고 일어나는 낱말의 분포를 확인하기로 한다.

(19) 〈곧〉의 낱말 겨레

ㄱ. 놉흔곧이가졀ᄒᆞ고(《소학언해》 2-62) 이곧뎌고대(於此於彼)(《용비어천가》 26) 시부모겨신곧애가되(《소학언해》 2-3) ᄆᆞᄉᆞ行홀꼬 디업거니(《영가집》 하 24) / 곧미틔셔흐터오고(《두시언해》 중 6-15) / 곧阿羅漢올아니라(《석보상절》 6-12) — 곧·꼳·곧(花)·곧(卽)

ㄴ. 놉고고ᄃᆞ며(《석보상절》 19-7) 고든뎡(貞)(《훈몽자회》 하 25) / 곧뎌도이야(《번역소학》 8-9) — 곧다·돋티다

ㄷ. 곧고대衆生올爲ᄒᆞ야(《월인석보》 18-84) 곧고대밥求ᄒᆞ며(《법화경언해》 2-112) / 곧치(串)(《역어유해》 하 15) — [곧곧·곧치]

ㄹ. 단일어 — 곧·꼳·곧(花)·곧(卽) / 비통어적 합성어 — 곧다·곧티다 / 통어적 합성어 — 곧곧·곧치

〈곧〉의 낱말 겨레 중에서 〈곧(處)·곧(花)·꼳(處)〉은 현대국어에서 쓰이지 않는 말이 되었고 일부 방언에서만 쓰이고 있다(산고데이 — 횡성, 홍천, 원주 방언). 공간명사 〈곧〉이 어말자음에서 유음화가 일어나면 〈골〉로 되는데 유형별 낱말의 겨레는 다음과 같다.

(20) 〈골〉의 낱말 겨레

ㄱ. 묏고래수머겨샤(《석보상절》 6-4) 골곡(谷)(《훈몽자회》 상 3) / 골업눈양ᄌᆞ롤지서(《월인석보》 2-35) / 골독(《훈몽자회》 중 10) — 〈골(谷)·골(形)(>꼴)·골(=꼬리)

ㄴ. 술골게붓다(《역어유해》 상 59) 골쌔지다(《한청문감》 228) 골박다(《한청문감》 339) 골업눈(《월인천강지곡》 188) 비골푸다 (《몽어유해》 하 22) / 시혹골커나(《향약구급방》 상 31) / 혼가지로 골오ᄒᆞ미라(《원각경언해》 하 3-2:31) — 골다·골쌔지다·골업다·골푸다·곯다·골오ᄒᆞ다

ㄷ. 골목(《역어유해》 모 14) 골모(《한청문감》 309) 골속(《동의보감》 탕액편 3023) 골예지(《신증유합》 상 6) 골오래(《사성통해》

하 27) 골왕이(《구황간》 3-69) 골창(《한청문감》 290) 골풀무 (《유씨물명고》 5金) 골항(《역어유해》 보 13) 골회(《능엄경언해》 1-32) 골회눈믈(《노걸대언해》 하 8) 고랑(《훈몽자회》 상 4) 고리 (《한청문감》 317) 고리실(《청구영언》 155)

⟨골⟩이 관여하여 이루어지는 낱말 겨레로는 ㄷ의 통어적인 합성어가 가장 폭 넓은 분포를 보인다. 특히 단일어 ⟨골⟩이 '모양 · 고리 · 골 · 고랑 · 대롱'의 다의 현상을 보이는 것은 거주지로서의 ⟨골⟩에서 비롯한 다의어이기 때문으로 보인다. 그럼 동음이의어로서 ⟨골곡谷(《훈몽자회》 상3) / 골히이셔(在州)(《번역소학》 10-7)⟩은 어떻게 이해하면 될 것인가. 공간명사 ⟨곧⟩의 자음 교체형 ⟨골⟩은 ⟨곳 + 곧 = 골⟩의 개념 – '솟음'과 '곧음'의 공간개념이지만 '고을(邑, 州)'의 뜻은 [ᄀᆞᄫᆞᆯ (《용비어천가》 2-22) > ᄀᆞ올 > 고을]로 바뀌어 오늘에 이르렀다. 그렇다면 ⟨고을⟩은 [굽(中) + 올 > ᄀᆞᄫᆞᆯ]로 보아 중간지점 곧 사이 공간으로부터 비롯한 말로 보이는바, 한 곳과 다른 곳의 사이에서 생겨난 형태라고 생각한다. 결국은 솟음과 솟음의 사이니까. 그 가운데 골짝이 생겨난다. 이 골짝이야말로 삶과 안식이 있는 거주의 요람으로 쓰였던 것이다. 그러다가 점차 벌판으로 나와서 취락의 범위를 넓혀 왔던 것이다. 특히 고구려 지명에는 ⟨-홀(忽)⟩계 지명이 많이 나오는바, [-골> -홀[k⟩h]]로 바뀐 것이니 결국은 ⟨-골(谷 · 洞)⟩에서의 거주를 드러낸 것이다. 상황에 따라서는 굴이나 골에서 나무 또는 나무 위에서의 생활이 아니었을까 한다. 생각해 보면 ⟨굴⟩에서 나오면 산과 산으로 이어지는 ⟨골⟩이 있으니까 바로 연결되는 개념으로 풀이된다.

⟨곧 · 골⟩과 함께 공간명사 ⟨곧⟩의 낱말 겨레 중에서 많은 겨레를 거느리는 형태는 ⟨곶(곳)⟩이라고 하겠다. ⟨곧⟩과 더불어 '솟음 · 곧음'이 의미 특질을 이루다가 끝까지 살아남아 쓰이는 말로 보인다. 가령 겉모양으로 이른다면 꽃봉오리처럼 불쑥 솟아오르거나 바다쪽으로 불쑥 튀어나온 땅(예 ; 장산곶)과 같이 돌출한 속성을 드러낸 것으로 본다. 만일에 종교 공간의 경우라면 제물을 차리고 신(神)을 모시는 우뚝한 제단(祭壇)을 뜻하는 것은 아닐까 한다. 그 상징적인 사물이 곧 '신단수

(神壇樹)'라고 하겠다(《삼국유사》권1·고조선). 그러니까 웅녀(熊女)가 잉태하기를 늘 빌었던 장소가 바로 신단수 아래란 점을 보아 제단과 나무를 거룩한 성소(聖所)로 삼았던 것이 분명하다(熊女者無與爲婚故每於壇樹下呪願有孕《삼국유사》). 스미스(Smith, 1923)가 지적하였듯이 숲을 신의 집이며 빛과 광명의 샘으로 이해하였기 때문이다. 왜냐하면 숲은 인간의 생존을 가능하게 하는 먹고 입고 사는 말미암음의 공간이 되기 때문이다. 그럼 〈곳〉이 관련한 낱말들을 살펴보기로 한다.

(21) 〈곳(곶)〉의 낱말 겨레

ㄱ. 시름ᄒᆞ얀곳마다(《두시언해》 중 3-9) 이곳(此處)(《동문유해》 하 47) /串곳處所也(《행리》) /곳화花(《훈몽자회》하 4) 곳잇ᄂᆞᆫ싸ᄒᆞᆯ(《월인석보》 1-9) //곳됴코여름하ᄂᆞ니(《용비어천가》 2) 묏고지ᄒᆞ마절로ᄑᆡᆺ도다(山花已自開)(《두시언해》 중 18-5) /ᄒᆞ고재(一串)(《사법어》) 져비ᄂᆞᆫ나ᄂᆞᆫ고ᄎᆞᆯ박차(《두시언해》 중 15-33) /곳구모(鼻孔中)(《구급간이방》 1-48) — 곳(處)·곳(串)·곳(花)·곳(鼻) /곶(花·串)

ㄴ. 머리예곳디아니ᄒᆞ고(《두시언해》 중 8-66) 곳츨곳고(《박통사언해》 상 5) /져근핫오새곳다온프를(《두시언해》 중 8-6) 곳초안자브라보니(〈관동별곡〉〈송강가사〉) 평생애곳텨못ᄒᆞᆯ일이(《송강가사》 2-1) 고손벼논(香稻)(《두시언해》 중 6-10) /고줄공(拱)(《훈몽자회》 하 26) 창읫고자들고(《태평광기》 1-41) — 곳다(=꽂다)·곳답다(如花)·곳초다·곳티다(>고치다)·옷곳다(香) /곶다(>쏫다)

ㄷ. 곳깔(《두시언해》 초 7-21) 곳감(《역어유해》 상 54) 곳게(《한청문감》 357) 곳곳(《삼역총해》 8-4) 곳광이(《한청문감》 310) 곳구무(《금강경삼가해》 4-27) 고롬(《훈몽자회》 상 15) 곳블(《역어유해》 상 61) 곳비(《석보상절》 11-12) 곳숨(《법화경언해》 6-26) 곳ᄆᆞᆯ준(準)(《훈몽자회》 상 26) /곳게(=꽃게)(《유씨물명고》 2 介) 곳기름(《월인석보》 18-31) 곳나모(《송강가사》 1-14) 곳닢(《능엄경언해》 7-13) 곳ᄃᆞ리(《한청문감》 413) 곳달힘(《청구영

언》 40면) 곳봉오리(《역어유해》 보 50) 곳부리(《법화경언해》 3-94) 곳비(《석보상절》 11-3) 곳빗(《두시언해》 초 7-31) 곳송이 (《한청문감》 412) 곳여의(=꽃술)(《두시언해》 초 15-48) 곳쭉 (花辦)(《한청문감》412) /곳비(《월인천강지곡》81)

ㄹ. 고소다(香)(《역어유해》상53) 고솜돝(곳-돝 > 고솜돝)(《두시언해》 초 10-40) 고쇠(=갈구리)(《유씨물명고》5金) 고스레(곳 +으레 > 고스레 - 비는 말)(《해동가요》96면) 고사리(곳 + -아리 > 고사리)(《두시언해》초 22-57)

위의 보기에서 확인되는 〈곳〉의 낱말 겨레들은 '두드러져 솟음'의 의미 속성을 드러내는 것이 가장 핵심을 이룬다. 동음이의어로 보이는 〈곳〉의 뜻 또한 두드러져 솟음에서 비롯한 주변적인 의미로 보인다. 이 낱말 가운데에서 ㄷ의 합성어는 꽃의 뜻을 드러내는 형태가 가장 많은 분포를 보인다. 좀더 풀이를 해야 할 것은 '코'를 뜻하는 〈곳〉의 경우라 하겠다. 짐승의 어미 태에서 모양이 생길 때 코가 제일 먼저 형상이 이루어진다(獸之初生之謂鼻)고 하거니와 얼굴 가운데에서 두드러진 특징을 보임에 틀림이 없다. 가장 생명적인 기능으로서의 호흡 작용과 그 모양이 두드러짐은 코의 단적인 특징이라고 하겠다.

꽃도 또한 다르지 않다고 본다. 종족 보존의 상징적인 부분으로 가장 두드러진 부분으로 경우에 따라서는 제일 먼저 나무의 끝 부분에서 솟아올라와 꽃봉오리를 이룬다. 일년생 풀로서 벼를 보면 패서 올라오는 벼꽃이 제일 높이 솟아서 바람에 그 가루를 날려서 씨받이를 하는 것이니 모두가 〈곳〉의 두드러짐을 드러내고 있다.

이로 미루어 볼 때 원래 [곳]은 두드러져서 많은 사람들의 숭배를 받거나 소중한 가치를 부여하는 그러한 장소를 뜻하는 것이니 종교적인 공간으로서의 '제단(祭壇)'의 바로 그런 경우라고 하겠다. ㄹ의 〈고스레〉는 현대어에 와서 〈고수레〉가 되었는데 필자가 보기로는 제사의식과 관계가 있는 말이 아닌가 한다. 무당이 굿을 한다든지 들에서 음식을 먹을 경우나 남의 집에서 음식을 가져 왔을 때 먹기 전에 음식의 일부를 조금 떼어 던지며 '고수레(경상도 - 고시래)'라고 부른다. 전해오는 말로는 단군 시대에 고시(高矢)라는 사람이 백성에게 농사를 가르쳤다 하여 이에 감사하는 표시로 하는 민간의 풍속 중의 하나라고도 한다. 무당의 원형은 우리나라의 경우 단군이 되는데 단군이 고시(高矢)에게 제사를 올렸을 가능성은 없고 단군이 모시던 거룩한 장소 – '소도(蘇塗)'와 같은 〈곳〉에 제사를 올렸던 풍속이 변형되어 생겼을지도 모른다. 좀더 살펴보아야 할 문제라고 생각된다. 이렇게 복합적인 동음이의어로 쓰이다가 〈곳 – 꽃 – 곶 – 꽂 – 코〉의 말로 분화되어 현대어에서 독립한 형태소로 사용되고 있다. 형태소의 자립성 여부에 관한 것은 다음 3)으로 미루고 음성모음계의 낱말 겨레를 알아보기로 한다.

(나) 제2유형 음성모음계

공간명사 〈곧〉으로 비롯하는 〈곧 – 곳(곶) – 골〉의 모음이 교체하여 이루어지는 낱말 겨레로는 우선 음성모음 계열이 〈굳 – 굿(궂) – 굴〉이 관여하여 이루어지는 것들을 들겠는데 우선 이들 형태들의 낱말 겨레를 더듬어 보자.

(22) 〈굳〉의 낱말 겨레

ㄱ. 굳ᄑᆞ고블뛰으니(《월인천강지곡》60) 구데ᄠᅥ러디긔ᄒᆞ나니(《석보상절》9-14) – 굳(=구덩이)

ㄴ. 굳ᄂᆞ니(《원각경언해》상 2-2:105) 말ᄉᆞ미굳ᄇᆞᄅ거든(《구급간이방》1-19) 혓불휘굳세어든(《구급간이방》1-18) 門을 굳이ᄒᆞ야(《소학언해》2-50) 구더기잇논ᄯᅡ히라(《염가》상 35) 구돌아릿목(《역어유해》보13) 구들방(房)(《왜어유해》상31) – 굳ᄇᆞᄅ다·굳세다·굳이/구돌(굳＋을＞구들)·굳어기(굳＋어기＞구더기)

ㄷ. 구돌고래(《한청문감》288) 구들그을음(《유씨물명고》5土) 굳ᄇᆡ얌(《동의보감》탕액편 2蟲)

ㄹ. 방언 분포 – 구대이(예산) 구더이(안동) 구데이(단양) 구뎅이(울진·선산·청주·영동·부여·논산·청양·서산·당진·조치원·천안·무주·담양·전주·나주·광주·영광·함평·목포·

해남·고흥·순천·여수·진도·장흥·영암·강진·화순·보성·광양·곡성·구례·정선·원성·횡성·제주 전지역)

보기(22)으로 보아 〈굳〉은 '굴'의 뜻으로 쓰인다. 특히 굴이 '굳음'이란 속성을 드러내는바, 굴이 굳지 않으면 무너져 내려서 살 수가 없으니까. 사람뿐이 아니고 일단 땅이 움푹하게 깊게 파인 곳은 모두 〈굳〉이라고 이르게 되었으니 사람의 거처에서 비롯한 형태소로 보인다. 자음교체의 관점에서 보아 /ㄷ-ㅅ-ㄹ/의 음성상징은 〈굳〉이 다소 고정된 의미를 환기하고 있다. 용언 파생의 경우는 비통어적인 경우가 대부분이고 합성어인 경우에는 통어적인 합성어가 중심을 이루나 분포가 제한적이다.

(23) 〈굿(궂)〉의 낱말 겨레

ㄱ. 세자친영구슬보러(《계축일기》) 눈굿(眼角)(《훈몽자회》 상 13) −[굿(巫·隅)]

ㄴ. 굿길둔(《신증유합》 하 29) 굿겨시면(=죽이다)(《한중록》 502) 굿보는사롬(《태평광기》 1-13) 굿브러받줍더라(伏受)(《능엄경언해》 1-50) 굿세여方正ᄒ거늘(〈내훈〉 중 3-14)/됴ᄒ며구주믈에셔 다보며(《법화경언해》 1-69)/구석(굿+억>구석)(《소학언해》 2-10) 구슨것(香物)(《향약구급방》 하 43) 珠는구스리오(《월인석보》 1-15) 구실(굿+일>구실)(《두시언해》 초 15-5) 구슈(=구유)(《신증유합》 상 27) 구의예오미(到官 굿+의>구시>구싀>구이~구위·구외)(《두시언해》 초 25-36) 구의ᄒ다(《훈몽자회》 하 14) − 굿기다·굿보다·굿블다·굿세다·궂다·구스다/구석·구슬·구슈·구의(굿+의→구의·귀(宮·耳))

ㄷ. 굿것(鬼神)(《두시언해》 중 12-39) 구위실(《두시언해》 초 10-29) 구윗믈(《두시언해》 초 25-40) 구유박(《한청문감》 347) 구의만(官司)(《노걸대언해》 하 42) 구윗나기(《박통사언해》 중 (상) 43) 구윗자(官尺)(《노걸대언해》 하 25) 구이쇼(官府)(《이륜》 31) 귀글월(《어록해》 9) 귀더기(《한청문감》 213) 귀막(《한청문감》 172) 귀머거리(《동문유해》 하 8) 귀밑(《월인석보》 21-198)

귀옛골(《한청문감》337)

ㄹ. 〈구석〉의 방언분포 – 구석(대부분) 구숙(상주・김천・합천・함안) 구속(제주 전역) 구식(영일・경주・월성・양산・진주・함양・마산・동래・부산) 구시(사천・고성) / [구유]의 방언 분포 – 구융(양평・화성) 구시(청주・청원・보은・옥천・영동・상주・의성・전라 지역) 귀영(김천・재령・서흥・강계・자성) 구이(함흥・흥기) 구세(거제・하동) 귀이(김포)

〈구석・구유〉에 대한 방언 분포를 보아 움푹 들어간 사물의 공간을 〈굿〉으로 일컬었을 가능성을 알아차릴 수 있다. 가령 〈구석〉도 〈구시〉요 구유도 〈구시〉라는 공통점이 발견되는데 〈구시〉는 [굿 + 이 > (구시 < 구이 > 귀)]로 바뀌어 쓰인 것으로 보인다. 그러니까 '관청'에 관계되는 〈구의〉도 〈굿(＝나라 일을 보던 공간으로서의 굴)〉에서 온 것이요, 우리들의 청각 기관도 구멍을 뜻하는 〈구시〉에서 비롯하였음을 알겠다. 합성어에서는 〈구시 – 귀〉로 말미암은 통어적인 형태소가 가장 많이 분포하고 있음을 알겠다. 〈굿〉은 단일어로서 '무당굿・구석'의 뜻을 드러낸다. 앞에서도 풀이하였지만 본디는 종교 공간으로 쓰였던 무덤 속의 제사를 할 수 있게 만든 '길' 또는 '장소'를 뜻한다. 뒤로 오면서 제사를 지내던 굴의 뜻은 약화되고 제사를 지내기 위하여 노래를 부르고 춤을 추는 일체의 연희 행위만을 뜻하게 되었으니 적어도 '무당굿・구석'의 의미상의 전제는 굴(굳)이었음을 상기해야 한다. 이것을 일반화하면 〈(굴) 무당굿과 구석〉이 되겠다. 구석이란 의미는 아주 시사하는 바가 크다고 할 수 있다. 우선 어느 '모퉁이의 안쪽'이나 '밖에 드러나지 않고 한쪽으로 치우친 곳'을 뜻한다고 볼 때 무당이 굿을 하기 위하여 단을 차려 놓고 신을 모신 그런 장소가 아닌가 한다. 가령 그 장소가 굴속이라면 북쪽의 한 모퉁이에 조상신이나 그 부족의 신 – 불신과 물신을 모셨을 것으로 짐작된다.

ㄴ에서 〈굿다〉가 나오는데 〈굿〉의 어말자음이 파찰음화되어 된 형태로서 '날씨가 나쁘거나 언짢은 일'이 있는 상태 – 경우에 따라서는 사람의 죽음을 드러내기도 한다. 〈굿기다〉가 바로 그런 말인데 '무덤으로 돌

아가게 된다'는 뜻을 내포하는바, 근원적으로 사람이 삶과 죽음에 관계되는 데에서 말미암는다. 현대 국어에서 짐승의 죽은 고기를 '궂은 고기'라고 한다. '궂다'가 죽음의 상태를 말하여 주고 있는데 말할 것도 없이 [궃(궂)＋-다〉궂다(궂다)]로 굳어진 말이다. 이와 함께〈굴〉의 낱말 겨레에 대하여 그 자료를 확인해 보기로 한다.

(24) 〈굴〉의 낱말 겨레

ㄱ. 굴굴(窟)(《신증유합》하 56) 굴돌(突)(《훈몽자회》중 11) /쑬밀(蜜)(《훈몽자회》중 21) 굴려(礪)(《훈몽자회》상 20) - 굴(窟·壞) /쑬(蜜)

ㄴ. ㄴ오롤굴이거나(《석보상절》9-37) 그렁구ᄂ니(《월인석보》7-5) 발로ᄯ하굴구르니(《석보상절》11-31) 구리고슷므르거든(《구급간이방》3-40) 배텨구르텨(《노걸대언해》상 32) 구러뎠ᄂ버드른(《두시언해》초 24-1) /구레버슨(《청구영언》23) 구렁이믈여든(《구급간이방》6-54) 구루미비취(《용비어천가》42) 구리(굴＋이〉구리)(《훈민정음해례》용자례) ᄃ리굵고(《석보상절》6-32) 굴긔(《박통사언해》중(상)27) - 굴다·굵다·구르다·구리다·구르티다·구러디다·구레 /구렁이·구름·구리·굴긔

ㄷ. 굴독(《왜어유해》상3) 굴갓(《역어유해》상 26) 굴집질(물보介蟲) 굴죽(《청구영언》〈대학본〉115) / 구름ᄃ리(《두시언해》초 23-3) 구리돈(《구급간이방》6-18) 구리마놀개(＝주전자)(《행용이문》) 굴헝ᄆᆯ(栗色馬)(《한청문감》433)

단일어에서〈굴〉은 '굴(窟·突·礪)'의 뜻으로 드러나고 경음화하여〈쑬(蜜)〉로 변이하여 쓰이기도 한다. 연기가 나는 굴뚝도 굴의 일종이며 바다에서 잡히는 조개류도 움푹 파인 돌과 돌 사이에서 사는 까닭으로 사물의 이름으로 일컫게 된 것으로 보인다.〈쑬〉의 경우도 다르지 않아서 벌이 드나들면서 만들어 놓은, 겨울에 먹이를 쌓아 놓거나 알을 낳아 기르는 공간 - 굴이 곧 그 이름으로 굳어져 쓰인 경우라고 하겠다. 현대 국어로 오면서 [굴〉굴·굴(突)＞굴뚝·굴(礪)＞굴조개·쑬(蜜)＞꿀]로 바뀌어 서로 부딪침이 없이 살아간다.

비통어적인 파생어에서 〈굴-〉은 주로 접미사 〈-다〉가 붙어 동사나 형용사를 만들어 낸다. 이때 폐음절의 〈굴〉이 개음절이 되면서 말조각이 덧붙어 이루어지는 〈구르-〉계도 두드러져 보인다. 동식물의 이름에서 접미사 〈-이〉가 붙어 거처의 주체를 드러내는 경우도 있다(굴헝 + 이(=사는 사물) 〉 구렁이 등). 필자는 하늘에 뜬 구름을 [굴 + 으 + ㅁ 〉 구름]으로 보았는바, 일종의 굴과 같은 현상을 일으키는 기상의 변화에서 말미암은 명명이 아닌가 한다. 날씨가 많이 흐린 날에 하늘과 산이나 들이 맞닿은 곳을 보면 그것은 분명 거대한 굴의 인상을 줌에 틀림이 없다. 가칭하여 이런 현상을 굴현상이라 할까.

합성어 ㄷ에서 모두가 굴-움푹 들어간 땅의 모양과 비슷한 형태를 한 말로 보인다. 말의 형태는 나타내려는 본질, 의미를 반영한다고 앞에서 말하였는데, 가장 두드러지게 보이는 것은 합성어의 보기라고 하겠다. 보기 ㄷ의 〈굴헝물〉도 굴의 어두운 색을 바탕으로 하여 이루어지는 합성어들도 있다. 대체로 굴은 어두워서 밤과 같다. 밤을, 해가 져서 돋을 때까지의 깜깜한 시간으로 볼 때 사물인식에서 그 빛깔이 크게 다르지 않다. 동음이의어이기는 하지만 〈굴(窟)-밤(栗)〉의 대응을 이룬 것이 아닌가 한다. 〈밤〉이 관여하는 지명이 많이 있는데 모두가 어떤 기능을 수행하는, 아니면 그 모양이 그러한 속성을 드러내는 말로 보인다(밤골(栗洞)·율곡(栗谷)·율전(栗田)·율리(栗里)·율촌(栗村) 등).

(다) 제3유형 중성모음계

음성상징에 따른 모음을 흔히 강박계열과 관유계열로 나누기도 한다. 양성모음은 앞의 것을, 음성모음은 뒤의 것을 뜻한다. 그럼 이쪽도 저쪽도 아닌 중성모음은 어떤 음성상징을 갖고 있을까. 음향 감각으로 보아 중성모음은 음성이나 양성의 모음이 갖고 있는 상징성을 복합적으로 드러낸다고 하겠다. 《훈민정음》 해례부제자해에 따르면 '움직이는 것은 하늘이요, 가만히 있는 것은 땅이며 이를 모두 겸하는 것은 사람이다(動者天也靜者地也兼乎動靜者人也)'라고 하였다. 적어도 훈민정음에 드러난 중성모음은 사람의 모양을 본떠 만든 것으로 하늘과 땅, 곧 음양이 같이 어울릴 가능성을 보이고 있다.

이와 함께 숫자 상징으로 보더라도 음양의 수를 나눌 수 없는 것으로 풀이하고 있다(ㅣ獨無位數者盖以人則無極之眞二五之精妙合而凝固未可以定位成數論也). 같은 책에서 중성모음의 음향감은 양성이나 음성에 비하여 혀를 오므리지 않고 발음하며 소리가 가장 낮은 느낌을 갖고 있음을 가리키고 있다고 하였다(ㅣ舌不縮而聲淺人生於寅也形之立象乎人也). 현대의 음운이론에서 예스페르센(Jespersen)은 이른바 잘 들리는 정도—가청도(sonority)에 따라서 소리를 가른 것을 보면 모음을 세 단계로 나누고 있다. 먼저 가청도가 제일 낮은 폐모음으로 [위·우·이]를, 반폐(반개)모음으로 [외·오·어]를, 가청도가 제일 높은 개모음으로 [애·아]를 들고 있다.

줄거리를 간추려 볼 때, 중성모음은 양성과 음성모음의 상징성을 복합적으로 갖추고 있다. 우리 국어의 음운 인식에 관한 한 중성모음은 양면성을 갖고 있다고 하겠는데 이는 어디까지나 훈민정음에서도 밝혔듯이 우리말에 나타난 역사성이나 사회적인 배경에 말미암는다고 할 수 있다. 중성모음 계열의 형태소에는 [깃-긷-길]을 중심으로 하는 단어족들이 있다. 우선 그 분포의 실례를 살펴보기로 한다.

(25) 〈깃〉의 낱말 겨레

ㄱ. 깃爲巢(《훈민정음해례》) 깃기섯는곳고리(巢鶯)(《두시언해》 초15-7) 범의깃과놈의소곳흔디(《삼역총해》 9-15) /巢鶴里(경기·포천·내촌) 鳩巢谷(강원·횡성·갑천) /세기제눈호아(《월인석보》 23-73) 領은웃기지라(《원각경언해》 상기-2:76)

ㄴ. 깃기섯거니와(《남명집》 하16) 남기盛히기스니(《석보상절》 11-37) 物을깃그(喜物)(《법화경언해》 1-47) 수프리기으면새가미잇고(《두시언해》 중 3-58) 刷羽깃다듬다(《유씨물명고》 羽蟲) 져비깃드려(《오륜》 3-24) 歡樂은깃버즐거볼씨라(《석보상절》 9-34) 깃치다(遺下)(《동문유해》 하 59) - 깃깃다(=둥지를 틀다)·깃다(=풀이 무성하다)·깃기다·깃다듬다·깃드리다·깃브다

ㄷ. 깃급(《동한》) 깃긔(=관에 바치는 발기)(《행용이문》) 깃득(衿

得)(分財所得謂之衿得)(《행용이문》) 깃목숨(=남은 목숨)(《염불보권문》) 깃바더(=등바대)(《훈몽자회》중 11) 깃부(如分財之數)(《행용이문》)

단일형식의 〈깃〉이 드러내는 뜻으로는 '날개·보금자리·옷깃'을 들 수 있다. 가장 중심을 이루는 뜻은 '보금자리' 곧 집인데 마치 새의 날개와 같은 형상으로 인식되어 '날개'의 뜻이 더해지기도 하였으며 보금자리가 있는 가지와 숲이 흡사 옷의 깃과 같아서 전이된 것으로 보인다. 보금자리로서의 뜻은 집으로 직접 드러나기도 하는데 [깃〉짓]의 구개음화형이 바로 그런 경우라고 할 것이다(이웃짓부른바미깁ᄃ록 볼갯도다 (隣火夜深明)(《두시언해》초 7-6).

파생어의 경우 〈깃〉에 접미사 〈-다〉가 붙어 이루어진 경우가 대부분이다. 단일어 부분에서도 밝혔지만 새의 보금자리나 사람이 사는 집은 나무와 풀로 만들어지는 것이니 '풀'은 아주 주요한 의미를 갖는다. 나무와 풀로 만든 집이니까 [깃(=풀)+다〉깃다]가 쓰이게 된 것이고, [깃들이다〉깃드리다]도 보금자리로 새들이 회귀하여 돌아옴을 일컫는 말이라고 하겠다. 〈깃기다·깃브다〉의 경우, 안식과 평안이 있는 곳은 집밖에는 없는데 집으로 돌아와 기다렸던 가족들을 만날 수 있으니 〈깃〉은 바로 그런 공간이라고 보여진다. 〈깃〉계의 말들이 구개음화하여 이루는 형태들 또한 하나의 단어족을 형성하는 것으로 보인다.

(26) 〈짓〉의 낱말 겨레

ㄱ. 내짓眞因ᄋ로네짓極果롤삼ᄂ니라(《월인석보》 14-74) /지체소옴터리오(《박통사언해》초(상)44)

ㄴ. 眷屬돌히惡因지손다ᄉ로(《월인석보》 21-105) 이解롤지ᅀᅮ면(《목우자》11) 짓드리다(《동문유해》하 36) 부러짓와괴요매關係혼디아니라(《두시언해》 중 2-59) /聖旨로지시신(《박통사언해》 초(상) 68) 지여디아니ᄒ노라(不倚)(《남명집》하 35) 居ᄒ심에지에ᄒ디아니ᄒ더시니다(居不容)(《소학언해》 5-16) 金華省애지이니라(《두시언해》초 24-41) - 짓다·짓드리다·짓와괴요다·짓이다·지여다(=의지하다)·지이다

ㄷ. 짓부체(羽扇)(《동문유해》 하 13) 짓뷔(《동문유해》 하 16) 짓
비단(羽段)(《역어유해》 하 5) 짓아비(《신증유합》 상 19) 짓의터(
〈계축일기〉) 짓통(《역어유해》 보 47) 지위(=목수)(〈송강가
사〉 2-11)

단일형태 ㄱ에서는 〈짓〉이 '집·날개'의 뜻으로 쓰인 것이 두드러지
고 파생형에서는 '만들다·의지하다'의 뜻이 중심을 이룬다. 이는 모두
의식주를 해결함에 있어서 빼놓을 수 없는 생존을 위한 작업을 의미하기
때문이다. 합성어 ㄴ에서는 '날개·옷'의 뜻이 두드러지는데 옷이 날개
라는 말이 있듯이 몸 위에 걸치는 의복을 새의 날개에 비유하여 썼던 것
으로 보인다. 이와 아울러 〈진·질〉과 관련한 경우는 어떠한가.

(27) 〈진·질·짐〉의 낱말 겨레

ㄱ. 鵝의진츨모도와(聚鵝)(《소학언해》 4-43) / 질드려降伏히디어렵
거늘(《월인석보》 21-116) 사ᄅ미게질드ᄂᆞ니(馴服於人)(《능엄경
언해》 8-122)

ㄴ. 지동(柱)(물보第宅) 지두리(《능엄경언해》 6-19) 짐(海苔)(《유
씨물명고》 3草) 므거운짐든두障이니(《원각경언해》 상 1-2:85) 짐
쌱(《유씨물명고》 1毛) 짐칙(=김치)(《청구영언》 40)

보기에서 〈진〉은 '날개'의 뜻으로 〈질〉은 '길'의 뜻으로 쓰이고 있
다. 이와 함께 [진]이 관여하는 합성어를 통하여 볼 때 '기둥'의 뜻으로
쓰이니 〈진〉은 '날개·기둥'의 의미소를 갖고 있다고 하겠는데 〈긴〉이
'기둥'만을 드러냄에 비한다면 보다 더 복합적인 다의성을 드러낸다고 하
겠다.

이제까지 〈짓〉을 중심으로 하는 낱말의 겨레들에 대하여 살펴보았는
데 주요한 의미 특성은 '날개·보금자리·집'이었다. 그럼 〈깃〉의 어말
자음 교체형인 〈긴·길〉의 낱말 겨레에는 어떤 것들이 있고 의미는 어
떻게 쓰이고 있었는가를 알아보도록 한다.

(28) 〈긴·길〉의 낱말 겨레

ㄱ. 긴 - 긴爲柱(《훈민정음해례》 합자해) 네긴寶帳이잇고(《월인석
보》 8-19) / 긴글열(悅)(《왜어유해》 상 21) 분묘긴드리니(《동국신

속삼강》 효 1-66) 됴흔일훔깃토물(《내훈》 1-58) – 깃 /깃그다 · 깃 드리다 · 깃티다

ㄴ. 길 – 길도(途) 길경(徑) 길로(路)(《훈몽자회》 상 6) 믠과길혜 (本利)(《박통사언해》 초(상)34) 길쟝(丈)(《왜어유해》 하 39) 길 와너비왜(《월인석보》 8-18) /히로슬푸미기ᄂ다(長年悲)(《두시언해》 초 23-40) 보미나아기ᄂ니(生長春)(《금강경삼가해》 2-21) 大悲톨기르고(《능엄경언해》 6-41) 기르크게(《번역소학》 10-11) 마톨기리혀거시오(《소학언해》 4-53) 길마(負鞍)(《유씨물명고》 1 毛) 길벋(路伴)(《동문유해》 상 12) 길표(《한청문감》 405) – 길 (道 · 利子 · 丈 · 長) /길다(長 · 養) · 기르다 · 기르크다 · 기리혀다 · 기리다(讚) · 기드리다 /길리 · 길마 · 길벋 · 길표(=이정표)

〈깃〉을 중심으로 한 낱말 겨레의 분포는 넓지 않으며 현대어에 와서는 [깃＋옹＞기동＞기둥]으로 되어 형태의 변동을 하였다. 〈깃〉이 관여하여 이루어진 말에는 〈깃〉에서 볼 수 있는 것처럼 '기쁨 · 집(= 깃들이다) · 남김'의 뜻을 드러내고 있다. 생존과 안식을 위한 가장 좋은 공간으로서의 정착지에서 비롯하는 정서의 표현으로 보이며 '남김'의 뜻에 대하여는, 새끼들을 기르기 위하여 아니면 계절의 변화에 따른 이동을 대비한 현실적인 준비작업으로서의 동작일 수도 있다.

〈깃〉에 비하여 〈길〉은 훨씬 사용 빈도가 높으며 분포의 폭도 넓다. 〈길〉은 본디 '사람이 다닐 수 있도록 만든 공간'을 뜻하는데 여기서부터 전이하여 '길이 · 기름 · 이자 · 찬양'의 의미소가 분화 파생된 것으로 보인다. 여기서의 길이야말로 생존을 위한 수단이요, 통로로서의 길이 되는 것이다. 가장 현실적인 삶의 조건에 직결되는 통로로서의 공간에서부터 의미 추상화가 일어나 정신적인 인격 수양이라든가 지켜야 할 도리 등으로까지 번져서 쓰이게 된 것이다. 구개음화에 따라서 [깃 〉진 / 길 〉질]이 되는데 이 때 〈진 · 질〉에 대한 낱말 겨레는 보기 (27)로 가름하여 다시 풀이하지 않기로 한다.

3) 형태론적인 특성

공간명사 〈곧〉을 중심으로 하는 분화어 - 낱말 겨레들이 보여주는 형태론적인 변화의 양상은 다소 복잡하다. 형태소에 따라서는 기역(ㄱ) 곡용을 하는 것도 있고 히읗(ㅎ) 곡용을 하는 것도 있다. 그럼 먼저 각 유형에 따라서 분화 형태들의 특징을 검토하여 보기로 한다. 먼저 제1유형에 속하는 의존명사 〈곧〉의 분화계열에 드는 분포 상황을 살펴보자.

(29) 〈곧〉계의 형태론적인 분포

ㄱ. 곧 - 놉ᄒᆞᆫ곧이가졀ᄒᆞ고(《소학언해》 2-62) ᄆᆞᅀᆞᆷ行홀꼬디업지니(《영가집》 하 24) 곧고대밥求ᄒᆞ며(《법화경언해》 2-112) 듣디아니ᄒᆞ샨고ᄃᆞᆫ(《석보상절》 6-7)

ㄴ. 골 - 다른골ᄒᆡ가(《은중경》 16) 사ᄉᆞᆷ도삿기 비골하ᄒᆞ거든(《석보상절》 11-41) 골항츠다(《동문유해》 상 8) 골푸며ᄌᆞ븐줄을아디몯ᄒᆞ라(〈내훈〉 2-18)

ㄷ. 곳 - 곳것거算노코(《송강가사》) 곳보고춤추ᄂᆞ나뷔와(고시조) / 고지더우니(《두시언해》 중 21-6) 뫗고지ᄒᆞ마절로폣도다(《두시언해》 중 18-5) / 고됴ᄒᆞᆫ내맏고져ᄒᆞ며(《월인석보》 1-32) 고홀시혀ᄒᆞ샤(鼻酸)(《두시언해》 초 2-44) 고희곧고누니빗도다(鼻直眼構)(《금강경삼경가해》 2-11) 고ᄒᆞᆫ수미나며(《월인석보》 17-91면) 귀와고콰혀와(《석보상절》 6-28)

ㄹ. '갈 - 갇 - 갓 -' - 두갈히것그니(《용비어천가》 36) 우러흐르는 므레갈홀ᄀᆞ다니(磨刀鳴咽水)(《두시언해》 중 5-26) 글와갈ᄒᆞ로風塵에서늘글고톨어느알리오(豈知書劒老風塵)(《두시언해》 중 11-4) / ᄌᆞ식이곧스며아돌나ᄒᆞ며(《여씨향약》 26) / 풍륫가스로莊嚴ᄒᆞ얏거든(《월인석보》 8-8) 갓믈(物)(《훈몽자회》 하 2)

ㅁ. '걸 - 걷 - 것 -' - 수플와걸와(林渠)(《능엄경언해》 2-48) 물ᄀᆞᆫ거른(淸渠)(《두시언해》 초 9-40) / 사ᄅᆞᆷ이밧긴몸위완ᄂᆞ거세(人於外物奉信者)(《소학언해》 5-87) / 즐기논거시언마ᄂᆞᆫ(《두시언해》 초 15-15) 것믈(物)(《석봉천자문》 17)

제7장 굴살이와 곰 167

〈곧〉을 둘러싼 형태들이 조사와 통합하는 가로관계를 보면 〈골(邑)·갈(刀)·고〉가 ㅎ곡용을 하는데 그 밖의 형태들은 모두가 자동적인 교체를 하는 것으로 보이며 형태소가 결합하여 이루는 가로관계에서의 독립성은 〈곧·것〉을 제외하면 모두가 독립성을 갖고 쓰이는 자립형식임을 알 수 있다. 이 내용을 간추리면 다음과 같다.

(30) ㄱ. 공간명사 〈곧〉의 분화형태 가운데에서 〈골(邑)·갈(刀)·고(鼻)〉가 ㅎ종성체언으로써 곡용하는 것을 제외하면 모두가 자동교체의 정상적인 형태결합을 한다.

ㄴ. 형태소의 결합으로 이루어지는 문장의 가로관계를 보면 〈곧·것〉이 의존형식이고 나머지는 자립형식들이다.

양성모음계에 대립하여 분화한 것으로 보이는 〈굳〉계로는 〈굿-굳-굴-걸〉계의 형태들은 어떤 특징을 보이는지에 대하여 그 분포를 살펴보기로 한다.

(31) 〈굳〉계의 형태론적인 분포

ㄱ. 굳 - 科논구디오(《능엄경언해》 1-16) 구데뻐러디긔ᄒᆞ니(《석보상절》 9-14) 굳ᄑᆞ고블퓌우니(《월인천강지곡》 60)

ㄴ. 굿 - 세자친영구슬보려ᄒᆞ오실일이더니(《계축일기》) 굿거시하도다(《두시언해》 중 12-39) /귀예듣논가너기ᄉᆞᆸ 쇼셔(《월인천강지곡》 2) 귀예가숑ᄉᆞ롤ᄒᆞ니(《태평광기》 1-21)

ㄷ. 굴 - 굴형이(《동문유해》 하 42) 굴헝에몃귀여(《두시언해》 초 7-3) 굴헝을ᄂᆞ화(《두시언해》 초 8-044) /다리굵고(《석보상절》 6-32) 굴글추(《신증유합》 하 48)

ㄹ. 걸 - 거레홀러돋ᄂᆞ니라(《두시언해》 초 20-33) 거리이ᄂᆞ니라(《금강경삼가해》 2-37) 믈ᄀᆞ거른(淸渠)(《두시언해》 초 9-40)

보기를 보면 〈굴〉이 ㅎ과 ㄱ곡용의 부분적인 특징을 보여준다. 특히 ㄱ곡용의 경우 필자가 보기로는 〈구무(ㄱ)〉에 유추되어 〈굵→굴(ㄱ)〉로 전이된 것이 아닌가 한다. ㅎ의 경우도 〈굴헝〉류에만 화석처럼 그런 징후를 보이고 자동적으로 교체되는 곡용어미로 보이지는 않는다. 이와 함께 통사론상의 가로관계로 본 독립성으로 보아 〈굴〉계의 낱말 겨레에는 모두가 자립 형식이다. 이를 요약 정리하면 다음과 같다.
(32) 〈굳〉계의 낱말 겨레 중 ㅎ곡용어의 가능성이 화석화된 〈굴〉을 제외하면 정상적인 자동교체를 한다. 아울러 통사상의 가로관계로 본 자립성을 보면 모두가 자립형식으로서의 제 구실을 한다.

　〈굳·곧〉과 함께 중성모음계의 낱말 겨레로는 〈긷 − 길 − 깃〉의 낱말들이 있다. 이 형태들의 형태상의 특징은 무엇인가를 살펴보도록 한다.

(33) 〈긷〉계의 형태론적인 분포

ㄱ. 긷 − 기데오ᄅ라ᄒ야(《내훈》서4) 구리기들빙ᄆ라(《내훈》서4) 네긷寶帳이잇고(《월인석보》8-19)

ㄴ. 길 − 能히길흘알며(《능엄경언해》8-122) 길헤나아뵈야(《월인천강지곡》86) 正훈길히라(《금강경삼가해》3-13) 그길ㅎ로오시거늘(《월인석보》7-10) 길히니그니(《두시언해》초 7-1)

ㄷ. 깃 − 친히기슬지어(《신속》효 8-71) 기세잇더니(《삼강행실도》열 31) 범의깃과(《삼역총해》9-15) /領은옷기지오(《법화경언해》1-31) 옷기제(《두시언해》초 8-28) 옷기지저즌대(《내훈》3-21)

위의 보기를 살펴볼 때, 〈길〉은 ㅎ종성체언이 되고 나머지는 정상적인 자동교체를 하는 형태임을 알 수 있다. 통사상의 가로관계로 본 자립성의 있고 없음을 따져 〈긷〉계의 형태들은 모두가 자립형식임을 알 수 있다.

4. 간추림

논의의 대강은 공간명사 〈곧〉이 관여하여 이루어지는 낱말의 겨레를, 형태분화라는 접근방법을 통하여 알아보고자 하였는바, 줄거리를 간추리면 다음과 같다.

공간명사 〈곧〉이 드러내는 의미소는 '주거공간·두드러져 솟음·동시성'으로 상정된다. 통시적으로 보아서는 내포문을 형성하는 내포문명사의 구실을 하기도 한다. 주거의 공간은 여러 가지 문헌자료나 원시 혈거시대의 생활 문화로 보아 조상이나 하늘에 제사하던 종교 공간이기도 하였다. 그 대표적인 형태소는 〈곧〉의 모음교체형인 〈굿〉에서 엿볼 수 있다. 오늘날의 관청을 중세어에서는 〈구의〉라고 하는바, [굿 + 의 〉 구시 〉 구싀 〉 구의]로 되어 쓰이는 걸 보면 제정일치 시대의 종교와 행정의 공간이 〈굿~곳~〉계의 말이었음을 알게 된다. 이러한 가정은, 언어의 형태가 의미를 반영하며 그 의미는 겨레가 누린 굴 문화를 상징한다는 큰 전제를 토대로 할 때, 가능한 논의가 된다고 하겠다.

형태분화를 함으로써 이루어지는 낱말 겨레의 구조는 음운 교체의 유형에 따라 빚어지는 파생어와 합성어의 무리로 갈래지을 수 있다. 형태분화의 유형으로는 ①제1유형 양성모음계 〈곧 - 골 - 곳(곶)〉②제2유형 음성모음계 〈굳 - 굴 - 걸 - 굿(궂)〉③제3유형 중성모음계〈긷 - 길 - 깃(깆)〉으로 나누어진다. 각 계열의 형태를 따라 접미사 〈-다〉가 교착하여 [N다]V의 형태소가 중심을 이룬다. 음운교체는 모음교체와 자음교체가 있는데 모음교체는 ① - ③과 같은 양성(V^+) - 음성(V^-) - 중성(V^0)의 대립으로 말미암은 체계가 있다. 자음의 교체는 어두자음과 어말자음의 교체를 들 수 있다. 어두자음에서 두드러지는 것은 격음화(고 〉 코·갈 〉 칼 등)가 있으며 경음화(곶 〉 꽃·굴 〉 꿀 등)에 따른 형태의 변동이 있고 중성모음계에서는 구개음화를 따른 〈깃→짓〉의 〈지-〉계가 많은 분포를 보인다(짓·짐·집·지동·질·질드리다 등).

형태변화의 특징에 대하여 간추리면 공간명사 〈곧〉의 낱말 겨레 가운데에서 〈고·갈·굴·길〉은 ㅎ곡용의 특수활용을 하고 나머지는 모두 정상적인 자동교체를 한다. 동시에 통사론상의 독립성을 보게 되면 〈곧·것〉은 의존형식으로 내포문을 구성하며 나머지는 자립형식으로 쓰임을 알 수 있다.

공간명사 〈곧〉의 형태분화로 이루어진 낱말 겨레와 같은 뜻으로 쓰이는 한자어에 대한 것과 현대 국어에 이르는 논의는 다음 기회로 미루어 둔다.

제8장 기원과 믿음

1. 줄거리

단군왕검에서 단군은 하늘의 태양신 '니마(님)'와 땅의 태음신인 '고마(곰)'에게 비는 사제이다. 니마를 아버지 신으로, 고마를 어머니 신으로 빌고 이에 대한 믿음을 바탕으로 하여 배달 겨레를 다스리는 권위와 거룩함을 갖추게 된다. 이른바 왕권신수의 말미암음을 믿음의 터 위에 세웠다고 할 수 있다.

비는 얼굴에 침 못 뱉는다고 한다. 움직씨 '빌다'는 어떻게 짜여진 말일까. 옛말에서는 이름씨 명사에 동사화 접미사 '-다'가 붙어 동사나 형용사를 이루는 일이 많다. 하면 '빌다'는 명사 '빌-'에 동사화 접미사 '-다'가 붙어 된 말임을 알아차릴 수 있다. 여기 빌은 무엇을 이르는 말인가. 한 마디로 하늘에 영혼처럼 빛나는 별이 아닌가 한다. 지금도 시골에 따라서는 별을 '빌'이라고 하는 지역이 있다. 가령 경상·강원·충남의 일부 지역(서천)이 그러하다. 별 가운데서도 북극성은 붙박이 별로 으뜸가는 믿음의 대상이 되어 왔다. 옛글에서는 북극성을 비유하여 임금을 상징적으로 드러내기도 한다(〈관동별곡〉 등). 맨눈으로 볼 때, 북극에 가장 가깝게 보이는 까닭에 북극성으로 불린다. 북진(北辰)이라고도 하며 큰곰자리에서 가장 뚜렷한 별을 북두칠성이라 하거니와 북극의 둘레를 원형으로 그리면서 돌아간다.

북극성과 곰이 서로 맞걸림은 재미있는 일이다. 상정컨대 곰을 신으로 숭배하는 믿음과 무관하지 않을 것으로 본다. 구소련의 고고학자인 오클

라드니코프(Okladnikov)는 시베리아 전역에서 신석기 시대의 곰 숭배를 터삼아 종교나 사상이 싹터 나오지 않을 수 없었음을 지적한 바 있다. 풀이에 따라서는 옛 아시아 겨레를 그 주인공으로 보는바, 상당한 설득력을 갖고 있다(김정배《한국사의 재조명》(1975)).

별의 두드러진 속성은 밝음이다. 따지고 보면 '빗(빛) – 빈 – 빌(별)'의 낱말 겨레에 드는 말임을 유념할 필요가 있다. 빛은 그 뜨거움과 환함으로 말미암아 삶의 비롯이 되지 않는가. 빛의 뿌리는 태양이다. 빛은 여러 모양으로 우리들에게 다가온다. 낮에는 해님으로 밤에는 별님으로 하늘에 드리워 보는 이의 마음 속에 믿음의 씨를 뿌린다. 하늘에 찬연히 빛나는 태양을 단군이 모시는 아버지신이라면, 생명이 태어나 살다가 죽음에 이르는 언덕은 겨레의 어머니신이 다스리는 거룩한 땅, 바로 우리 삶의 흙마당인 것이다. 해서 단군스승들은 땅이요, 물신이요, 어머니로 상징되는 고마(곰)신을 경건하게 예배하며 그리워하였던 것이 아니었을까. 북두칠성 곧 별과 관련하여 거룩한 고마(곰)에의 믿음은 마침내 하늘의 별자리로 승화된 것으로 보인다. 조상신이며 영혼의 떠올림으로 북극의 별은 자리매김이 되기에 이른 것이다.

사람의 슬기가 그리 발달하지 않았을 적에 자연물 숭배란 지극히 자연스러운 것이다. 문학의 원형을 신화에서 찾는 이들도 있으니 이름하여 신화문학이라 하지 않는가. 신에 대한 이야기는 제의에서 비롯된다. 절대적인 신에게 빌므로 해서 겨레들에게 희망과 용기를 북돋우며 사람들 사이에 응어리진 매듭을 풀어 나가기도 한다. 이가 바로 제정일치 시대의 위대한 스승들이었던 것이니 그들의 구실이란 절대적이었다. 믿음에 터한 정치, 그러한 사람의 사이 그 얼마나 바람직한 것인가. 비록 그게 도달할 수 없는 허황한 가설일지라도. 믿음과 신에의 그리움은 겨레의 정서와 집단 무의식을 형성하기에 이른다. 세월이 흐름과 함께 많은 게 바뀌어 가지만 우리 겨레의 정서 기층은 하나의 큰 동심원을 그린다고나 할까. 이게 바로 믿음의 샘이 되고 삶이란 벌판에 끊임없는 생명의 젖줄을 이어간다. 이들 정서란 집단무의식은 조상 대대로 써 내려온 우리말에 갈무리되어 우리들의 품성과 겨레들의 삶에 그리운 고향으로 자리잡게 되는 것이 아닌가.

믿음이 없는 곳에 사랑의 신은 살지 않는다고 한다. '믿음'과 고리 지어 그 낱말의 짜임은 어떠하고 뜻 바탕을 함께 하는 말들의 겨레로는 어떤 형태들이 있는지를 알아보도록 한다.

〈믿음〉은 원천적으로 인간관계를 그 의미자질의 필요충분 조건으로 한다. 〈믿음〉이란 외연의 집합은 개개인의 인간관계를 원소로 하여 집단 — 준거집단으로서 민족 혹은 국가란 [1]인간관계로 가는 합성성의 원리를 그 전제로 삼는다. 곧 부분으로서의 개인과 전체로서의 집단 사이에서 이루어지는 구조적인 고리를 바탕으로 이룩되는 하나의 유기적인 속성을 갖는다.

〈믿음〉은 흔히 약속으로 이어진다. 여러 가지의 인간행위 가운데서 특히 언어 행위는 언중들의 계약을 기초로 한다. 언어의 약정성은 아리스토텔레스 이후 소쉬르에 와서 이른바 자의적인 특성을 골자로 하여 요약되기에 이른다. 상징소로서의 언어 기호와 언어 기호가 지시하는 지시 내용 즉 사상과의 지시 관계는 다분히 하나의 공통된 약속이란 믿음을 전제로 할 때만 가능한 연관성이 인정된다.[2]

그러면 언어 기호가 갖는 약정성과 더불어 인간관계에서 나타나는 믿음 의식이 드러내는 언어적인 표출 양상은 어떤 것일까.

때의 예나 지금을 가림이 없이 곳의 동서양을 고사하고 믿음이란 언어 이전의 생활이며 삶의 뿌리와도 같은 것이다. 바야흐로 인간 생활에 있어 필요하고도 충분한 조건의 주요한 변인이 되는 것이다. 더 이를 것 없

---

[1] 진리조건을 다루는 의미론에서 이론적인 바탕인데 '전체의 외연(denotation)은 부분의 외연들의 함수관계에서 얻어진다.'는 원칙이다. 일명 프레게(Frege)의 원리라고도 한다. 여기서 외연의 구체적인 개념은 지시성(reference)을 뜻한다(이익환 《현대의미론》(1983) 26면 참조).

[2] 소쉬르는 언어 기호의 성질을 제 1 원리로서 자의적인 성질을 들고 있으며 제 2 원리로서의 선조적인 특징(linearity)을 들고 있는데 자의성은 동일한 언어에서도 통시적인, 공시적인 측면에서 증명된다(허웅 《언어학 개론》(1963) 참조).

이 인간이 존엄할 수 있는 인간 가치의 주춧돌과도 같은 소이로서 믿음은 자연 발생적으로 시작되어 제도적인 차원의 법조문이나 또는 언어 기호와 같은 커다란 문화 현상으로 발돋움을 하였으니 그 대표적인 것이 바로 종교라 할 수 있다.

인간의 생각과 행동은 시간이나 공간 또는 상황에 따라서 그에 알맞게 특정한 언어 집단이 설정한 중간세계를 통로로 하여 언어 기호로 굴절되어 하나의 유기체인 양 살아 그 특정한 언어 집단의 역사와 사회를 그 언어 기호의 체계 속에 투영시켜 나가는 것이다.[3]

앞에서 들추어낸바, 인간관계에서 특히 한국어의 중세 및 근세어를 그 대상으로 하는 〈믿음〉의 언어적인 낱말의 장은 어떠한 구조적인 특징을 갖고 있으며 의미가 지시하는 추상적인 대응으로서의 속성과 외연의 관계는 어떠한 것인가에 대하여 탐색하여 보는 것은 〈믿음〉 의식의 언어적인 중간세계를 알아보는 한 기초가 될 것으로 본다.

부연하자면 〈믿음〉의 언어적인 유연성의 갈래와 분포 특성을 찾아 봄으로써 한국어의 통시적인 구조를 어휘적인 시각에서 파악하게 되며 그 언어를 사용하는 주체자로서의 대상물 인식 대 조물주 인식 및 인간 자체에 대한 대자적(für sich)인 인간 인식의 바탕에 접근해 가는 일이 될 것이다. 하나의 현상학적인 작업의 기초를 더듬어 보는 하위 범주로서의 지위를 갖게 된다.[4]

하나의 말과 또 다른 말이 서로 만나서 하나의 통일된 생각을 드러내

---

[3] 중간세계(zwischen-welt) 이론은 바이스게르버(Weisgerber)의 언어 이론에서 창출된 것인바 언어적인 형식과 실물 또는 언어 내용이 밀접하게 결합되는 공간으로 설정하고 있다. 이것은 사고적인 공간일 뿐, 실제의 공간은 아니다(허발(1981) 93면 참조).

[4] 유연성(motivation)은 낱말의 큰 체계를 이루는 원리로서 소리와 뜻의 그 관계가 필연적으로 느껴지는 것을 ①절대적인 유연성, 형태끼리의 부분적인 유사관계가 있는 것을 ②형태적 유연성, 뜻의 유사한 동의 관계에서 오는 것을 ③의미상의 유연성이라고 한다. 본 고에서는 ② ③의 범주에 드는 유연성 관계를 알아보게 된다(허웅 《국어학》(1983) 398~420면 참조).

는 말들의 사이에서 일어나는 언어적인 상관은 크게 두 가지로 분류된다. 하나는 시간의 흐름 속에서 연쇄체로서 이어지는 선형적인 선조성을 바탕으로 하는 통합관계가 있고, 다른 하나는 사용하는 언어 대중의 머리 속에서 고구마 뿌리 같은 동위 배열관계 곧 연합관계를 들 수 있다.[5]

이들 통합관계와 연합관계에 따라서 검증되는 형태소는 그 형태소가 지시하는 개념의 속성들은 형태소가 이루는 의미의 세계를 몇 개의 변별적인 의미자질로 나타내지는 집합의 원소들로 이루어진다. 다시 이르자면 의미자질의 성분 구조로 분석된다.

〈믿다〉류의 말붙이가 갖고 있는 언어적인 유연성의 구조에 접근하여 감에 있어서는 연합관계가 통합관계보다 올바른 연구의 방법으로 원용되어야 한다. 그것은 형태적으로 또는 의미상으로 본 〈믿다〉류의 유연성의 의미장을 살펴보는 것이 본 논의의 지향이 되기 때문이다.

이러한 형태적인 또는 의미적인 유연성은 〈믿다〉류의 말붙이들이 지니는 의미자질의 변별적인 성분 구조를 전제로 하여서만이 가능한 구조임을 염두에 두면서 유연성의 구조가 천착되어야 할 것이다.

본 논의에서 이르는바, 유연성의 개념은 어떠한 것인지에 대하여 소략하나마 풀어 말하자면 다음과 같다.

언어 기호와 그 기호가 지시하는 의미 사이에는 일반적으로 자의적인 특성이 인정된다. 그렇지만 때로 필연적인 지시 내용을 드러낸다. 세 가지의 갈래로 나누어지는바, 절대적인 유연성과 형태적인 유연성, 그리고 의미적인 유연성으로도 분류된다. 예컨대 짐승의 울음소리나 바람소리 아니면 사물의 모양을 본떠서 쓰는 경우가 바로 절대적인 유연성의 범주에 든다. 소리나 또는 모양을 음성 자체로써 상징화함으로 이런 것들을 '음성적으로 유연화 되었다'고 하며 절대적인 유연화라고 부른다.[6] 다음

---

5) 이러한 통합관계(syntagme)와 연합관계(associatif)는 언어 상태를 관계와 기능으로 보는 소쉬르의 견해에 뿌리를 내리고 있다(오원교 역 (소쉬르)《일반 언어학 강의》(1973) 158~162면 참조).

6) 음성적으로 유연성이 검증되는 어휘의 장은 주로 의성어와 의태어 같은 상징소가 검출되는 어휘군에서 발견된다(허웅 《언어학 개론》(1975) 131~133면). Larousse.《Dictionnaire de linguistique》(1973) 328면.

으로 형태적인 유연성은 어떤 것인가. 하나의 형태를 둘러싸고 합성어나 파생어와 같은 조어론적 양상을 보이는 것을 말한다. 이를테면 〈신〉(履具)이란 말이 있다 하자. 〈신〉을 중심으로 이루어지는 합성어는 〈신발/고무신/나막신/신발장〉 등과 같은 합성어를 들 수 있고 〈신다〉와 같은 동사 파생의 경우를 들 수 있다. 동사 파생의 경우는 물론 파생어 생성의 한 예가 된다. 이를 형태론적으로 일반화 하면 '〈[X]명사 + V(C)〉동사'의 형태소 생성의 규칙으로 표현할 수 있다. 여기서 각각의 요소들은 서로 걸림이 없는 말들이지만 서로 합성되거나 파생되어 새로운 형태를 이루고 이런 형태들은 성분 분석에 따라서 형태적인 구성을 얻어 낼 수 있다. 따라서 이러한 것들을 형태적인 유연성으로 명명하기도 한다.[7]

다음으로 의미상의 유연성 범주를 들겠는데 의미의 전이나 감염으로 빚어지는 언어 기호의 의미와 또 다른 언어 기호의 의미와의 상관적인 관계를 의미상의 유연성이라고 하며 '의미적으로 유연화되어 있다'고 한다.[8] 이를테면 벼슬을 뜻하는 감투란 말은 관직에 있는 사람이 사용하는 의관의 한가지인 감투에서부터 비롯되어 비유적으로 쓰인 것인데 바로 이러한 의미의 상관으로 말미암은 유연적인 특성들이 된다. 한국어의 중세어에서 농사를 '녀름'이라고 이르는데 하(夏)의 의미소를 갖는 '녀름'과 상당한 의미자질을 공유함으로써 쓰이는 말이라고 할 수 있다.

형태적이든 의미상이든 유연성이라는 어휘 체계의 구조적인 특성은 분절 현상에 따라서 의미와 형태의 원소들이 조직화된다.[9] 분절 현상은 언어 형식을 더 이상은 분석할 수 없는 변별적인 최소 단위의 언어적인 단위까지 검증해 가는 언어 분석의 중요한 통로이기 때문이다.[10]

---

7) 허웅(1975) 상게서 133면 참조.
8) 의미의 전이나 감염은 낱말이 서로 공생함에 있어 중요한 원리가 된다 (최석규 옮김 《La Vie des Mot》(1963) 109면 참조).
9) Larousse(1973) 전게서 49면.
10) Schane S.A. 《Generative Phonology》 Prentice Hall Inc. (1973) 24면.

이야기의 테두리로서는 후기 중세국어를 둘러싼 〈믿음〉어류의 공시적인 접근이란 점과 〈믿음〉어류가 표출되는 속성의 범주와 유연성의 분포라는 점을 들 수 있다. 이 작업은 통시적인 조명에 따라서 더욱 분명해질 문제이기는 하지만 본 논의의 범주 밖으로 하기로 한다.

2. '믿음'의 의미자질과 통사속성

〈믿음〉의식은 믿는 행위에서 비롯된다. 〈믿음〉을 형태적으로 분석하면 다음과 같다.

(1) 〈믿음〉의 형태 분석 :

〈믿-〉(어간) +〈-으-〉(조음소) +〈-ㅁ〉(명사어미)

결국 〈믿음〉의 의미자질을 안다고 하는 것은 〈믿다〉의 그것을 아는 것을 뜻하게 된다. 우선 〈믿다〉에 대한 사전적인 정의를 살펴보도록 한다.[11]

(2) 〈믿다〉의 개념 :

ㄱ. 꼭 그렇게 여겨서 의심하지 않다.

ㄴ. 마음으로 의지하다.

ㄷ. 신앙(信仰)하다. 귀의(歸依)하다.

ㄹ. 참말로 생각하다.

ㅁ. 신용하다.

ㅂ. ~이라고 생각하다.

ㅅ. 좋아하다(信知生男惡反是生女好《두시언해》병거행).

---

11) 이희승《국어대사전》(1961) 민중서관
  장삼식《대한한사전》(1971) 성음사
  《고사성어사전》(1977) 학원사
  《영한대사전》(1971) 어문각

위의 보기에서 ㄱ~ㄷ은 이희승의《국어대사전》(1961)에서, ㄹ~ㅂ은 어문각의《영한대사전》에서, ㅅ은 성음사의《대한한사전》의 자료에서 뽑은 〈믿다〉에 대한 개념들이다. 물론 논자에 따라서는 더 많은 개념의 미분을 할 수 있을 것이지만 앞 (2)에서 보인 자료를 중심으로 그 의미자질을 갈래지어 보도록 한다. ㄱ에서는 확실히 인정하는 '인정'의 상관 징표를 드러내고 있으며, ㄴ에서는 물질이 아닌 마음과 의존성을 보이고 있다. 따라서 〈정신〉과 〈의지〉의 상관 표지를 의미자질로 설정할 수 있겠다. 다시 ㄷ에서 '바람'을, ㅁ에서는 '인정'을, ㄱ과 같은 범주로 묶을 수 있다. 또한 ㅁ에서는 '쓰임'을 그 성분자질로 설정할 수 있으며 ㅅ의 경우 폐쇄적이기는 하지만 '선호'를 변별자질로 정리할 수 있다. 이상의 성분을 간추리면 다음과 같다.

(3) 〈믿다〉의 의미 성분 자질

〈＋인정(認定)＋감정＋의지＋바람(所望)＋쓰임＋선호(選好)〉

술어논리의 관점에서 보면 이들 〈믿다〉의 성분들은 〈믿다〉의 지배를 받는 범위에 속하는 체언들과의 통합관계에서 표출된다. 용언은 의미구조로 보면 태양으로 비유할 수 있고 체언은 위성으로 볼 수 있기 때문이다.[12]

〈믿음〉의 기본형 〈믿다〉가 실제의 표현으로 통합 관계를 이룸에 있어서 술어 〈믿다〉를 중심으로 하는 지배 관계의 함수적인 구조는 적어도 두 개의 논항을 필요로 한다. 이 때 진리조건은 물론 명제 표현을 전제로 한다. 그러니까 명제 표현의 내적인 구조가 어떠함을 보이는 것이 술어논리의 통사부와 의미부의 알맹이가 된다.[13] 〈믿다〉는 이른바 2항 술어로서 최소한 두 개의 개체정항을 다스리는 통사적인 속성을 지닌다. 그 의미는 논리 체계의 안에서 형식언어에 들어가는 기본 어휘(범주기호로 표시됨)와 형성 규칙을 따라서 만들어진 언어 표현이 지시하는 바

---

12) Chafe W.L.《Meaning and the Structure of Language》(1970) 10면 /106면.
13) 이익환《현대의미론》(1983) 민음사 153면.

의 대응물과 가능 세계와의 지시관계로 풀이된다. 형식의미론에서 이르는 세계라고 함은 과거 현재와 함께 가능한 세계 속에서의 대응들을 이르는 것이다.

보다 구체화하여 보면, 〈믿다〉는 2개의 개체정항을 요구함으로써 올바른 언어 표현을 이루는 2항술어이다. 2항술어 〈믿다〉가 드러내는 외연은 2항술어의 성질을 갖고 있는 개체들을 모아 놓은 집합의 한 덩어리라고 할 수 있다. 이것을 일반화하여 간략 표기로 쓰자면 아래와 같다.[14]

(4) 〈믿다〉의 통사적인 형성 규칙

ㄱ. 〈믿다〉(B)는 2항술어이고 2항술어의 성질을 충족시키는 X, Y가 개체 정항이라면 B(X, Y)는 하나의 적격형식이 된다.

ㄴ. 〈믿다〉(B)를 하나의 술어로 하는 한 문장(α)이 있고 또 다른 한 문장(β)이 올바른 언어 표현이면 다음과 같은 표현도 적격형식의 표현이 된다.

① 부정($\neg \alpha$)
② 연접($\alpha \wedge \beta$)
③ 이접($\alpha \vee \beta$)
④ 조건($\alpha \rightarrow \beta$)
⑤ 양조건($\alpha \leftrightarrow \beta$)

($\neg$ - 부정의 연산자 / $\wedge$ - 연접의 연산자 / $\vee$ - 이접의 연산자 / $\rightarrow$ - 조건의 연산자 / $\leftrightarrow$ 양조건(biconditional)의 연산자)

〈믿다〉가 드러내는 의미속성의 외연항으로 2항의 논항들은 분명 하나의 행동의 주체로서 기능을 수행하며 다른 하나의 논항은 〈믿다〉의 대상이 될 수 있는 대응물이어야 한다. 이러한 동작자와 그 대상이 되는 대상물과의 지시관계는 앞에서 검토한 바의 〈+인정 +감정 +바람 +의지 +선호 +쓰임〉의 의미자질과 같은 부분과 부분을 이어주면서 동작자와 대상물의 지배 관계를 드러내게 된다.

---

14) 이익환(1983) 전게서 154면.
 Dowty 《A Guide to MONTAGUE'S PTQ》(1978) 16면.

그러면 동작자와 그 대상의 〈믿음〉 관계는 어떠한 양상으로 표출되는가에 따라서 〈믿음〉 속성을 충족하는 2항술어의 논항들의 개체들이 무리를 짓게 된다. 근원적으로 말은 말하는 사람에서 들을 사람에게로 전달되는 대용자극과 대용반응의 틀로 이루어지기 때문에 말하고 생각하는 주체 곧 인간을 중심으로 그 범주를 살펴봄이 옳을 것이다.[15] 우선 말하는 사람이 믿고자 하는 대상에 따라서 범주가 달라진다. 인간이 신을 믿는 경우가 있겠고 인간이 인간을 믿는 경우도 있겠다. 다시 자연물을 믿는 경우도 있겠으며 자의식에 따라서 자기 자신을 믿는 경우도 있을 것이다. 결국 $\{B(X, Y) \in 믿음\}$의 한 범주를 이루게 된다. 처음의 경우는 이른바 신앙이라고 하는 종교적인 범주가 되겠고, 다음으로 인간관계의 신의(信義)가 되겠으며 다음으로 자기확신 곧 자신(自信)의 범주가 되겠다. 이를 간추리면 다음과 같다.

(5) 〈믿다〉의 외연범주 :

ㄱ. 인간(S) → 절대자[종교]$_1$

ㄴ. 인간(S) → 인간(H)[신의]

ㄷ. 인간(S) → 자연물[종교]$_2$

ㄹ. 인간(S) 인간 자신[자신(自信)]

ㄱ의 경우 불완전한 인간이 절대자를 믿는 지배관계를 〈믿다〉가 지시하고 환기시킨다. 기독교에서는 믿음의 속성을 소망으로 드러내기도 하며 불가에서는 귀의(歸依)로써 드러내기도 하며 도가에서는 무위자연(無爲自然)에 돌아감으로써 표현한다. 여기에서의 언어표현은 때에 따라서 언어는 곧 영혼이라는 등치관계로 파악하기도 한다. 이를 일러서 언령설(言靈說)이라고 하거니와 언어라는 전달 매체는 신과의 대화를

---

15) 전통문법에서는 주술관계, 구조문법에서는 서술구조(structure of predication)라고 하는데, Bloomfield의 행동주의 이론에서는 동작자·행동구조(actor-action construction)로 파악한다. 본 논의의 입장은 Bloomfield의 이론에 접근되어 있는 외심구조(exocentric structure)이다.
(이을환《언어학개론》(1971) 169면 참조.)

표출하는 유일한 통로라고 믿는 것이다.[16] 유교에서는 인간이 느끼는 하나의 양심의 근원으로서 천명(天命)을 이른다. 예컨대 《열자》에 이르기를 '천명을 믿는 이에게는 명이 길고 짧음이 없다'고 한 것이 그 보기이다(列子曰信命者亡壽夭信理者亡是非不逆命何羨壽不矜貴何羨名). ㄴ의 범주는 주로 말하는 사람(S)과 말을 듣는 사람(H)의 사이에 믿고 의리를 지키는 관계를 이른다. 참다운 의미에서 인간의 진정한 〈믿음〉의 범주라고 할 수 있다. 뜻밖의 파탄에 이르는 배신에 대하여 흔히 쓰는 속담으로 〈믿는 나무에 곰이 핀다/믿는 도끼에 발등을 찍힌다〉 따위의 금기형의 표현들이 통용되어 왔다. 인간관계에서 믿음 이상으로 중요한 전제가 있을까. 서로 처음 만나는 사람들이 정상적인 교제를 하는 경우 사람으로서의 기초적인 인간 신뢰를 갖고 접근하며 차츰 익숙해 가는 것이다. 대개의 경우 사랑의 표현도 믿음으로 표출되는 수가 왕왕 있어온 것이다. 그러나 〈사랑〉은 〈믿음〉에서처럼 〈+인정 +의지(依支) +바람(所望)〉의 변별적 자질을 갖지 못함으로써 표현의 상황이 달라지게 되는 것이다.

다음으로 인간(S)이 자연물을 믿고 그것을 신봉하는 범주가 있다. 이른바 동물 또는 식물 혹은 무생물로서의 자연물에 대한 숭배가 바로 이러한 경우이다. 표현하고자 하는 인간 의지에 따라서 토테미즘 또는 애니미즘으로 의인화하여 드러내고 이것이 한 집단적인 차원의 믿음이 되면 공공연한 〈종교〉의 의미부여를 하게 된다. 제정일치 시대에는 더욱 그러한 양상이 두드러짐을 알 수 있다. 곰신앙이 곧 그런 경우다.

마지막 범주는 인간이 자기자신을 향한 내적 성찰에서 얻어지는 신념 또는 의지로 표출된다. 자신에 대한 물음을 제기하고 그 물음에 대한 가장 확고한 변증의 대안으로서 즉자에서 대자로 가는 인간의식에서 오는

---

16) 이을환 《언어학 개설》(1973) 251~252면 참조.
자연설 또는 신수설이라고 하여 인위설과 대립되었던 언어기원설이기도 하다. 언어에는 신통력이 있으므로 인간이 마음대로 변개할 수 없다는 입장을 취하고 있다.

믿음이라 하겠다.[17] 인간과 인간 사이에 일어나는 것이 사회성을 전제로 한 언어활동에 얻어지는 믿음의식이라면 자신에 대한 것은 개인과 주관적인 판단에 따른 믿음의식이라고 할 수 있다.

그러면 위와 같은 〈믿음〉의식의 의미자질과 속성 범주들은 국어의 후기 중세어 자료에서 그 형태적인 의미상의 유연성을 통한 낱말밭이 어떻게 되는 것일까.

3. 유연성의 분포 구조

유연성은 낱말이 실현되는 연합관계와 통합관계에 따라서 크게 형태적인 유연성과 의미적인 유연성으로 분류된다.[18] 이에 따라서 〈믿다〉류의 말붙이들이 이루고 있는 어휘군을, 앞에서 풀이한 바 있는 〈믿다〉류의 동사가 드러내는 변별적인 자질들과 연계관계를 고려하면서 더듬어 나가기로 한다.

① 〈믿다〉류의 형태적인 유연성은 '믿'으로부터 비롯한다. 형태 변동에 따라서 〈밋〉으로도 실현되는데 다른 언어 형식들과 합하여 하나의 독립된 언어 형식을 생성하여 간다. 우선 〈믿〉의 쓰임새를 알아보자.[19]
(6) 〈믿〉의 분포
중세어의 자료에서 〈믿〉의 본래 뜻은 ①볼기 ②항문 ③밑(本) ④밑

---

17) 《세계철학대사전》(1981) 교육출판사 1167면.
18) 김종택(1973)에서는 유연성의 상실을 의미변화의 요인으로서 A. Meillet의 이론을 원용하고 있다. 이 글에서는 주로 유연성에 따라서 이루어지는 '믿음'의 형태적인 의미적인 어휘장을 중심으로 논의하게 된다. 일종의 유연성의 획득으로 상정할 수 있다(김종택 《국어의미론》(1975) 240~259면 참조).
19) 이하의 중세어자료들은 주로 유창돈 《이조어사전》(1979)(연세대)을 중심으로 하여 약호와 자료의 대부분을 인용하였다. 경우에 따라서는 근세어 자료도 원용한다.

천을 드러낸다.)
　ㄱ. 믿둔(臀)(《훈몽자회》상 14)
　ㄴ. 믿항(肛)(《훈몽자회》상 14)
　ㄷ. 나모믿듀(株)(《신증유합》하 50)
　ㄹ. 믿과길헤여듧량은에(本利八兩銀子)(《박통사언해》(초)상 34)
　위와 같은 의미로 쓰이는 〈믿〉에 동사화 접미사 〈-다〉가 접미되어 믿는 동작을 드러내게 되었다.
　이제 〈믿다〉의 어근이 되는 〈믿〉과 더불어 접미파생을 하거나 아니면 접두파생을 하는 경우 또는 자립명사와 서로 어울려 형태적인 유연성을 갖는 〈믿(밋)〉의 형태들을 살펴보기로 한다.
믿가지(= 본가지)
자던새도믿가질ᄉ랑ᄒᄂ니(宿鳥戀本枝)(《두시언해》중 4-11)
믿겨집(= 본처)
믿겨집녀종이시어마님을더욱공경ᄒ야(女宗養姑愈敬)(《삼강행실도》(중) 열녀 2)
믿곧(= 본고장)
순지믿고대잇더니(猶在本處)(《법화경언해》= 2-215) 그저믿고대이시며(故在本處)(《법화경언해》2-219)
믿글월(= 원문)
믿글월(底簿)(《노박집언해》1)
믿나라(= 본국)
漸漸ᄃ녀믿나라해오니(《원각경언해》 서 45) 믿나라해마초아向ᄒ니(遇向本國)(《법화경언해》-183)
믿성(= 本城)
믿城에이셔시름머거(在本城懷憂)(《법화경언해》2-222)
믿스승(= 본래의 스승님)
믿스승이론견ᄎ로(《금강경삼가해》2-16)
믿얼굴(= 본질)
質은 ᄭᅮ뮴업슨믿얼구리라(《금강경삼가해》2-61)

밑집(= 본집)

사ᄅ미믿지블몰라(《월인석보》21-117)

믿쳔(= 본전)

다믄내믿쳔만갑고(只還我本錢)(《박통사언해》상 34)

믿퍼기(= 本株)

萬里예가디여다시믿퍼기예도라가디몯ᄒᄂ니라(萬里不復歸本叢)
(《두시언해》초 6-53)

믿흙(= 本土)

믿훌기다케(《분문온역방》10)

위의 보기에서 〈믿〉을 제외한 다른 말들은 자립하여 쓰이는 최소자립 형식어인데 〈믿〉과 어울리어 하나의 자립형식을 만들어 가게 된다. 이것을 어형성 규칙으로 드러내자면 아래와 같다.[20]

(7) [믿 + [X]명사]명사 (X – 변항)

(7)의 단어 형성 규칙에 따라서 〈믿〉과 〈가지·겨집·곧·글월·나라·성·스승·얼굴·집·쳔·퍼기·흙〉이 합하여 또 다른 명사가 되었다. 이들은 각각 서로 연관이 없는 것들인데 서로가 유연한 말이 되고 〈믿〉의 낱말밭의 한 장을 이루게 된 것이다. 곧 형태적인 유연성에 따른 분절의 틀스런 모습의 한 부분을 드러낸 셈이 된다. 위의 (7)에서 〈믿〉은 그 뒤에 이어지는 어휘항목에 대한 개념을 보다 구체화시켜 주는 한정어의 기능을 수행한다. 또 합성어의 구체적인 특징 개념을 보여주는 기능을 수행하고 있다. 이를테면 [X]N의 부분은 피정의항이 되고 〈믿〉

---

20) (7)와 같은 어형성 규칙(word-formation role)이 보여주는 바, 체언 ([X]N)에 접사가 교착하여 파생 또는 합성되는 보기는 중세어에서 개방적인 분포로 확인된다.
(예) '신다'(신+다)(신고거러(步履)(두시(초) 7 : 21)) / 'ᄆ물다'(ᄆ물+다)(ᄆᄆ니(월인석보 2 : 50) / '빗다'(빗+-다)(옆에 비소로 비서라《박통사 언해》(초 상44) / '새다'(새+-다)(新은 새라《훈민정음언해》) / '낚다'(낚+-다)(낫글낙술빙ᄆᄂ다(作釣鉤)《두시언해》초 7 : 4)(강성일《국어학논고》(1975) 형설사 75~76면 참조).

은 정의항이 된다. 가령 〈믿가지〉는 나무의 가장 아랫부분의 숭심이 되는 것을 이른다. 〈믿겨집〉의 경우도 마찬가지이다. 이른바 조강지처로서 정절을 뜻하는 경우가 되며 〈믿글월〉도 그러하다. 뿌리의 글월을 의미하며 번역 또는 모사품을 배제하는 그러한 글이다. 〈믿집〉은 출생하여 자란 집을 이름이요, 〈믿얼굴〉은 본래의 모습을 일컬음에서 비롯된 것이다. 이같이 〈믿〉은 〈근본(바탕)〉을 주요한 의미성분으로 하여 정의항으로서의 특징적 한정표현을 가능하게 하는 것이다. 가령 '믿겨집'의 예를 살펴보자. 이 어휘항목은 다음과 같은 통사구조에서 변형되어 하나의 형태 구조로 굳어져 간 것으로 볼 수 있다.

(8) 〈믿겨집〉의 변형

ㄱ. 겨집은 믿과 같다(↓)[심층구조]

ㄴ. 믿과 같은 겨집(↓)[관형절 변형]

ㄷ. 믿겨집[(도출형)표층구조]

ㄱ과 같이 통사적인 구조로 이루어진 심층표현이 관형절 표현을 거쳐서 도출형의 표층구조로 바뀌어 음운해석과 의미해석을 받아 형태적인 구조로 쓰이게 된다. 나머지 다른 낱말도 〈믿〉과 더불어 명사를 이루는 것은 이같이 통사적인 구성에서 형태론적인 구성으로 굳어져 쓰이는 일이 개방적인 분포를 보인다.

〈믿다〉의 의미 성분 자질을 함께 고려한다면, 〈믿〉은 접미사 〈-다〉가 교착하여 이뤄지는 〈+인정 +감정 +의지 +바람 +쓰임 +선호〉와 같은 동사의 성분들이 가능한 근거로서 〈믿〉의 어휘론적 값매김을 할 수 있다. 그러니까 가치 기준의 공간, 시간, 심리적인 바탕으로서의 쓰임을 알 수 있다. 그것은 인간의 모든 가치의 기준이 중간세계로서의 〈땅〉에서 도출되어 나오기 때문이다. 〈믿〉은 때에 따라서 이형태 표기인 〈밋〉으로도 실현되는바, 그 예를 보이면 아래와 같다.

밋구무

밋구무피庇(《훈몽자회》상 15)

밋따(ㅎ)

밋따해셔난됴흔훔븨라(道地的好胸背)(《박통사언해》(초)상 73)

〈밋〉은 〈믿〉과 기본적인 뜻은 같다. 합성어 〈밋구무・밋짜〉는 모두가 통사적 표현이 형태론적인 구성을 한 것으로 보인다.

밑에 있는 구멍 〉밋굼(《구급방》상 40)

밑에 값하는 땅 〉밋짜(ㅎ)(原産地)(《박통사》초(상)73)

〈밋굼〉은 〈밋구모〉(가례언 10-32)로도 실현되는바, 근세어 자료에서 검증된다.

밋남진(= 본 남편)

밋남진廣州 ㅣ 뿌리뷔쟝ᄉ(고시조・《청구영언》)

밋남진은 밋난편(《청구영언》)

다음으로 〈믿〉이 관여하여 생성되는 용언류에 대하여 검토하여 보기로 한다.

〈믿다〉①

자본이리無常ᄒ야모ᄃ몬미듧거시니(《석보상절》6-11)

당샹眞性을 믿놋다(長任眞)(《두시언해》초 8-28)

믿ᄌ오ᄆᆞᆯ求ᄒ샤미오(《법화경언해》5-46)

〈믿다〉②

믿디몯ᄒ야도(不及)(《소학언해》5-84)

〈믿다〉①에서는 〈任〉에 해당하는 가장 기본적인 믿음을 표출한 것이고, 〈믿다〉②는 가장 중심이 되는 바의 특정한 공간에 동작자의 행동이 도달하려는 지향을 표출한 경우라고 하겠다. 〈공간성〉과 관련하여 용언을 만드는 접미사 '-다'는 서술작용을 드러내는 형태소이다. 정동사의 어미로서 실사인 [다](N²)에서 허사인 [-다](N³)로 문법화의 과정을 통하여 이루어진 접미사이다.[21]

믿브다

ᄆᆞ음셰윰을 튱셩코믿버(《소학언해》5-32)

---

21) 필자 〈의존명사의 굴곡어미 형성고〉《국어국문학 90》(1983) 국어국문학회 103면 참조.

믿블량(亮)(《신증유합》하 25)
 〈믿브다〉의 형태 분석을 하면 〈믿〉+〈-브다〉로 되는데 〈-브다〉는 〈여(如)〉에 해당하는 접미사이다. 이를 풀어 이르자면 '믿과 같다' 즉 '든든하다/미덥다'의 뜻으로 되풀어 볼 수 있다. 다시 〈믿브다〉에 부사화 접미사 '-이'가 교착되어 이루어지는 경우도 크게 다를 바가 없음을 알겠다.
 믿비 – 零霞흗뎟호몰믿비호리라(《두시언해》초 7-37) 믈읫말ᄉᆞ미모로매튱후코믿비ᄒᆞ며(凡語必忠信)(《번역소학》8-16)
 〈믿비〉도 [믿브이〉믿비]로 형태소의 변동으로 말미암은 것인데 역시 〈믿〉에서 그 뿌리를 캐어 볼 수 있다. 다만 통사적인 기능으로 볼 때 체언들처럼 동작자나 대상자로서 쓰일 수 없을 따름이다.
 〈믿다〉의 형태음소적인 변이형으로서 [밋도다(《두시언해》초 9-23/밋브다(《태평광기》1-31)]가 있다. 이 밖에 [밋디다(돈밧고와밋디디아니면츌ᄒᆞ써시니(換錢不折本)(《노걸대언해》상 65)]가 있는데 그 풀이로는 밑돈이 모자라게 됨을 드러낸다. 본래 통사적인 구성을 하던 것이 형태적인 구성을 하여 이룬 합성어임을 알 수 있는데 구조 분석은 다음과 같다.
 (9) ㄱ. 믿이 떨어지다[통사적 구성]〈심층구조〉
  ㄴ. 믿 지다[삭제변형]
  ㄷ. 믿디다[형태적 구성]〈표층구조〉
 그럼 [밋/믿/밑]과 같은 형태소가 실현되는 변이형에서 어느 것을 기본형으로 설정해야 옳은가. 단독형으로 그 분포가 가려지는 것은 〈밑〉이니 분포의 검증례를 보자면 다음과 같다.
  밑
 미튼오라건成佛이시니라(《법화경언해》5-139)
 山미틔軍馬두시고(《용비어천가》58)
 미틔ᄂᆞᆫ얼윈벌에러니(《월인천강지곡》70)
 이 형태는 현대 국어에서도 그대로 〈밑〉을 기본형으로 수용하고 있다. 이상에서 본 바의 [믿다]의 형태적인 유연성을 검토하였거니와 이와 대립적인 분절구조를 보이는 것은 의미상의 유연성에 따른 연합관계라고 본다.

2 의미상의 유연성은 형태분석에 따라서 이루어지는 구조가 아니고 하나의 의미소를 중심으로 상관적인 대립구조를 이루어 나가는 연상의 공식적인 언어체계라고 할 수 있다.

실제로 문장에서 쓰이는 형태소들의 계열을 따라서 낱말겨레[語族]들을 범주화할 수 있는 것은 언어의 음운론적이고 본질적인 특성 가운데 하나인 분절현상에 근거를 두기 때문이다.

(가) 체언의 기능을 하는 말무리

실현되는 형태는 다르지만 〈밑〉을 기본형으로 하는 〈밋 /믿 /밑〉이 나타내는 근본바탕의 의미소를 구심점으로 하며 체언의 기능을 수행하는 말무리에 다음과 같은 것들이 있다.[22]

(10) 〈뿌리〉 또는 〈바탕〉을 의소로 하는 것

{쓰(ㅎ)(싸) /ᄃ /곳 /터 /바당 /다 /판}

〈밑〉은 바탕이요, 근원의 의미로 환치된다. 보다 실체적인 뜻으로 보아서는 그것이 곧 땅이요, 우리가 목숨을 이어가며 무리지어 살고 있는 공간인 것이다.

이러한 공간 의식이 언어적인 중간세계를 통하여 분절적인 표현에 투사된 것으로 사실이나 사물의 근본에 대하여 공간을 드러내는 장소 명사들의 의미자질의 특성은 모두 〈+공간성〉이라고 하겠다.

결국 〈밑〉을 기본형으로 하는 말무리들이란 〈+공간성〉을 바탕으로 하는 의미소를 함께하는 계열들이라 할 수 있다. 이른바 기원 의존명사

---

22) 이러한 의소관계의 구조적인 접근은 어휘분화에서 발생적인 친연성(genetic affinity)에 따라 이루어지며 이른바 동족어군(cognate words class)을 형성해간다(강성일(1975) "마당과 바닥" II. 국어학 논고 165~192면 참조).

로 불리는 〈드〉가 가장 기원적인 형태소로 보인다. 〈드〉는 알타이계의 다른 언어에서도 그러한 가능성이 상당한 분포로 확인된다(Ramstedt 1939-248 참조).

(11) 알타이어 통계의 분포 비교
[tai(kor) / -du(-tu)(tung) / -de(manchu) / -da(-de) (mong) / -da(-ta-da)(turk)]

기원 의존명사 〈드〉는 문법화 현상에 따라 형태적인 유연성을 바탕으로 상당한 수의 문법기능어를 발달시켰다(필자 1983/신석환 1978). 그 목록을 간추리면 다음과 같다.

(12) [드]의 문법기능 어미 생성 일람
ㄱ. 보통의존명사 : [드 / 터 / 돈 / 돌 / 동 / 디]
ㄴ. 굴곡접미사의 생성 : [-ㄴ더(-ㄴ댜) / -ㄹ디로다 / -ㄹ디어다 / -ㄹ디니라 / -ㄹ따라(종결어미) / / -ㄴ터 / -ᄚ딘댄 / -ㄴ(ㄹ)디면 / - 돈(둔) / -ㄹ디나 / -ㄴ돌 / -란터만뎡 / -ㄹ디언뎡 / -ㄹ쑨뎡 / -따뎌 / -드록(-도록) / -디(연결어미)]
ㄷ. 준굴곡접미사의 생성 : [-인돌 / -손터]

이상과 같이 [드]가 관여하여 이루어진 문법기능 어미는 아주 생산적인 분포를 보이는데 과연 [드]가 관여한 것을 장소 명사로 볼 수 있는 예가 검증되는가. 조어론적인 양상을 통하여 그것은 확인된다고 본다. 그 예를 보이면 다음과 같다(범례 : V 용언어간 / N 명사 / D 관형사).

(13) [드]의 조어론적인 분포
ㄱ. [V ㄴ/ㄹ+터(듸)]N - 가본터(《월인석보》 14-80) / 먼터 (《소학언해》 6-17) / 아니훈터(《석보상절》 6-25) / 즌터(《정음

---

23) {드}계 분화어는 크게 형태론적인 기능을 하는 것과 통사론적인 기능을 하는 것으로 나누어진다. 전자는 다시 ㉠조어적인 것 ㉡굴곡법 형성에 관한 것으로 범주화 할 수 있고, 후자는 ㉢체언 형성과 ㉣부사어 형성의 기능으로 나누어진다(필자(1985) /신석환 《{드}계 분화의 연구》(1978)계명대(석사논문) 참조).

사〉〉

ㄴ. [D + 터(듸)]N – 넌터《법화경언해》 2-211) / 넌듸((《석보상절》 11-29)

ㄷ. [D + 터(듸)]N – 그터(《두시언해》 초 8-24) /아모터(《월인석보》서 8) / –어터(《삼강행실도》열 3) / –어듸(《두시언해》초 21-30)

[드]와 더불어 [+공간성]을 드러내는 형태소는 의존명사 [다]라고 하겠다. [다]의 근거를 표출하는 의존명사에 대한 형태소의 논의에 대하여는 기존의 연구를 따르기로 한다(허웅 1979). [+공간성] 자질은 때에 따라서 근거, 이유 등으로 나타내기도 하기 때문에 의미적인 유연성을 인정할 수 있다. 문법 기능어로서 가장 기본이 되는 용언의 정동사 이외에도 접속 어미로 쓰이는 분포가 보일 뿐 아니라 그 조어론적인 검증례도 탐색하여 보기로 한다.

(14) [다]의 문법 기능어미 생성과 조어 분포

ㄱ. 문법 기능어미의 생성 : –다니((《월인석보》(서) 9) / –다더)라(《석보상절》6-24) / –다소니(《석보상절》13-43) / –다소라(《두시언해》초 24-6)

ㄴ. 조어적인 분포 : 다히다((《월인석보》 10-8) / 다티다(《능엄경언해》 1-68) / 다타《내훈》 3-2) / 다히(= 쪽)《송강가사》

특히 ㄴ에서 〈다〉를 공간성 명사로 보려고 하는 것은 ㅎ종성체언으로서 [터]나 〈따〉와 같은 분포를 보이기 때문이다. 그 밖에 〈따〉는 땅을 의미하는 것으로 [따(ㅎ) 〉 땅]의 변천과정을 겪어 땅으로 굳어져 쓰인 것이다. ㅎ종성은 경우에 따라 [집우(ㅎ) 〉 지부(ㅎ) 〉 지붕]과 같이 어말 ㅇ으로 바뀌어 쓰이기 때문이다. 어찌하였든 〈따(ᄯᅩ)〉가 관여하여 이루어진 합성어는 모두가 〈대지(大地)〉를 전제로 하는 조어의 경우가 된다. 예를 들자면 〈따디다(《훈몽자회》 하 16) /따보(耒 : 쟁기)(《훈몽자회》 중 17) /따해들다(《신증유합》 하 55)〉와 같은 보기를 들 수 있는데 모두가 공간성을 지닌 형태소들에 속한다. 〈바당〉의 경우도 〈손ㅅ바당《월인석보》 2-29) /발바당(《월인석보》 2-40)〉의 말들과 같은 경우를 들 수 있다. 〈바당〉은 〈바다(ㅎ)〉에서 분화 발전하였을 가능성이 큰 것으로 보는데 ㅎ종성체언인 〈바다(ㅎ)〉가 〈바당〉으로 되면서 그 뜻이 보다 작은 공간을 지칭하는 것으로 이해할 수 있기 때문이다.[24]

앞에서의 [드 / 다 / 곳 / 바당]은 제 홀로 쓰이지 못하고 의존적으로 쓰이는 구속 형태소이고 〈ᄯᅡ(따) / 판 / 터〉는 제 홀로 쓰일 수 있는 자립명사들이다. 〈밑〉과 그 의미적인 유연성을 갖는 형태소는 이 밖에도 찾을 수 있겠지만 줄이기로 한다. 결국 체언의 기능을 수행하는 공간성의 변별적인 의미자질을 갖는 장소명사는 기원적으로 장소를 드러내는 [드(다)]의 의미적 유연성에 따른 낱말의 무리라고 할 수 있다.

(나) 용언으로 쓰이는 계열의 말무리

용언 〈믿다〉와 의미상으로 보아 유연한 관계를 맺고 있는 말붙이는 상당히 개방적인 분포를 보인다. 앞(제2절)에서 지적한 바와 같이 〈믿다〉의 의미장은 특히 동작의 주체에 대한 객체가 무엇이냐에 따라 분절의 구조를 보인다. 사람이 믿고자 하는 대상은 종교적인 대상이 될 수도 있고, 인간일 수도, 자연물일 수도 있다. 또는 인간이 인간 자신을 믿을 수도 있다. 〈믿음〉과 관련하여 파생명사를 만드는 접미사 곧 명사 어미에 〈-ㅁ〉이 있는데 〈-기〉에 대하여 〈+지시성〉의 자질을 갖고 있다. 그러니까 〈믿음〉의 경우 믿을 수 있는 대상을 믿는 동작이나 행위 일체를 믿음의 범주에 넣을 수 있음은 우연한 일이 아니라고 하겠다. 〈믿음〉은 〈믿다〉에서 파생되어 나온 것인바, 〈밑으로 하다(여기다)〉의 의미

---

24) 강성일(1975)에서는 [평평하다(ᄑ)]의 의소(sememe)를 중심으로 어사가 분화하고 다시 음운교체에 따라서 {맏}계와 {받}계로 발달하여 나아간 것으로 상정하고 있다. 본 논의에서는 [공간성]의 상위 범주를 바탕으로 하는 의소를 중심으로 하였다.
{맏}계까지 더한다면 그 친연성의 어휘무리는 더욱 개방적 분포를 갖게 된다. '바당'의 형태적인 구조는 '받(場)+앙'의 구성으로 확인되며 변이형태로써 '바닥'이 있다(강성일(1975) 전게서 181면 참조).

를 지닌다. 〈믿음〉의 대상이 종교적인 경우 최상치의 신은 모든 가치의 절대적인 출발점 곧 근본이자, 종착점이라고 하는 셈이 된다. 상대적인 관점에서 보면 종착점은 새로운 출발의 계기 곧 출발점이 된다고 볼 수 있다. 이를테면 하나의 원형이 된다. 지구 상에 실재하는 모든 사물의 본디의 모습이 원형의 모양을 하고 있는 점과 그 궤도를 같이 하고 있다고 하겠다. 아인슈타인의 장 이론에서와 같이 가장 미세한 세포의 모습이 갖는 형태를 곧 우주의 형태로 추론한 것과도 흐름이 같다고 볼 수 있다.

삶은 밑 곧 땅에서 시작되어 생물학적으로 죽음에 이르면 다시 대지의 품으로 돌아간다. 종교적인 믿음의 구경을 삶과 죽음의 통제자라고 봄은 신이 대지의 속성을 갖고 있다고 판단되기 때문이다.

믿음은 기독교의 경전에서는 믿고 바라는 것들의 실상으로 정의된다. 대지의 속성을 갖고 있는 절대자를 믿고 바라는 행위인데, 따라서 믿는 대상을 종교적인 것으로 할 경우 그 믿음의 속성은 절대자를 모든 공간의 밑인 대지와 같이 믿고 그 세계에 대한 그리움을 갖는 일로 되풀이할 수 있다. 신의 영지 곧 신의 대지를 그리워하고 절대자의 섭리를 가장 확고하게 모든 행위에 앞서 가치의 기준으로 하며 판단의 뿌리로 하는 것이다. 적어도 이러한 절대적인 공간과 시간 의식은 농경 문화에서 보이는 제사 행위에서 언어적인 의미상의 유연성을 엿볼 수 있다. 본디〈고마하다〉는 '공경하다 / 높이다 / 아끼다'의 뜻으로 풀이된다.〈고마하다〉는〈고마 + 하다〉로 분석된다.〈고마〉는 신(神)을 뜻하고〈하다〉는 감사를 돌린다는 뜻을 드러내는 대동사로 쓰인 경우라고 할 수 있다. 그 변형 과정을 보이면 다음과 같다.[25]

---

25) 한재현《생략과 대용현상》(1982) 81면 참조. 서정수(1975)에서는 '하-'의 선행요소의 의미자질에 따라서 [＋실체성]이면 대동사가 되고 [－실체성]일때는 형식동사로 분류하고 있다. 통시태로 보아 다른 형태로 실현되는 '하(爲)-'와 '하(多)-'가 '하-'로 되어 대용언으로서의 형태적인 기능 부담이 커진 것으로 보이며 조어론적으로 보아 동사화 접미사의 기능을 하게 됨으로써 그 대용현상은 현저하게 된 것으로 보인다(필자《국어 대용언에 대한 고찰》(1983) 대구대 16~20면 참조).

(15) 〈고마ᄒᆞ다〉의 변형 과정
  ㄱ. 고마(神)에게 고마ᄒᆞ다(감사를 한다)〈심층구조〉
  ㄴ. 고마에게 ∅ᄒᆞ다(탈락변형₁)
  ㄷ. 고마 ∅(∅)ᄒᆞ다(탈락변형₂)
  ㄹ. 고마ᄒᆞ다〈표층구조〉

〈고마ᄒᆞ다〉는 형용사〈고맙다〉로 그 상태를 드러낸다. 이 말의 형태 분석을 하면〈고마(神) + -ㅂ다(如)〉로 분석된다. 이를 다시 풀어보자면 상대방의 은혜를 신의 은총처럼 생각한다'의 뜻으로 새길 수 있다. 우선 그 분포의 실례를 찾아 보면 다음과 같다.

고마ᄒᆞ다
서르고마ᄒᆞ야드르샤說法ᄒᆞ시니(《석보상절》 6-12)

고맙다
고마온바를보고공경ᄒᆞ야(見所尊者)(《소학언해》 3-11)

자료에 따라서는〈고마〉가〈애첩(愛妾)〉(《훈몽자회》상16)을 뜻하기도 하지만 흔히 신(神)의 뜻으로 새겨진다. 동물 상징의 측면에서 보면〈곰〉(熊)을 뜻하기도 한다(《용비어천가》 3-15). 그러나〈고마〉의 기본 의미는〈굠 / 검 / 곰 / 고마〉가 드러내는 신(神)의 뜻으로 재구된다(제6장 참조).

믿음의 대상인〈고마〉(神)가 베풀어준 은혜에 대한 표현이〈고마ᄒᆞ다〉로 나타나는데 그 전제로서 인과의 논리로 등장되는 행위인 것이다. 기원의 동작 및 그 속성을 드러내는 형태로〈빌다〉(禱)류의 용언이 있음이 확인된다. 잘 빌고 빌지 않음에 따라서〈고마〉는 농사를 중심으로 한 인간에 대한 축복을 내리는 것이다. 이러한 기원과 감사에 대한 낱말 겨레의 형태를 보이자면 아래와 같다.[26]

---

26) '고마'에 대한 기원 행위는 반드시 언어적인 매체를 전제로 한다. 이른바 인령설(phusei theory)에 따르면 언어는 신이 만들어서 인간에게 부여한 것이어서 도저히 인간이 마음대로 좌우할 수 없는 것이었다. 따라서 언어에는 영혼과 통할 수 있는 신통력이 있는 것으로 간주되었다. 고대로 거슬러 갈수록 그러한데 무속신앙(shamanism)이 그 대표적인 예라고 할 수 있다(이을환 (1971) 전게서 252면 참조).

(16) 〈고마〉에 대한 기원과 감사의 낱말무리

ㄱ. 기원 - 빌다(《석보상절》 6-14) / 빌먹다(《월인석보》 1-5) / 빌
미하다(《두시언해》 초16-19)

ㄴ. 감사 - 고마ᄒᆞ다(《석보상절》 6-12) / 고맙다(《소학언해》 3-11)

그러니까 인간이 누리는 삶과 죽음의 모든 시작과 종결이 〈고마〉에서 비롯된 것으로 귀결된다. 그것은 공간의 가장 기원적인 장(場)이 대지로서 절대적인 기반 곧 〈밑(믿)〉에 해당하는 것이다. 〈고마〉는 인간 삶에의 밑뿌리가 되는 것으로 치환되는 위상을 갖고 있다. 절대자에 대한 믿음은 너무도 당연한 소치요 운명적인 의무였던 것이다.

믿음의 대상 범주로서 신을 땅으로서 인식하고 생사의 출발과 종결로 파악하였던 발상도 있음직하다. 그 범주에 드는 낱말의 무리가 있으니 〈타낳다 / 도라가다〉와 같은 말이 대표적인 예라고 할 수 있다.

(17) 〈타낳다〉의 낱말무리

ㄱ. 말ᄐᆞᆫ자히 건너시니이다(《용비어천가》 34)

ㄴ. 이에性을 트ᄂᆞ니라(受性於此)(《능엄경언해》 1-89)

ㄷ. ᄂᆞ외야生死ㅅ果報애 나티 아니ᄒᆞᆯ씨라(《월인석보》 2-20)

ㄱ의 〈ᄐᆞ다〉는 〈말을 타다〉에서 〈타다〉(乘)의 뜻으로, ㄴ의 〈트다〉는 〈받다〉(受)의 뜻으로 풀이된다. ㄷ의 〈타낳다〉도 목숨을 받아서 출생한 것으로 표출하고 있다. 이들 모두는 운명적인 힘으로부터 무엇인가를 〈받음〉에서 그 기본적인 의미를 함께 갖고 있는 것으로 보인다. 다만 변별적인 자질은 ㄱ은 [-생명]으로 분화한 경우이고 ㄴ, ㄷ은 [+생명]으로 쪼개어진다.[27]

(18) 그位예도라가샤는(《소학언해》 2-39)

(18)에서 〈도라가다〉로 확인되는데 내세관을 전제로 한 낱말무리는

---

27) 현대어의 경우 내세관에 따른 낱말밭의 분절구조는 대단히 복잡하다. 크게 영혼 이동과 현세와의 절연, 세상과의 절연을 그 변별자질로 하여 약 122개의 생명종식어가 있으나 중세어의 경우 개방적인 분포를 찾기가 힘들다. 후일을 기약하기로 한다(배해수 (1982) 《현대 국어의 생명 종식어에 대한 연구》 태양출판사 66면 참조).

보다 더 많은 예가 있을 것으로 판단되지만 여기서는 줄이기로 한다.

2항술어로서 [믿다]의 대상이 되는 논항의 범주에 있어 주요한 것은 신과 더불어 사람이 된다. 사람에 대한 믿음 의식은 때에 따라서 차이는 있지만 [사랑]의 표현을 대신하기도 한다.

(19) 즈믄히 롤외오곰녀신돌 위두어렁셩두어렁셩다링디리信잇든그츠리잇가나는(《악장가사》)

위의 보기에서처럼 신(信) 곧 〈믿음〉의 표현은 믿는 행위로 대치된다. 사랑은 곧 믿음이란 등식이 이루어진다. 사랑은 인간 신뢰를 전제로 할 때 가능하기 때문에 그렇게 표현한 것인지도 모른다. 〈사랑(愛)〉의 의미는 다시 〈둣오다 / 스랑ᄒ다 / 괴다 / 그리다 / 사괴다〉와 같은 형태로서 이음동의어를 형성해 간다. 분포의 실례를 찾아보면 다음과 같다.

(20) 〈믿음〉의 동의어 – 인간관계
ㄱ. 想이 굳ᄒ닌돌 오미이ᄂ니(同想成愛《능엄경언해》4-25)
ㄴ. 둣오몰내면술유미드외니라(生愛則爲所燒《법화경》2-89)
ㄷ. 어버ᅀᅵ子息스랑호ᄆᆞ노아니ᄒᆞᆫᄉᆞ이어니와(《석보상절》6-3)
ㄹ. 아소님하도람드르샤괴오쇼셔(《악학궤범》·〈정과정〉)
ㅁ. 내님믈그리ᄉᆞ와우니다니(《악장가사》·〈정과정〉)

위의 (20)에서 같은 '사랑'을 드러내고 있지만 변별적임을 알 수 있다. [둣다]는 서로 사랑하는 관계를, 〈괴다〉는 윗사람이 아랫사람을 믿고 사랑하는 관계를 나타낸다. 〈스랑〉은 이러한 관계를 포괄하는 인간 관계의 원초적인 신뢰를 드러내는 것이고, 〈그리다〉는 보다 구체적인 형상을 사모하는 것으로 드러내고 있다. 특히 약자가 보다 강한 쪽을 믿고 생각함을 드러낸다.[28]

---

[28] 그리움의 대상은 반드시 살아 있는 사람일 필요는 없다. 가령 〈제망매가〉, 〈모죽지랑가〉와 같이 돌아간 고인을 추모할 수도 있고 〈정과정〉, 〈사미인곡〉, 〈속미인곡〉처럼 살아있는 사람을 그 대상을 할 수도 있다(김완진《향가해독법》(1980) 참조).

인간을 대상으로 하는 범주에서 〈믿음〉을 전제로 하는 감사와 기원의 언어적인 표현은 절대자와의 관계에서 쓰이는 것이나 다를 바가 없지만 다만 대상이 사람이라는 것뿐이다. 〈고맙다 / 고마워 하다〉로써 상대방에 대한 감사를 표현하는 것은 시간적인 공간적인 위상이 다를 뿐 쓰임새는 거의 같다. 다시 말하자면 〈당신의 은혜는 신의 은총과 같습니다〉 라든지 〈당신을 신과 같이 받들겠습니다〉의 뜻이 나타난 감사의 표현이라고 하겠다. 〈빌다〉의 경우도 예외는 아니다. 보상 행위가 없이 절대적으로 다른 사람의 물질을 이용하는 것이니 적어도 간청하는 과정이 전제됨은 신에 대한 경우와 다를 바가 없는 것이다.

자연물과 자기 자신에 대한 믿음을 드러내는 경우, 언어적인 유연성이 보이는 말무리는 개방적이지 못하다. 이들은 모두 인간 사이의 관계에서 표현되는 믿음의식의 말무리로 대신될 수 있기 때문이다.

  (다) 간추림

중세어를 중심으로 하여 〈믿음〉어류의 언어적인 유연성에 대하여 의미자질 및 속성 그리고 분포구조를 공시적인 관점에서 살펴보았다. 그 대강을 간추리면 다음과 같다.

① 〈믿음〉의 의미 특징은 형태론적인 특성에 따라서 〈믿다〉에서 비롯된다. 그 의미 특징은 [+인정 +감정 + 의지(依支) +바람(所望) +쓰임 +선호]인데, 〈사랑〉의 그것과 비교할 때 〈믿음〉은 [+의지 +바람]이 변별적으로 나머지는 공통이다.

② 〈믿다〉는 2항술어로서 동작자와 대상자를 논항으로 요구한다. 동작자로서 인간이 믿는 그 대상은 〈신 / 사람 / 자연물 / 인간 자신〉의 범주로 나누어 진다. 이들 범주는 시간, 공간의 위상이 달라짐에 따라서 즉자적인 범주에서 대자적인 범주로 바뀌어 간다.

③ 〈믿다〉류의 형태적인 유연성은 기본형 〈밑〉으로부터 비롯된다. 그 말무리는 체언의 경우 [믿 + [X] N]N의 형태규칙에 따라서 생성되고 개방적이다. 용언의 경우 [믿} + ~다]V의 형태규칙에 따라서 생성되며 폐쇄적인 검증례를 보인다. 주목할 것은 변형과정인데

'통사적인 구성 〉 형태적인 구성'으로 바뀐 점이라고 하겠다.

④ 의미상의 유연성의 말붙이는 크게 체언과 용언의 기능을 하는 것으로 나누어 진다. 〈밑〉은 〈뿌리〉 또는 〈바탕〉을 그 의미소로 하는데 이 말무리에는 〈ᄹ(ㅎ)(따·드·곳·터·바닥·다·판)이 있다. 이들 형태들은 모두 〈＋공간성〉을 의미 특징으로 하는 장소 명사로 쓰인다. 이 가운데 의존명사로 쓰이는 〈드/다〉는 이른바 문법화 현상에 따라서 통사적인 기능과 형태론적인 기능의 복합적인 구실을 하며 〈다〉는 정동사 어미 〈-다〉로 발달하였다. 이들 [＋공간성]의 명사들은 알타이 계통의 언어에서도 〈드-〉계 명사로 확인되는 점은 매우 시사적이라고 하겠다.

용언의 기능을 하는 형태로 실현되는 것은 믿음의 대상인 신 〈고마〉와 사람 〈사롬〉과 자연물에 따라서 세분화된다. 〈고마〉 곧 신에 대한 믿음의 범주는 〈＋기원〉으로 〈빌다·빌먹다·빌미ᄒ다]가 확인되며, 〈＋감사〉로는 〈고마ᄒ다/고맙다〉가 있다. 이 때 〈고마〉는 대지 곧 밑바탕으로 인식되며 모든 삶과 죽음의 출발과 종착의 언어적 공간으로 투사된다. 그 예로써 〈타낳다·도라가다〉를 들 수 있다. 믿는 대상으로 인간이 되는 경우 〈믿음〉은 사랑의 표현으로 쓰인다. 이것은 사랑이 인간 신뢰에 바탕을 두었기 때문이다. 그 말무리의 장으로는 〈사랑〉을 의소로 하여 〈됴오다(됴다)·ᄉ랑ᄒ다·괴다·그리다·사괴다〉와 같은 검증례가 확인된다. 자연물에 관한 것은 인간의 그것과 대동소이한 것으로 판단되어 줄이기로 한다.

이러한 논의는 〈믿음〉을 중심으로 하는 유연성에 관한 통시적 조명을 함으로써 〈믿음〉 표현의 공시적인 지위가 밝혀질 것이다.

4. 믿음과 땅의 걸림

낱말의 짜임으로 보아 믿음의 믿(밑)은 뿌리·바탕이란 뜻보람을 갖고 있다. 단군은 하늘의 태양신 니마(님)와 땅의 태음신 고마(곰)에게 빌어 그 믿음의 바탕 위에서 겨레를 다스려 갔다. 말하자면 '고마(곰)'는 땅과 물을 다스리는 지모신(地母神)이었다. 뿌리나 바탕은 모두 공간성을 특징으로 하는 말들이다. 공간성의 원형태는 무엇인가. 우리의 옛말에서 기원추상명사로 불리는 〈다(ᄃ)〉에서 비롯한 땅이 바로 본디의 모습이 아닌가 한다. 그러니까 땅의 원형태는 〈다(ᄃ)〉라는 말이 된다.

큰 숲도 처음에는 작은 나무의 싹에서 비롯된다. 마찬가지로 말도 분화력이 센 낱말일수록 그에서 갈라져 나온 말들의 겨레는 자못 다양한 말의 숲을 이룬다. 그러면 땅의 기원형으로 보이는 공간명사 〈다(ᄃ)〉의 뜻 바탕과 형태상의 보람, 낱말들의 겨레는 어떠한가를 알아보도록 한다.

1) 얼 개

흔히 기원 추상명사로 불리는 공간명사 〈ᄃ〉는 통사상의 독립성을 갖지 못하기 때문에 의존명사로 다루게 된다. 선행하는 논의에서 〈ᄃ〉의 통사론적인 특징이나 형태론적인 구성의 기능에 대하여 폭 넓게 고찰하여 왔다.[29] 그러나 낱말의 분화라는 바탕으로, 의미 또는 형태상의 특징과 이로 말미암은 단어족에 관한 논의는 영성하다. 이 글의 형태 분화는 결국 〈ᄃ〉와 관련한 모든 낱말의 떼, 이를테면 단어족을 이루게 되는데, 단적으로 표현하여 의존명사 〈ᄃ〉의 단어족을 검토하는 것이 이 글의 주요한 뼈대가 된다고 하겠다. 이러한 낱말의 겨레 곧 형태소의 분화를 살피는 작업은 국어의 낱말이 시간의 흐름을 따라서 어떻게 발달하여 왔

---

[29] 의존명사의 통어론적인 구성에 대한 논의로는 양주동(1972), 왕문용(1988), 이주행(1988) 필자(1980, 1984, 1986, 1987) 등이 있고, 형태론적인 구성에 대한 논의로는 유창돈(1962), 신석환(1972), 김문웅(1979), 안효팔(1983), 서태룡(1988), 필자(1980, 1983, 1987) 등이 있다.

는가를 따져 봄으로써 국어사적인 논의의 의미를 부여할 수 있다고 판단된다.

언어의 형태가 분화하여 낱말겨레를 이룬다고 보는 관점은 한 생물체가 번식하여 그 종을 이루는 것과 같은 유기체적인 언어 분화에 기초를 두는 것이라고 상정할 수 있다. 번식 과정에서 모든 생물이 그 형태와 생리적인 특징을 염색체에 옮겨 담아 전달하는 것처럼 언어의 분화 - 단어족의 형성도 특정한 형태에 부응하는 의미자질들과의 상호작용의 말미암음으로 비롯된다. 이 때 형태의 주요한 모형(matrix)이 되는 것은 음절 구조라고 판단된다. 하나의 음절 구조가 어떠한 형태 혹은 음운론적인 변동을 경험하는가에 따라서 여러 가지 꼴의 형태의 분화가 일어난다.

의존명사 〈두〉는 공간성을 머리로 하는 의미 특성을 드러낸다. 공간성으로부터 파생되는 하위 범주의 의미 특성은 '시간, 소유, 지표면, 접촉, 근거(=연유), 분절, 연소'로 나누어진다. 형태분화의 중요한 틀은 앞에서 이른 바가 있거니와 음절구조의 변이와 의미 특성의 상호작용으로 풀이할 수 있다. 음절구조의 실제적인 변동은 조어론적인 어휘생성의 규칙을 따라서 간추려진다.

제기된 바의 문제에 접근하는 통로로서는 문헌자료를 시대에 따라서 확인하는 전망법과 방언자료를 이용하여 부분적이지만 회고법을 통한 언어형태의 재구성을 하는 방법론을 들 수 있겠다. 방언자료는 이미 조사하여 보고된 사전류를[30] 원용하기로 하며 형태분화의 모형을 유형론적으로 풀어 보기로 한다.

본 절의 제한점으로는 의존명사 〈두〉가 이루어내는 통사론상의 특징은 중심으로 하지 않으며 단어족을 고찰함에 있어 비교언어학적인 외적 재구의 방법은 유보하기로 한다는 점을 들 수 있다. 후자의 경우, 필자가 보기로는 아직 가설 단계에 머무르는 논의를 바탕으로 함은 상당한 무리

---

[30] 김형규 《한국방언연구》(1986) 서울대출판부
최학근 《한국방언사전》(1987) 명문당

가 따른다고 보기 때문이다.

이 글의 짜임은 제2절에서 의존명사 〈ᄃ〉의 형태론적인 특징과 분화 형태에서 보이는 조어론적인 생성 유형을 독립성이 있고 없음에 따라서 〈ᄃ〉계의 분화 형태소를 가름하는 의미 특성에 대하여 알아보고, 제3절에서 의존명사 〈ᄃ〉계의 단어족은 음운 또는 형태론적인 유형에 따라 분포의 구조를 살피는 것으로 이루어진다.

2) 형태의 특징과 의미

[1] 의존명사 〈ᄃ〉는 형태로 보아 조사와의 통합 과정에서 ㅎ종성체언으로 상정할 수 있다. 의존명사 〈ᄃ〉 그 자체로는 자료의 제약으로 검증되지 않지마는 표기상 〈ᄃ〉의 변이형인 〈다·ᄯ·ᄶ·디·돌〉의 형태 변화를 통하여 ㅎ특수 곡용을 하는 특징을 엿볼 수 있기 때문이다.

(21) ㄱ. 아모ᄃ라셔온동모ᄅ더시니니(《월인석보》2-25)

ㄴ. 엇던ᄃ로法이다性이업스뇨(何故法俱無性)(《영가집》상-111)

ㄷ. 이런ᄃ로智者ㅣ歡ᄒ야니ᄅ샤티(《영가집》상-86)

(21)의 경우만으로는 ㅎ특수곡용을 하는지에 대하여는 알 길이 없다. 하지만 같은 장소를 드러내는 의존명사 〈ᄃ〉의 표기적인 변이형들의 조사와의 통합과정을 살펴보면 특수곡용의 가능성을 엿보게 된다.

(22) ㄱ. 二千餘里ᄯ히나되ᄂ티(《화음계몽언해》 상-1) 집의ᄯ히언마나잇ᄂ뇨(같은 책 상-4) ᄯ흔十成의지나지못ᄒ노라(같은 책 상-4)

ㄴ. 經卷잇ᄂᄯᄒᄅᆫ東山이어나수프리어나(《석보상절》 19-43) 하ᄂᆯ와ᄯᄒᄅᆫ듕졍ᄒ거슬받ᄌ와 (《소학언해》 4-50) 길해언ᄯ할香ᄇᄅ면 (《월인석보》1-27) 句ᄂᆫ말ᄊᆞᆷ그츨ᄯ히라(《월인석보》서-8) 알ᄑᆫᄯ해 (《구급간이방》1-79) 하ᄂᆯ ᄯ이ᄀ장震動ᄒ니(《월인천강지곡》21) ᄯ콰믈와《목우자》5) 虛空애ᄯ히ᄃ외야(《석보상절》6-34) ᄯ호로向ᄒ야(《박통사》초상-8) ᄯ爲地《훈민정음해례》 ᄯ샹(壤)(《훈몽자회》 상-1)

ㄷ. 부톄說法ᄒ신다마다(《월인석보》 1-15) ᄆᆞ매일업다ᄒ야도된다

마다法에어긔면(《금강경삼가해》 2-17) 信使우다히디실제(《첩해신어》 5-23) 납다히消息을아므려나아쟈ᄒ니(〈송강가사〉 1-16) 납다히로가라(《태산집요》 10)

보기 (22)에서 의존명사 〈ᄃ〉의 표기적인 변이형의 특수곡용을 하는 분포를 살펴보았다. ㄱ에서는 〈ᄯ〉에 조사가 통합될 때 〈ᄯ히·ᄯ흔〉이 확인되고, ㄴ에서는 〈ᄯ〉가 〈ᄯ히·ᄯ히라·ᄯ해·ᄯ호로·ᄯᄒ론·ᄯ콰·ᄯ희〉 등으로 드러난다. 〈ᄯ〉는 뒤로 오면서 어두 자음군의 제약으로 〈따〉(《왜어유해》 상-7)로써 표기된다. (22)ㄷ의 경우, 〈다〉는 의존명사로 보이는데, [다(ㅎ) + -이 〉 다히]로 되어 결국 하나의 형태소로 굳어진 셈이 된다.[31]

분포의 실례가 많지 않기 때문에 의존명사 〈ᄃ〉의 표기상의 변이형으로 보기에는 미흡하다. 그러나 동사 파생 어간으로서의 [다]의 경우는 아주 생산적임을 상기함으로써 그러한 회의는 상당한 개연성을 얻게 된다고 본다.

(23) ㄱ. 소놀가ᄉ매다혀겨샤터(《월인석보》 10-15) 세혼올ᄒ무릅다해다효미오(《금강경언해》 7) 혀에맛보며모매다히며(《월인석보》 2-15)

ㄴ. 如來藏이눈다ᄒ터이시리로다(如來藏存於目擊矣)(《능엄경언해》 2-76) 굴헝은 구윗받이러매다핫고(《두시언해》 초 20-10) 눈다ᄒ터마다(觸目)(《금강경언해》 3-42)

보기 (23)에서 〈다〉가 관여한 형태로 〈다히다·닿다〉의 분포가 확인된다. 요컨대 의존명사 〈ᄃ(다)〉는 조사와의 통합 과정에서 이른바 ㅎ곡용의 형태론적인 특징을 드러낸다고 할 수 있다. 이러한 특징은 〈ᄃ〉가 관여하여 분화한 〈돌(ᄉ올)·디〉의 형태에서도 나타난다.

(24) ㄱ. 鬼神돌콰사름괘사름아닌것괘香華伎樂ᄋ로샹녜供養ᄒᆞᆸᄂᆞ야이다(《석보상절》 13-24) 六師의弟子 돌토다舍利弗의와出家ᄒ니라(《석보상절》 6-35) 이사ᄅᆞᆷ 돌히나神足自在ᄒ야(《석보상절》 6-18)

---

31) 허웅《우리 옛말본》(1975) 294면 참조

ㄴ. 기픈쁠훌펴뵈신대(宣示深奧)(《능엄경언해》1-29) 쁠히다드리로
다(臻其奧)(《법화경언해》1-16) 드리믈곤쁠해스뭇츠리니(《사법어》
13)

ㄷ. 나히열닐곱인제어미를 조차방하디터니범이어미를자바니거늘 (《
동국신속삼강행실도》 효 2-7) 방핫고디여디ᄒᆞ니(《두시언해》초 7-
18) 夢中예디ᄒᆞ며두드리ᄂᆞ소리듣고(《능엄경언해》 4-130) 또디허
散밍ᄀᆞ라(《향약구급방》하 -62)

보기(24)에서〈돌〉은〈돌콰·돌토·돌히〉와 같은 형태로 쓰였으며 근원을 뜻하는〈쁠〉도〈쁠훌·쁠히(-해)〉와 같이 ㅎ특수곡용의 흔적을 보이고 있다. 아울러〈디〉는〈딯다· 찧다]와 같은 동사 파생의 어간으로 쓰이고 있음도 지적할 수 있다.〈돌〉의 경우 모음의 교체형으로 보이는〈들(쁠)〉도 ㅎ종성체언의 특징이 확인된다(굴와뮈워들히괴외ᄒᆞ야 (《목우자》 36)나조히쁠흐로디나가놋다(《두시언해》중 3-41)君子의쁠 훌넓디몯훌거시라 (《소학언해》4-39)).

소리를 표기하는 사람의 음운 인식에 따라서 같은 형태라고 할지라도 다르게 옮겨 적는 일이 있으니 종성 ㅎ을 ㅅ 또는 ㄷ으로 적는 일도 그 보기 중의 하나이다. 특히 중세어와 근대어의 자료를 통하여 /ㅅ-ㄷ-ㅎ/의 넘나듦은 그 분포를 찾기가 어렵지 않다. /ㅅ-ㄷ/의 넘나 듦에 대하여는 이미 지적된 바가 있다.[32]〈다(ㅎ)〉의 경우 동사 파생의 어간으로 쓰일 때〈닿다 - 닷다 - 닫다〉와 같이 넘나들어 쓰였는데, 여기서 주목에 값하는 것은〈닷(ㄱ)다(《월인석보》1-42)·닫(ㄱ)다(《중용》29)〉이다. ㅎ곡용을 하는〈ᄃᆞ〉계의 분화 형태가 ㄱ곡용을 하고 있다는 사실이다. 이러한 현상은 의존명사〈ᄉᆞ〉에서도 보이는 것이어니와 람스테트의 [k 〉 x 〉 h 〉 ∅]의 가설을 어느 정도 수용할 수 있다면, /ㄱ-ㅎ/의 유관함은 상당한 논거를 마련해 주는 것이라고 하겠다.[33]

(25) ㄱ. 닫글슈(修)(《왜어유해》하-39) 몸을닫는배오(《중용》29)

---

32) 이기문《국어사 개설》(1974) 194면 참조
33) 최범훈《중세 한국어 문법론》(1981) 78면 참조

ㄴ. 禪을닷ᄀ나(修禪)(《능엄경언해》 9-15) 다셧行을닷ᄀ니(《원각경언해》1:2-82) 前生애닷곤因緣으로(《석보상절》6-34)

《훈민정음해례》의 '팔종성가족용'에 따르면 /ㅅ→ㄷ/의 절음 현상이 일어나는 것은 당연한 사실이지만 〈닷·닫〉이 파생어간으로 쓰일 때 ㄱ특수곡용의 흔적을 보이고 있음은 흥미로운 현상이다. 이상에서 살펴본 의존명사 〈ᄃ〉계 분화어의 형태론적인 특징을 간추리면 다음과 같다.

(26) 의존명사 〈ᄃ〉계 분화어의 형태적 특징 : 의존명사 〈ᄃ〉자체로는 자료상의 제약으로 ㅎ종성체언임이 확인되지 않으나 표기적인 변이 형태인 [다·ᄯ·따(따)·디·돌·ᄉᆞᆯ·들(ᄉᆞᆯ)] 등의 곡용 형태를 보아 ㅎ곡용명사임을 상정할 수 있다. 이들 형태 가운데에서 파생된 [닷-/닫-]계의 동사 파생 어간으로서의 형태는 ㄱ특수곡용의 특징을 보인다.

의존명사 〈ᄃ〉에서 비롯한 단어족은 모두가 의존적인 언어형식인가. 같은 의존명사 〈ᄃ〉의 단어족이면서도 어떤 형태는 의존형식으로 쓰이는 것이 있고 어떤 것은 자립형식으로 쓰이는 것이 있다. 기술의 편의상 의존명사 〈ᄃ〉의 조사가 결합하여 이루어지는 〈돌·디·ᄃᆞᆫ·디〉의 경우를 먼저 검토하기로 한다.

(27) ㄱ. 無明이實로體잇논디아니라(《월인석보》 2-2:2) 막대디퍼時로能히나갈디나(《두시언해》초 8-13) 相아니라욿디라(《능엄경언해》 6-59) 微妙ᄒᆞᆫ光明을 보논딜씨(《월인석보》 8-38)

ㄴ. 현맨돌알리오(《월인천강지곡》 52) 이ᄀᆞᆮᄒᆞᆫ돌보고(《월인석보》17-17) 곧잇ᄂᆞᆫ 돌아니(《금강경언해》 2-2)

ㄷ. 서로보논ᄃᆞᆫ恭敬ᄒᆞ야(〈내훈〉 1-77) 願ᄒᆞᆫᄃᆞᆫ내生生애그딋가시ᄃᆞ외아지라(《월인석보》 11-11)

ㄹ. 곧ᄆᆞ슴잇논티로다(《능엄경언해》 1-64) 도ᄌᆞ기거신딀무러일후믈저ᄊᆞᄫᆞ니(《용비어천가》 62) 法이심기샨티이쇼ᄆᆞᆯ證홀ᄯᆞᄅᆞ미라(《능엄경언해》 1-23)

통사론상의 특징은 선행하는 논의로 대신하기로 하거니와 〈ᄃ·디·

둔·돌·티〉 모두가 의존형식으로 쓰이고 있음을 알 수 있다. 아울러 〈
ᄃ〉계의 분화 형태로 보이는 형태로의 자립성에 대한 분포의 실례를 알
아보기로 한다(필자 1987:95~130면 참조).

(28) ㄱ. 〈ᄃᆞ-〉계 : 숨ㅅ이됴혼거슬모닥 눈ᄃᆞᆺᄒᆞ고(《박통사언해》
초상-73) 쟝챳보ᄋᆞ올ᄃᆞᆺᄒᆞᄂᆞ니라(《소학언해》 2-25) ᄆᆞᄉᆞ매일혼ᄃᆞᆺᄒᆞ
더니(《소학언해》 6-65) 날ᄃᆞ리톤놋다(《두시언해》 초 8-64) 들ᄂᆞ믈
을키라가되(《박통사언해》 중 34) 들야(野) 들교(郊)(《신증유합》
상 36)

ㄴ. 〈다-〉계 : 부톄說法ᄒᆞ신다마다(《월인석보》 1-15) 뭔다마다法
에어긔면(《금강경언해》 2-17) 이다ᄉᆞ로이제와초싱각ᄒᆞ야(《석보상
절》 9-16) 宮監이다시언마ᄅᆞᆫ(宮監之尤)(《용비어천가》 17) 家는브틀
씨니아모다ᄉᆞᆯ브터이러타ᄒᆞ논겨치라(《능엄경언해》 2-30) 信티아니ᄒᆞ
타시니(由不信)(《법화경언해》 2-165) 正을害ᄒᆞ타시니(由害正)(《법
화경언해》 2-164) 根元짜ᄒᆞᆫ各各根元타롤조출씨라(元地者各隨元由
也)(《능엄경언해》 8-78) /달고질ᄒᆞ야(〈내훈〉 3-13)

ㄷ. 〈ᄯᆞ-〉계 : 집읫ᄯᆞ히언마나잇ᄂᆞ뇨(《화음계몽언해》 상-4) 二千
餘里ᄯᆞ히나되ᄂᆞᆫ터(같은 책 상-4) /갈해헌ᄯᆞ홀香ᄇᆞᄅᆞ면(《월인석보》
1-27) 알폰짜히(痛處)(《구급간이방》 6-26) 짜허위며소리ᄒᆞ고도라오
거늘(《석보상절》 6-32) / 따디(地)(《왜어유해》 상-7)

ㄹ. 〈터-〉계 : 터되더니(《석보상절》+ 6-35) 터경(境)(《훈몽자회》
상-6) 圍는 테라(《능엄경언해》 2-20)

보기 (28)에서 의존명사 〈ᄃᆞ〉계의 분화 형태 가운데에서 의존성을
보이는 것은 〈디·든·들·듸/다·달·둣·들·동〉이고, 〈닷·탓
·탈·닫·솔·테·들(野)〉은 자립성을 보이는 형태소들이다. 특히 의
존형식 가운데에서 〈동〉을 〈ᄃᆞ〉계의 단어족으로 보는 까닭은 ㅎ종성체
언의 경우, 종성 /ㅎ/이 기본형에 결합하여 하나의 형태로 화석화될
가능성이 있기 때문이다.[34] 이 때 〈ᄃᆞ〉의 /·/는 /ㅗ/로 바뀌어 쓰

---
34) 신석환(1978) 〈ᄃᆞ계 분화어 연구〉, 계명대학교 석사학위 논문 13면

인 것으로 보인다. 짜()>땅)(《훈민정음》해례) 쓴(ㅎ)()>땅)(《화음계몽언해》 상-1) 나조(ㅎ)()>나중)(《두시언해》 초 8-9) 집우(ㅎ)()>지붕(《청구영언》 96) /뒤(ㅎ)()>둥)동)뚱)(《석봉천자문》 37). 아울러 〈동〉을 〈드〉계의 단어족으로 보는 또 다른 하나의 가능성은 〈드〉계의 분화어중에서는 〈드·돌·디〉와 같이 보문을 구성하는 머리명사가 있는데 〈동〉의 보문 구성도 같은 맥락에서 이해할 수 있다는 것이다. 보기로서 경상도 방언을 들어보기로 한다(공영구 1982 : 27~29면 참조).

(29) ㄱ. 니가 가를 사랑하는 동을 아나.

ㄴ. 니가 밋살인 동 아나.

ㄷ. 나는 언제 죽을 동 모린다.

이상에서 자립성이 있고 없음을 중심으로 하여 의존명사 〈드〉의 분화 형태를 살펴보았는데 이제 그 내용을 간추려 적으면 다음과 같다.

(30) 의존명사 〈드〉계 분화 형태의 독립성

ㄱ. 의존형식으로 쓰이는 것 : 드·디·돈·돌·터 /다·달 /돗·돈·돌·동(둥)

ㄴ. 자립형식으로 쓰이는 것 : 닷·단·들·딜 /탓·탈·터 /쏠

이와 더불어 의존명사 〈드〉와 그 분화 형태들이 관여하여 이루어지는 형태론적인 구성에서는 주로 어떤 유형의 어형성 규칙이 있는지를 분포의 실례와 함께 간추릴 필요가 있다.(X-변항, Nb-의존명사, V-동사, N-명사)

(31) ㄱ. 자립명사로 쓰이는 것([X]N) : 단·들(뜰)·딜 /탓·탈·터 /쏠

ㄴ. 용언의 파생 어간으로 쓰이는 것 : [[X]Nb + -다]V) : 돈·돗·다·닷·단·달·덤·덜 /딜·딪·디

참조. 공영구(1982) 〈영천 방언의 보문명사 「지·동·강·공」 연구〉, 대구내학교 석사학위 논문, 27~29면 참조. 수로 관형형 어미 「-ㄴ-ㄹ」과 통합되어 보문을 구성하는 양상은 영천 방언의 경우와 크게 다를 바 없다. 온동모ᄅ더시니(《월인석보》 2-25) 주근동산동몰라 (《동국신속》(열) 1)

ㄷ. 용언의 어미로 쓰이는 것([[X]V어간 + [Y]V어미(N_b)]V) :
든・디・돌・터
ㄹ. 의존명사로서 합성어의 한 부분이 되어 명사를 형성하는 것
([[X]V(N) + N_b]N/[N^2_b]N) : 터・닷・달・다(짜)/덛・디
이상의 어형성 규칙 가운데에서 분포의 편향으로 보아 어떤 형성 규칙
이 보다 생산적인가를 알 수 있는데 실례를 들어 각 규칙별 그 분포를 찾
아 보면 보기 (32)와 같다.
(32) 자립명사의 경우([X]N) :
ㄱ. 만일 거츤벌과뷘돌히(若荒郊曠野)(《증수무원록》 3-96) 들(《훈
몽자회》상-14) 드르헤(《용비어천가》 69) 드르히서늘ㅎ니(《두시
언해》 중 4-4) 뜰헤(《두시언해》 중 5-48) 뜰홀(《두시언해》 중
22-17) 뜰히(《두시언해》 중 5-48)
ㄴ. 어와내병이야이님의타시로다(《송강가사》・〈사미인곡〉) 술의타
스로(《첩해신어》 9-7) /다술브터(《월인석보》서 3)모딘일지손다
스로(《월인석보》 1-46) 妄想을 쓰논다실씨니(用諸妄想)(《능엄경
언해》1-43)
ㄷ. 各各根元타톨조출씨라(各隨元由也)(《능엄경언해》1-43)
ㄹ. 닫뎡(《훈몽자회》중-25)
ㅁ. 기픈쏠훌펴보신대(《능엄경언해》1-29) 반드기그쏠히다 드르리라
(《법화경언해》 1-16) ᄆ술보빗옛빈리쏠해소 ᄆ츠니(《사법어》
13)
ㅂ. 精舍지슗터흘어드니(《석보상절》 6-23) 이眞實터히라(《능엄경언
해》4-81) 이구유터히ᄆ장너르니(《노걸대언해》상-34)
ㅅ. 딜부(缶)(《훈몽자회》중-9) 딜것도(陶)(《훈몽자회》중-5)
위의 보기 가운데에서 〈터〉를 의존명사 〈ᄃ〉의 분화 형태로 보는 논
거는 의미소로 보아 '건축물을 지을 땅・일이 생긴 밑자리'와 같이 자리
를 드러내고, 형태적인 특징이 ㅎ특수곡용을 한다는 점을 들 수 있다.
더불어 지적할 수 있는 점은 의존명사 [다-더]의 분화 과정에서 [다
(ㅎ)-닷-탓/＊더(ㅎ)(＞덩)-터]가 상정되기 때문이다. 그러

니까 〈터〉는 [고(《석보상절》 19-9) > 코]의 예와 같이 ㅎ종성이 〈 더〉에 결합함으로써 격음화에 따른 형태의 변이라고 보면 될 것이다.[35]

이어서 〈ᄃ〉계의 단어족으로서 용언의 파생 어간으로 쓰인 것, 의존 명사로서 합성어의 한 부분이 되어 명사를 형성한 것 등의 실례를 간추려 보이면 다음과 같다.

(33) ㄱ. ([[X]N_b + 다]V) : 돋다(《훈민정음주해》·《능엄경언해》 4-66) 돋건니다(《번역소학》 9-70) 돋니다(《월인석보》 1-14) / 돗다(《용비어천가》 80) 돗오다(《두시언해》 초8-25) 돗봇ᄒ다(《금강경언해》 4-18) 닷다(《월인석보》 1-42) 닫다(閉←서로 닿음으로써 열린 공간이 차단됨)(《월인석보》 1-7) 달호다(《두시언해》 중2-57) / 다ᄋ다(《월인석보》 서-17) 다히다(《역어유해》 보 17) / 듣다(《용비어천가》 17)(땅에 떨어지다) 딛다(《두시언해》 중 7-37) / 디다 (《용비어천가》 36) / 덜다(《석보상절》 6-22) 더럽다(《월인석보》 1-44) / 덜덜ᄒ다(《영가집》 서 3)

ㄴ. ([[X]V어간 + [Y]V어미(N_b)]V) : -ㄴ다(《월인석보》 2-13) -다마(《두시언해》 중 17-16) -돈(《월인석보》 1-11) -ㄴ돌 (《용비어천가》 15) -ㄴ대(《석보상절》 6-35) -ㄴ터(〈사미인곡〉) -ㄴ댄(《몽산화상법어언해》) -ㄴ틴(《두시언해》 초6-53) -ㄴ댜 (〈관동별곡〉) -ㄴ덴(《용비어천가》 51) -니뎌(《영가집》 하-36) -ㄴ뎌이고(〈속미인곡〉) -ㄴ뎡(《몽산화산법어언해》 35) -동 (《월인석보》 25) -ㄴ듸(고시조·김기성) -ㄴ디면(《석보상절》 9-16) / -ㄹ다(싸)(〈성산별곡〉) -ㄹ돌(《석보상절》 6-20) -ㄹ 떠나(《논어》) -ㄹ떠니(《논어》 학이편) -ㄹ떠니라(《맹자》 등문공) -ㄹ떠어다(《시경》 대아) -ㄹ떤댄(《논어》 안연) -ㄹ떤뎌 (《논어》 자로) -ㄹ썬대(《노걸대언해》 하-43) -ㄹ쏜뎡(《월인석

---

35) '다'의 모음교체형인 '더'(ㅎ)는 두가지로 분화된 것으로 보인다. 그 하나는 '더(ㅎ)>터'로 격음화된 것과, 다른 하나는 '더(ㅎ)>덩' (구급간이방 3-80)이 되어 ㅎ이 종성으로 되어버린 경우라고 하겠다.

보》1-37) -ㄹ뿐이언뎡(《맹자》양혜왕(상)) -ㄹ만뎡(고시조)

ㄷ. ([[X]V(N) + Nᵇ]N(ADV) /[Nᵇ + 이]N) : 가온디(《월인석보》1-4) 먼디(《소학언해》6-17) 아니호디(《석보상절》6-25) 어 디(《몽산화상법어언해》 13) 그디(《두시언해》초 8-24) 아모디(《월인석보》 2-25) / 엇더콴디(《월인석보》 3-32) / 덛더디(《능엄경언해》 2-21) 다리(《석보상절》 6-32) 발다히(《가례언해》 5-6) 남다히 (《송강가사》 1-16)

이상의 보기 (33)을 통하여 볼 때 의존명사 〈드〉의 분화 형태 가운데에서 동작 또는 상태 동사의 파생어간으로서 관여하고 있음이 두드러지는 특징이다. 이와 함께 눈에 띄는 것은 관형어 뒤에 의존명사가 통합되어 복합어를 이루는 분포라 하겠다.

② 의존명사 〈드〉를 중심으로 하는 단어족에서의 의미소는 공간성 자질이라고 상정할 수 있다. 의존명사 〈亽〉가 사이 개념을 중심으로 하는 것이라면 의존명사 〈드〉는 장소의 개념을 축으로 하는 의미의 자질들의 집합이다.[36] 장소는 어떤 사실이나 사물이 일어났거나 존재하는 공간의 일정한 부분을 이룬다.

(34) 아모드라셔온동모르더시니(《월인석보》2-25) / 집의쯔히언마나 잇느뇨(《화음계몽언해》상-4) / 짜爲地(《훈민정음해례》합자해)

보기(34)에서 의존명사 〈드〉는 오늘날 형태로는 〈땅〉으로 대표되는 의미로 집약된다. 땅의 사전적인 의미를 종합하면, (가)지구의 겉표면, (나)식물이 자라는 뭍 - 재산, (다)영토 혹은 영지, (라)특정한 장소 등으로 요약된다. 일반적으로 공간 개념에서 시간 개념으로 쓰이는 것은 의미의 전이에서 흔히 보이는바, 의존명사 〈드〉도 그 예외는 아니다. 원초적으로 보아서 인간이 느끼고 생각하는 모든 것들은 공간 개념에 기초하여 이루어진다. 심리학적인 측면에서라면, 공간은 객관적으로 관찰되

---

36) 필자 〈불완전명사 '드'와 '亽'의 고찰〉(1980)《새국어교육 31》참조.

는 위치·방향·대소가 동시에 이루어지는 연관으로 자리 방향 대소가 상호작용한다는 뜻으로 풀이된다. 한편 철학적으로 보아서 공간은 시간과 더불어 사물의 체계를 이루어내는 기초 형식으로 정의된다. 재산 곧 부의 상징이 땅이란 말이 있듯이 〈땅〉은 소유와 모든 존재로서 이해되기도 한다. 여기 소유의 개념은 그 하위 속성으로 다시 분절되는데, 소유하는 영지가 다름으로 그 구분이 이루어지기도 하며, 연소라는 하위 속성은 화산 작용에서 보이는 충돌, 불탐 — 연소 현상 등으로 연상되기도 한다. 땅이란 공간의 크기로 볼 때 크게는 지구의 겉표면 전체가 되기도 하며, 작게는 땅을 이루는 작은 먼지나 한줌의 토양을 이룰 수도 있다. 이상의 하위 범주에 속하는 의미자질을 간추려 보면 다음과 같다.

(35) 의존명사〈드〉계 단어족의 의미자질
ㄱ. 중심자질 : 공간 / 시간
ㄴ. 주변자질 : 지표면, 접촉, 소유, 근거, 분절, 연소, 닫힘

중심 자질에서, 시간 자질이 공간 자질에서 파생된 것이나 중심 자질로 본 것은 사실이나 사물을 인식하는 기초로서 시간과 공간 개념이기 때문에 그렇게 상정한 것이다. 흔히 공간을 드러내는 말이 시간을 표현하는 말로 쓰이는데, 이는〈드〉계의 분화 형태와 관련하여 이러한 뜻을 보이는 형태소는 [틴( )셔 — 띤 — 쌔) — 덧(덛)]이라고도 할 수 있다.

(36) 공간 개념어가 시간 개념어로 쓰인 것
ㄱ. 아니훌쁴(《두시언해》초 22-22) 급쁴(《지장경》상-6) 뎌주슴쁴 (《두시언해》초 24-56)
ㄴ. 法이십기샨티이쇼몰證홀 쓴 르미라(《능엄경언해》1-23) 브리니러 셜씨갈띤 업서(《석보상절》6-33) 미출띤아닐씨(《법화경언해》1-45)
ㄷ. 알외논셔 롤맛나(《경신록》21) 엇더훈셔 완티(《오륜행실도》2-54) 오히려 띤롤알오(尙知時)(《두시언해》초8-66) 말솜호기를 쎼계게호티(《소학언해》6-124)

보기 (36)에서 ㄱ은 장소를 드러내는〈쁴〉가 시간의 형태소로 쓰인

예이다. 〈ᄃ〉의 경우 ㄴ에서 장소를 뜻하는 〈터〉가 ㄷ에서는 시간의 형태소 〈ᄢᅳ〉로 쓰이고 있음을 보여준다. 위의 자료에서 나타나는 〈ᄢᅳ-ᄢᅧ〉는 표기적인 변이형으로 쓰였는바, 현대 국어에 와서는 모두 〈때〉로 쓰이게 되는데 어두 자음군의 제약으로 표기가 바뀌게 된 것이다. 중세어에서 〈ᄢᅳ(ᄢᅥ)〉는 몸이나 옷에 묻는 더러운 물질을 뜻하기도 한다(ᄂᆞᆾ칯티(面垢)(《동문유해》상 19) /ᄢᅥ무든옷닙고(《석보상절》6-27)). 〈ᄢᅳ(ᄢᅥ)〉는 흙·먼지 등을 이른 것으로 결국 공간을 이루는 요소가 된다. 〈터〉와 더불어 〈덧(덛)〉의 경우는 어떠한가.

(37) ㄱ. 밥머긇덛만뎡長常이이룰싱각ᄒᆞ라(《월인석보》8-8) 밥머글덛만너기더니(謂如食頃)(《법화경언해》1-106) 져근더들셔슈라(立斯須)(《두시언해》초 8-2)

ㄴ. 져근더시ᄂᆞ저가니(《계축일기》98) 每日에病업슨덧으란(《청구영언》57) 덧업시볼 가지니새날이되야괴야(《청구영언》46)

중세어 자료에서는 ㄱ에서처럼 〈덛〉이 쓰이다가 ㄴ처럼 〈덧〉으로 바뀌어 표기된다. 〈덧(덛)〉은 〈ᄃ〉의 분화형인 [다(ㅎ)〉닷(닫)]의 과정을 전제로 하여 장소를 드러내는 명사로 쓰이다가 시간의 개념을 나타내는 형태소로 쓰이게 된 것으로 보인다. 일반적으로 일정한 공간을 경험 또는 인식함에 있어서는 일정한 물리적인 또는 심리적인 시간이 필요하다. 가령 특정한 곳에서 나온 샘물이 강에 이르는 동안, 일정한 시간이 걸림은 당연한 사실이다. 시간을 인식하는 기초가 공간이라고 할 때, 공간의 개념에서 시간개념으로 쓰임은 아주 자연스럽다. 예컨대 시간의 명사 뒤에 〈-녘〉을 붙여 쓰는 일이 있다(아침녘, 점심녘). 본디 〈-녘〉은 한자어 〈녁(域)〉에서 비롯하였음은 이미 기존의 논의에서도 지적된 바가 있다.[37]

공간·시간의 의미 자질과 더불어 '지표면'의 뜻을 나타내는 〈ᄃ〉계의 분화 형태는 〈ᄯᅳ(따)·ᄃ(다)·돌·솔·더·터·들·듣〉 등의 단어족을 지적할 수 있다. 모두 현대어로는 〈땅〉에 해당되는 말로서 바다

---

37) 필자(1987), 87면 참조.

를 빼놓은 지구의 겉면 모두를 뜻하며 논과 밭을 통틀어 이르기도 한다. 땅은 어떤 사물이나 사실이 존재하거나 발생하는 자리로도 정의되기도 한다. 인간의 모든 활동은 대지 위에서 일어나는 까닭에 장소명사 〈ᄃ〉의 분화 형태와 인간의 동작이 상관을 보임은 자연스러운 것으로서 언어 표현에 공간 인식이 투영된 것으로 보인다.

(38) ㄱ. 집의ᄯᅡ히언마나잇ᄂᆞ뇨(《화음계몽언해》상-4) 갈해언ᄶᅡᄒᆞᆯ죱ᄇᆞᄅᆞ면(《월인석보》1-27) 아모ᄃᆞ라셔ᄶᅡ온동모ᄅᆞ더시니(《월인석보》2-25) 길녀ᄃᆞ뇨맨모미엇더ᄒᆞ뇨(《두시언해》초 20-34) / 마ᄐᆞᆯ다ᄋᆞ고(築場)(《두시언해》초 7-18) 달고다아묻는양ᄒᆞ시거늘(築埋)(《소학언해》4-4)

ㄴ. 소눌가ᄉᆞ매다혀ᅡ겨샤터(《월인석보》10-15) 머리에대혀(《속삼강행실도》8)

ㄷ. 더뎡(廷)(《훈몽자회》중-7) 더딜투(投)(《신증유합》하-47) 보시고더디시나(見焉擲之)(《용비어천가》27)

ㄹ. ᄒᆞᆫ가지로난터흔行이니(同生基行也)(《능엄경언해》10-3) 터흘되더니(《월인천강지곡》168) 祖師되욜터히니라(《선가귀감언해》하-56) / 개목에테(《한청문감》121d) 圍는테라(《능엄경언해》2-20)

ㄱ에서 〈ᄯᅡ·ᄶᅡ〉는 ㅎ종성체언으로써 〈땅〉이 되어 현대 국어에서 쓰이고, 이 형태들은 경음화되기 이전에는 'ᄃᆞ(다)'(43)ㄱ 으로 표기된다.[38] 〈다ᄋᆞ다(=쌓다)〉의 경우 지구 표면의 흙을 이용하여 담이나 성을 쌓아 올리는 동작을 드러내며, 같은 〈ᄃ〉의 단어족으로써 〈다히다·대히다〉는 특정한 물체가 땅에 접촉됨에서 비롯하는 동작을 드러낸다. 가장 대표적인 형태는 〈닿다〉이고 명사로 쓰이는 것으로는 〈닫(닷)〉을 들 수 있다. 〈닫(닷)〉은 〈닻〉을 뜻하는데, [닻]은 배를 한 곳에 머물게 하기 위하여 바나 쇠줄에 매달아 물밑으로 가라앉게 하는 쇠

---

[38] 유창돈 《어휘사 연구》(1973) 선명문화사 198면 참조. 의미로 보아 'ᄶᅡ'는 토지를, '곳'은 어떤 장소라도 가리키는 말로 보고 있다. 17세기가 되면서 'ᄶᅡ>땅'으로 바뀌어 쓰이고 있음도 아울러 지적하고 있다.

를 말한다. 이르자면, 〈닺〉은 닿음 기능을 수행하여 뜻하는 바의 장소에 배를 머무르게 하는 기구인 것이다 (나모닷(《한청문감》 368c) 닷(《유씨물명고》) 닫뎡 (《훈몽자회》중-25).[39]

땅위를 달리거나 빠르게 가는 동작을 〈달리다〉라고 표현한다. 중세어 자료를 통하여 보면 〈ᄃᆞ다(도다)〉(《동국신속삼강행실도》효 6-79, 《박통사언해》중-43)가 바로 〈달리다〉에 해당되는 언어형식이다. 표기한 형태에 관계없이 모두 움직이는 주체가 땅위에서 이루어 내는 닿음 기능을 이르고 있고, 형태로 보아서는 〈ᄃᆞ〉의 ㅎ종성이 ㅅ 또는 ㄷ으로 표기되어 굳어진 것으로 판단된다(엇뎨미쳐드ᄅᆞ뇨(何謂狂走)(《능엄경언해》 4-67) 미쳐드ᄅᆞ니(《원각경언해》서-46) 고솜도티ᄃᆞ거ᄂᆞᆯ자바다가밧ᄌᆞ오니(蝟前走持之以進)(《동국신속삼강행실도》효6-79) 동으로돗고셔로ᄃᆞ다(《박통사언해》중 43) 살맛고ᄃᆞ다(走)(《역어유해》보 17)).

흔히 사람들의 재산 - 부의 개념은 땅에서 비롯한다고 말한다. 개인이나 혹은 왕의 권력은 바로 영토에 근거하는바, 일정한 영토 안에서의 통치 행위는 정해진 국토 안에서의 다스림을 뜻한다. 다스림은 한 집안이나 사회 혹은 한나라의 일을 보살펴 관리하고 사물이 흐트러지지 않도록 간추려 바로 잡음을 그 속성으로 하는 행위다. 이 모두가 땅에 대하여 지니는 가치 또는 인식에서 우러나오는 개념이라고 하겠다. 이른바 소유물이란 원천적으로 땅에서 생산되거나 그 가치가 창출되어 나온다. 에너지의 원천인 석유를 비롯한 광물 자원이나 식량 자원이 모두 그러하다. 때로 우리는 갖고 싶어 하는 대상에 대하여 집착이나 애정을 갖는다. 이들 소유욕은 인간의 의식주 생활에 필요한 것뿐만 아니라 구체적이든, 추상적이든 간에 감정가치에 대하여 애정을 갖게 된다. 한마디로 애정욕은 소유욕을 전제로 하며 소유욕을 충족시키는 땅에서 생성되는 것이니, 이러한 언어외적인 대전제들이 언어형식으로 투영됨에 있어 땅을 나타내

---

39) '닷'의 종성 / ㅅ /이 파찰음화하여 오늘날 '닺'으로 쓰이며, '닻'은 모음교체가 되어 '덫'으로 쓰이는데 같은 계열의 단어족으로 상정할 수 있다. 덧(역어유해)(보) 44)>덫.

는 단어족과 무관할 수 없다. 단적으로 표현하여 〈닷(닫)〉과 상관을 보이는 낱말의 겨레를 이루는 셈이 된다.

(39) ㄱ. 惑習다ᄉ료ᄆᆞᆯ爲커늘(爲治惑習)(《능엄경언해》 10-73) 四天下다ᄉ료미아바님ᄯᅳ디시니(《월인천강지곡》 48) 親ᄒᆞ닐親히ᄒᆞ고다ᄉᆞᆷᄋᆞ란기우로ᄒᆞ면(〈내훈〉 3-24) / 장기연장다슬여라(《청구영언》 110면)

ㄴ. 다사ᄡᅡ(《용비어천가》 77) 復ᄂᆞᆫ다시ᄒᆞ논ᄯᅳ디라(《훈민정음언해》) 다시곰것ᄆᆞᆯ주거(《월인석보》 10-24)

ㄷ. 비록뎨기피ᄃᆞᄉᆞ나(難彼深愛)(《법화경언해》 5-46) 네내ᄆᆞᄉᆞᄆᆞᆯᄃᆞᄉᆞ며(汝愛我心)(《능엄경언해》 4-31) 부듸양ᄌᆞ롤ᄃᆞᆺ오고(《두시언해》초 8-25) 可히ᄃᆞᆺ오도다(《두시언해》중 11-13)

ㄹ. 닷ᄆᆞᆼ을먹디마라(《송강가사》 2-1) 드듸여ᄂᆞᆫ화닷살기를求ᄒᆞ고(逐求分異)(《소학언해》 6-62)

위의 보기에서 ㄱ은 [닷 + -ᄋᆞ- + -리다 〉 다ᄉᆞ리다]로 형태분석이 되며, 〈닷〉은 땅 곧 영토를 드러내는 말이고 보면 영토를 통치하는 내용으로 풀이할 수 있다. ㄴ의 〈다시〉는 [닷 + -이(부사화 접사) 〉 다시]로 분석되며 〈닷(=땅)〉에서의 생산성이 재현되는 의미자질을 바탕으로 한다고 볼 수 있다. ㄴ의 경우, 〈ᄃᆞᆺ다〉는 [ᄃᆞᆺ + -다 〉 ᄃᆞᆺ다]로 쪼개어지며 땅으로부터 말미암는 소유·보행·애착 등의 뜻으로 쓰이는데 오늘날에 와서는 쓰이지 않는 사어(dead language)가 되었다. 표기적인 변이형으로 [ᄃᆞᆺ다](〈내훈〉 1-7)를 들 수 있다. ㄹ의 〈닷(=따로)〉을 의존명사 〈ᄃᆞ〉의 단어족으로 본 것은 자리 곧 공간의 구분이 달라지면 당연히 그에 따르는 사물들도 서로 다른 것으로 인식될 수 있다는 전제 위에서 그렇게 상정한 것이다. 가령 강이 흐르는 곳을 분기점으로 해서 지방이나 국가가 서로 경계선을 삼음은 하나의 본보기가 된다고 하겠다. 경계는 영토의 분기점을 이른다.

의존명사 〈ᄃᆞ〉의 단어족에 드는 것으로는 앞에 보는 것 밖에도 〈ᄯᅩᆯ(똘)·들·딜〉과 같은 형태들이 있다.

(40) ㄱ. 기픈ᄯᅩᆯ훌펴보신대(《능엄경언해》 1-29) ᄯᅩᆯ히다ᄃᆞᄅᆞ리로다

(《법화경언해》1-16) ᄃᆞ리말갇쏠해소ᄆᆞᄎᆞ리니(《사법어》13)

ㄴ. 나조히쁠흐로디나가놋다(《두시언해》중 3-41) 쁠(《동문유해》
상 -36) 뜰헤셔諫諍ᄒᆞ야(廷諫)(《두시언해》초 8-17)

ㄷ. 들ᄂᆞ물을키라가되(拔野菜去)(《박통사언해》중-34) 들히괴외ᄒᆞ
야(《목우자》36)

ㄹ. 딜부(缶)(《훈몽자회》중 8) 딜구을도(陶)(《훈몽자회》중 5)
딜것굽다(《동문유해》하 15)

ㅁ. 거즛듣그레(《법화경언해》6-52) 듣글딘(塵)(《훈몽자회》하 8)

ㅂ. 信티아니혼타시니(由不信)(《법화경언해》2-165) 正을信혼타시
오(由實正)(《법화경언해》2-164)

보기 (40)에서는 〈땅〉이 몇 가지의 하위 범주에 드는 의미 특성을 보
이고 있다. [뜰·탓]은 근원이나 이유를, [뜰·쓸]은 특정한 장소가
되는 마당을 이르고 있다. 한편 [드르 > 들(ㅎ)]은 큰 기복이 없이 넓
게 트인 땅을 뜻한다. 하지만 경음화된 〈뜰〉은 집 궁중 같은 데에 속해
있는 공간의 뜻으로 쓰인게 된다. ㄹ의 〈딜〉은 그릇을 만드는 특정한 흙
을 말하는데 근대어로 와서는 구개음화의 과정을 거치면서 〈질-〉계의
형태로 바뀐다. 중세어의 경우 〈딜〉은 〈딧-딜-딛〉의 표기적인 변
이형으로 실현되는데 이 가운데에서 〈딜〉은 자립명사로 쓰인다.[40] 의미
의 단어로 보아 〈딜〉보다 더 작은 〈ᄃᆞ〉계의 형식은 〈듣글〉(ㅁ)이다. 이
말은 〈드틀〉(《석보상절》13-38)로도 쓰이는데 변이형태로 〈쎠끌(《유
씨물명고》5土) 틔ㅅ글(《왜어유해》상8) 티글(《한청문감》16a)〉이
있다. 현대어에 와서는 〈티끌〉이 되었는바, 이상의 형태들을 공간의 크
기로 배열해 보면 [티글 > 쓸 > 쏠 > 들 > 땅]과 같이 간추릴 수 있
다. 일종의 〈ᄃᆞ〉에 대한 의미의 분절이라고도 하겠다.

큰 덩어리를 보다 작은 덩어리로 쪼개는 분절의 과정에서 더러는 열과
빛을 수반하는 일이 있다. 이른바 연소 현상(=불 태움)이랄 수 있는데

---

40) ㄱ. 빗치딋단말이라(중수무원록 1-33) 딧다(深)(한청문감 324C)

ㄴ. 디든아쳥(深靑)(노걸대언해 (하) 24)

ㄷ. 딜밍굴견(甄瓦)(신증유합 (하) 16)

의존명사 〈드〉계의 단어족에는 그와 관련하여 어떤 형태들이 있을까.

(41) ㄱ. 서블딛고(燃薪)(《두시언해》초 9-14) 섭나모디더(《두시언해》초 24-32) 네블쎠더가매(《노걸대언해》상-18) 블아니딧는구들을 ᄒᆞ랴(《박통사언해》중하-5) 블다히게ᄒᆞ며(《향약구급방》상-15) 불 싸히다(《동문유해》상-63) 손발대이쟈(《노걸대언해》하-32)

ㄴ. 차달효매(《남명집》상-64) 블로달히는ᄃᆞᆺᄒᆞ도다(《두시언해》초 25-39) 술에 달회여(《삼역총해》8-15)

ㄷ. 제어미롤조차방하디터니(《동국신속삼강행실도》효 2-70) 디허ᄀᆞ 느리쳐(《구급간이방》6-6) 쪼쎠허散밍ᄀᆞ라(《구급간이방》하-62) ᄒᆞ 터쎠허(《구급간이방》1-10) 약을쎠허(《분문온역방》15)

보기 (41)에서 〈딛다〉는 불을 지피는 뜻으로 쓰인 말인데 〈썰다 · 딧다 · 싸히다 · 대이다〉와 같은 이형태들로 이루어진 겨레들이 있고, 쪼개어 작게 만드는 분절동작을 드러내는 말로는 〈닿다 · 셧다〉가 있는데 현대어로 오면서 〈찧-〉계로 바뀌게 된다.

의존명사 〈드〉의 의미자질 중에서 〈닫힘〉의 자질은 흙 – 지표면의 공간이 드러내는 또 다른 하나의 특징이 된다. 웅덩이의 물이 흙으로 메워지듯이 땅은 열려 있는 상태의 공간을 덮음으로써 일단 닫혀진다. 열려있음과 닫힘이 고루 작용하여 대지의 기능은 적당한 상태를 유지한다. 흙으로 덮인 대지에는 많은 풀과 나무가 자랄 수 있고 모든 존재들의 실존을 가능하게 한다. 따라서 대지에서는 삶과 죽음, 있음과 없음이 연상의 고리를 이루어 나타나기도 하는 것이다.

(42) ㄱ. 닫뎡(《훈몽자회》중-12) 닫(《역어유해》하 20)

ㄴ. 다ᄃᆞᆫ門ㅅ안해(閉門中)(《두시언해》초 8-16) 山門이萬里예다댓도다(山門萬里閉)(《두시언해》초 22-23)

ㄷ. 머리셔ᄇᆞ라매노피하늘혜다핫고(《박통사언해》초상-68)

ㄱ에서 닿음을 기본 의미소로 하는 〈닫〉은 ㄴ의 〈닫다〉와 같이 동사 파생 이간이 되면서 열려 있는 것을 도로 제자리에 가게 하는 동작 동사를 이룬다. 흔히 흙에서 태어나 흙으로 돌아간다고 한다. 땅이란 공간은 삶의 과정에 있어 공간 인식으로 보아 처음이자 마지막이 된다. 〈닫다〉

는 ㄱ으로 보아 〈닿다〉로 쓰였는데 이 중 오늘날까지 쓰이는 것은 〈닿다〉(《능엄경언해》 2-76)이다.

이제까지 의존명사 〈ᄃᆞ〉의 의미 자질을 바탕으로 그와 관계 있는 단어족을 살펴보았는데 대강을 동아리 지으면 다음과 같다.

(43) 〈ᄃᆞ〉의 의미자질과 단어족

ㄱ. 공간 : ᄃᆞ · ᄯᅡ · ᄯᅩ · 터 · 때
ㄴ. 시간 : ᄶᅧ · ᄢᅦ · ᄶᅢ · 덧(덛)
ㄷ. 지표면 : ᄯᅩ(ᄯᅡ) · 다(ㄴ) · 더 · 돌 · 들 · ᄠᅳᆯ(뜰) · 듣- · 터 · 딜
ㄹ. 소유·애정 : 닷- · ᄃᆞᆺ · 다시
ㅁ. 근원 : 솔 · 탓
ㅂ. 연소 : 딛- · 딧- · ᄯᅡ- · 대- · (데-) · 달-
ㅅ. 분절 : 딓-(썰-)
ㅈ. 닳음 : 닫- · 닳-

3) 형태 분화의 구조

하나의 말은 나무의 가지가 자라남에 따라서 더 많은 가지가 자라나듯이 시대와 공간이 달라짐을 좇아 분화되어 간다. 여기 분화란 언어의 분열작용을 의미하며 통일된 형태로 되돌아 가려는 통일작용을 뜻하지 않음은 물론이다. 언어형식이 변함에 있어 음운의 변화, 형태상의 유추, 외래어의 차용은 주요한 통로가 된다. 의존명사 〈ᄃᆞ〉의 형태 분화 과정에서 두드러진 요인으로는 음운의 교체에 따른 변화라고 할 것이다. 이와 더불어 접미사의 첨가로 만들어지는 용언 파생의 틀 곧 일종의 유추 현상이 있으며 다음으로는 단일어와 단일어가 통합하여 합성어를 이루는 분화의 유형을 들 수 있다.

(가) 음운의 교체

의존명사 〈ᄃᆞ〉의 분화에 관여하는 음운의 교체에는 크게 모음 교체와

자음 교체가 있다. 가장 넉넉한 분포를 보이는 것은 모음 교체인데 어간 모음이 양성모음, 음성모음, 중성모음 사이에서의 교체로 일어나는 모음의 대립현상인 것이다. 다음으로는 음절의 초성 및 종성의 위치에서 일어나는 자음음상에 따른 자음교체라 하겠다.

기술의 편의를 꾀하기 위하여 같은 음절에서 동일한 형태의 분화라고 하더라도 모음 교체와 자음의 교체를 함께 고려하면서 방언 자료 또는 현대어와의 연관성을 검토하기로 한다. 모음 교체에 따른 형태소의 계열을 들어보기로 한다.

(44) ㄱ. (V⁺): ᄃᆞ(다)·ᄃᆞᆺ·ᄃᆞᆫ·ᄃᆞᆯ·ᄃᆞᆫ·터(대) / 닷·닿·닫· 달 / 탈·탓·ᄮᆞ·솔·따·쌀·때

ㄴ. (V⁻): 듯·들·들 / 더·덧·덜·덜·데 / 터·테·ᄲᅥ·떤·쎄

ㄷ. (V⁰): 디·딧·딜·딯 / 티 / 씰

(V⁺ : 양성모음 / V⁻ : 음성모음 / V⁰ : 중성모음)

위의 보기 (44) ㄱ~ㄷ에서 보인 형태소의 목록은, 형태론적으로 보아 ㅎ종성 체언인 의존명사 〈ᄃᆞ〉계의 분화 형태를 자음의 음상과 교체, 그리고 모음의 교체를 바탕으로 하여서 만들어 본 것이다. 먼저 양성모음(V⁺) 계열의 분화 형태를 중심으로 한 낱말의 겨레에 대하여 알아보기로 한다.

(45) (V⁺) ᄃᆞ : ·ᄃᆞᆺ·ᄃᆞᆫ·ᄃᆞᆯ·터·동

ㄱ. 이런ᄃᆞ로거그머히요물 눈호니라(所以分黑白)(《두시언해》 초간 7-27) 그런ᄃᆞ로 風俗을 조차(故隨俗)(《내훈》 3-62) 집의ᄮᆞ히(《화음계몽언해》 상 4)

ㄴ. 기피ᄃᆞᄉᆞ나(《법화경언해》 4-56) 我를 ᄃᆞᄉᆞ리잇거든(《원각경언해》 하 3-1:20) ᄃᆞᆺ온ᄠᅳᆮ(《석보상절》 6-6) ᄃᆞᆺ거늘(《동국신속삼강행실도》 효 6-79) ᄆᆞᄉᆞ물 ᄃᆞᆺ게아니코(不先溫其心)(《향약구급방》 상 8)

ㄷ. 얼데미쳐ᄃᆞᄅᆞ뇨(何爲狂走)(《능엄경언해》 4-67) 날ᄃᆞ리ᄃᆞᆺ놋다(《두시언해》 초8-64) 어긔여ᄃᆞᆫ툼이되ᄂᆞ니(《소학언해》 6-90) 머리 ᄃᆞᄅᆞ가샤(《월인석보》 17-76)

ㄹ. 鬼神둘콰사룸과(《석보상절》 13-24) 어드움들히사 種種히差別ᄒ
   니(《능엄경언해》 2-30) 禪인돌나토시니(《남명집》 상52) 둘爲月
   (《훈민정음해례》 용자례 12)
ㅁ. 서르보논ᄃᆞᆫ 恭敬ᄒᆞ야(《내훈》 1-77) 고디듦ᄃᆞ아니ᄒᆞ외(《첩해신
   어》 1-19) 願호ᄃᆞ내生生애그딋가사ᄃᆞ외아지라(《월인석보》 1-11)
ㅂ. 놀애롤브르리하티(《용비어천가》 13)

보기 (44)에서 ㄱ은 〈ᄃᆞ〉가 근거 이유를, 〈ᄯᅡ〉는 땅을 의미하는 표
기적인 이형태로 쓰이고 있으며, ㄴ의 〈ᄃᆞᆺ〉은 < ᄃᆞᆺ다(=사랑하다), ᄃᆞ
ᄉᆞ다(따뜻하다), -ᄃᆞ시>와 같이 동사 파생의 어간으로 쓰인 분포를
보이고 있다. 〈-ᄃᆞ시〉는 동사의 어미로 쓰이는 것으로서 의존명사가
문법화하여 형태론적인 구성을 하고 있는 보기라 하겠다. ㄷ의 〈ᄃᆞᆫ〉
은 〈ᄃᆞᆫ다(走), ᄃᆞᆫ토다(戰), ᄃᆞᆯ고 나다, ᄃᆞ라가다, 다ᄃᆞᆮ다〉와 관련한
파생 어간으로 쓰였으며 땅의 표면 또는 영토의 소유에 관계되는 의미
특성을 보이기도 한다. 음운 인식과 표기되는 형태와는 불가분리라고 하
겠는데, 가령 팔종성가족용의 경우가 그렇다고 볼 수 있다. 〈ᄃᆞᆺ놋다〉
(《두시언해》 초8-64)에서 / ㅅ↔ㄷ / 의 넘나듦 같은 (45) ㄹ의 경우 〈
ᄃᆞ〉의 분화형인 〈돌〉이 복수접사 또는 의존명사 〈돌〉로서의 분포가 확
인된다. 그 밖에도 부정의 동사에 선행한다든가 용언의 의미로 쓰이는
일이 종종 있다(업시오돌아니ᄒᆞ오니(《번역소학》 10-19) 먹돌슬히너기
니(《석보상절》 11-34) ᄒᆞ고져ᄒᆞᆯ돌가히득ᄒᆞ랴(《번역소학》 10-19) 높이
나아간돌(《월인천강지곡》 11). 또한 〈돌〉은 어두의 자음이 경음화 되
어 〈쫄〉(《능엄경언해》 6-23·《용비어천가》 96)로도 꼴바꿈을 한다.
ㅁ에서 〈ᄃᆞᆫ〉은 [ᄃᆞ+-ㄴ〉ᄃᆞᆫ]의 유착 과정을 거쳐 하나의 형태로 굳
어져 쓰이기도 하는데 이 또한 경음화되어 〈쏜〉(《한청문감》 67c) 으로
변이한다. 통사상의 성분으로 보면 주로 주제어가 되는 일이 많다. 〈돌〉
과 마찬가지로 부정의 동사에 선행하여 어간 뒤에서 강세의 뜻을 더해
주는 구실을 한다(아디못ᄒᆞ면識이아니어쏜(《능엄경언해》 3-47), 고디
듦ᄃᆞᆫ아니ᄒᆞ외(《첩해신어》 1-19)). ㅂ의 〈티〉는 [ᄃᆞ + -ᄋᆡ 〉티]
의 유착 과정을 거쳐 분화된 형태로서 합성어를 이루는 경우가 많고, 통

사 성분으로는 주어, 목적어, 보어의 구실을 한다. 그 조어론적인 양상에 대하여는 뒷부분에서 살피기로 한다(필자 1987 : 104 참조).

(45)에서의 형태들은 근대 국어 또는 현대 국어로 오면서 /ㆍ/가 없어지므로써 〈다ㆍ닷(닿-)ㆍ닫ㆍ달ㆍ단ㆍ대〉와 같이 그 표기가 바뀌게 된다. /ㆍ/가 없는 형태로 표기되는 것은 이미 중세어 자료에서도 보이는바, 이는 언어 현상이 통시태의 누적된 기층을 바탕으로 하여 공시태로 드러난다고 하는 것을 가늠하게 해준다. 그러면 [다ㆍ닿ㆍ닷ㆍ달ㆍ닫ㆍ대]의 분포를 확인해 보기로 한다.

(46) ㄱ. 부톄說法ᄒ신다마다(《월인석보》 1-15) 뮌다마다법에어그면(《금강경언해》 2-18) 다지다(《한청문감》 259d) / ᄲᅡ져주메다ᄃᆞᄅᆞ니(屬地濕)(《두시언해》 초 16-70)

ㄴ. 눈다ᄒᆞ티마다(觸目)(《금강경언해》 3-42) 西江ᄋᆞᆫ 錦城에다핫ᄂᆞ니라(西江接錦城)(《두시언해》 초 23-48) 소ᄂᆞᆯ가ᄉᆞ매다혀겨샤ᄃᆡ(《월인석보》 10-15) 블다히게ᄒᆞ며(《구급방》 상-15)

ㄷ. 이다ᄉᆞ로이제와ᄶᅩ싱각ᄒᆞ야(《석보상절》 9-16) 菩提心發티아니혼다시니(《월인석보》 9-20) 닷ᄉᆞᆯ기톨(《소학언해》 6-62) 禪을닷ᄀᆞ나(《능엄경언해》 9-15) 닷븟근明鏡中(〈송강가사〉 1-19) 닷티사라야ᄒᆞ리로다(《이륜행실도》 중-8) 닷토와ᄑᆞ는고(《해동가요》 107) 다ᄉᆞᆫ것티(治)(《신증유합》 하-10) 다ᄉᆞᆯ올딩(懲)(《신증유합》 하-21) 마 톨다ᄋᆞ고(築場)(《두시언해》 초 7-18) 굳게다ᄋᆞ라(《가례》 8-15)

ㄹ. 달이닐옴ᄒᆞ실ᄊᆡ(《원각경언해》 2-1:32) 다리우리톨달오고(《내훈》서-4) 나랏말ᄊᆞ미中國에달아(《훈민정음언해》) 달고질ᄒᆞ야(《내훈》 3-13)

ㅁ. 닫뎡(《훈몽자회》 중-12) 다돈門ㅅ안해(閉門中)(《두시언해》 초 8-61) 緘ᄋᆞᆫ다둘씨라(《능엄경언해》 7-4) 눕과닫나몰즐겨(《석보상절》 9-16) 왼녁피닫담고(《월인석보》 9-7) 닫글슈(修)(《왜어유해》 하 39)

ㅂ. 달옴이이시리잇가(《월인석보》 9-5) ᄒᆞ나토아니며다ᄅᆞ도아니로미(《월인석보》 7-70) 神色이다ᄅᆞ디아니ᄒᆞ야(《소학언해》 6-102) 飮食

달오는집(廚)(《역어유해》 상 16) 빈달홀사르미호마 빈출술피누니 (《두시언해》 초 8-54) 달힐젼(煎)(《신증유합》 하-41) 달하반반한것 (《한청문감》 352c) 달하둥글다(磨圓了)(《한청문감》 356d)

ㅅ. 손발대이쟈(《노걸대언해》하-32) 머리예대혀(《속삼강행실도》효 8) 몸조블디더(《동국신속삼강행실도》효 3-40)

보기 (46)에서 〈다〉를 중심으로 한 단어족으로는 〈다드른다(到)·다(皆)·다지다·-다〉와 같은 형태를 들 수 있다. 주로 동사 파생의 어간으로서의 분포가 지배적임을 알 수가 있다. 의존명사〈드〉에 비교한다면 [다]의 형태가 널리 쓰임을 알겠으며, 〈닿-〉의 경우에는 〈닿다·다ㅎ다·다히다〉와 같은 형태들이 있다. 그 의미로 보아 〈다히다〉는 '불에 데다'의 뜻으로 쓰임을 알게 된다. 본시 땅이란 경우에 따라서 화산과 같이 불덩이의 모습으로 드러나기도 하며 위협과 불안의 대상일 수도 있으며 생성과 소멸의 요람으로 그 존재의 의미를 부여할 수가 있다. 〈닷〉과 관련한 형태로는 〈닷-(=탓·따로)·닷(ㄱ)다(닦다)·닷복다·닷토다·다스리다(다솔다·治)·다ㅇ다(築)〉를 들 수 있는데 이 때의 의미소로는 〈근거·영토·마찰·접촉〉을 상정할 수 있다. 〈닷〉은 현대 국어로 오면서 격음화를 겪어 〈탓〉이 되며, 근거를 드러냄에 있어서는 다름이 없다. 〈다스리다〉는 〈다스리다〉로 바뀌어 오늘에 이르렀으며, 영토를 뜻하는 형태로 보인다.

ㄹ에서는 〈달이·다른다·달다(異)〉가 한 겨레를 이루는데 소유하는 바의 공간이 다름을 바탕으로 한다. 물론 〈닫〉과 같은 뜻으로 쓰이며 일종의 변이형으로 풀이하면 무리가 없을 듯하다. /ㄷ→ㄹ/은 호전 현상인데 ㄷ이 모음 사이에서 약화하여 일어나는 것으로 그 대표적인 ㄷ 변칙 용언의 경우를 들 수 있겠다. ㅁ에서 오늘날의 〈닻〉을 〈닫〉이라고 한 것은 〈접촉〉 개념에 터를 대인 것으로 보인다. ㅂ의 경우 〈달하다·닳다〉도 결국은 땅과 접촉하여 흙의 상태로 되거나 액체가 졸아들어 그 바닥이 보일 정도로 됨을 이르는 것으로 모두 땅의 의미를 전제로 한 것이 아닌가 한다.

〈탓-탈〉의 경우를 보면, 〈닷-달〉이 격음화한 형태인데 이미 중세어 자료에서도 검증되고 있다(根源짜훈各各根源타롤조찰씨라(各隨元由也)(《능엄경언해》8-78) / 어와내병이야이님의타시로다(〈송강가사〉·〈사미인곡〉)). 이들 형태들은 잘못된 까닭을 이르는 것으로 종성에서 /ㅅ↔ㄹ/의 대립을 보이나 같은 형태의 겨레들이다. 〈닫(=닺)·달(月)(←떠돌아 다니는 땅 덩어리)〉과 같이 모두가 자립명사로 쓰인다.

그러면 〈쫀〉와 〈쏠〉의 경우는 어떠한가. 모두가 ㅎ곡용을 하는 말로서 〈쫀〉(《화음계몽언해》상-4)는 땅의 지표면을, 〈쏠〉(《능엄경언해》1-29)은 근원을 뜻하는데 동일한 공간의 개념에서 분화되어 나온 것이다. 〈쫀〉는 〈짜(《훈민정음해례》)·따(《왜어유해》상7)〉 혹은 〈쌍〉(《동국신속삼강행실도》열 4-64)의 변이형태로서 드러나기도 한다. 앞에서도 지적한 바와 같이 [쌍]은 [짜(ㅎ)>쌍]으로 바뀌어 쓰인 것으로 상정할 수 있으니, ㅎ말음이 이응 /ㅇ/ 종성으로 표기되어 굳어 버린 경우라 할 것이다.

한편 〈때(떼)〉는 어떻게 보아 의존명사 〈ᄃᆞ〉의 단어족이 되는 걸까. 일정한 자리—곳을 〈때〉(이긔욜땔조차(隨其所堪)(《법화경언해》 권 3-19)라고 한다. 기실 따지고 보면 시간의 〈쌔〉(《오륜행실도》2-54)는 공간 개념의 [티(대)>때]에서 비롯한 것으로 보인다. 앞서 이른 바로 공간 개념이 시간 개념으로 전이된 것이라 하겠다. 아울러 지적해야 될 것은 몸이나 옷에 묻는 더러운 것을 나타내는 〈때〉의 경우이다. 이 형태 역시 '자리·먼지·흙'의 뜻으로도 쓰였는바, 먼지 흙과 같은 이물질이 옷이나 몸에 묻으면 더러운 〈때〉가 됨은 당연한 일이기 때문이다.

이상에서 풀이한 의존명사 〈ᄃᆞ〉의 분화 형태들은, 특히 양성모음(V⁺)의 계열에서 초성의 경우 음상의 대립 /ㄷ:ㅌ:ㄸ/이 두드러지고 종성의 경우에서는 자음 대립 /ㅅ:ㄷ:ㄹ/이 두드러지는 음절구조 또는 음운론적인 변동의 결과로서 분화하여 나아갔다. 이제 풀이한 내용을 간추리면 다음과 같다.

(47) 〈ᄃᆞ〉계 양성모음(V⁺) 계열의 분화
ㄱ. 자립성의 유무로 볼 때, 〈쫀·쏠·닫(=닺)·탓·탈·짜·쌍·때〉는 자립형식으로 쓰이고 〈ᄃᆞ·ᄃᆞᆺ·돈·돌·든·티/다·대

·닿·달〉은 구속형식으로 쓰였다. 특수 곡용으로 보아서는 〈ᄯᆞ·
쑬·ᄶᅡ·ᄊᆞᆺ·돌·다·대〉는 ㅎ종성체언의 곡용을 하고 〈ᄃᆞ·ᄃᆞᆫ
·티·닷·닿〉은 정상적인 곡용을 한다.

ㄴ. 분화 형태의 어두 자음은 /ㄷ·ㅌ·ㄸ/의 자음 음상에 따른 대
립을 보이며, 어말 자음은 /ϕ : ㅅ : ㄷ : ㄹ/의 대립으로 분화된
다. /·↔ㅏ/의 모음변이형으로 보인다.

ㄷ. 현대 국어로 오면 /·/로 표기되던 모든 형태와 합용병서 계열
의 형태들은 모두 사어(死語)가 되고, 형태만 바뀌어 쓰이는 말로
는 〈다·닿·닫·달/탓·탈/땅·때〉와 같은 말들만 살아 쓰이
고 있다.[41]

ㄹ. 의존명사 〈ᄃᆞ〉계의 분화 형태는 동사 파생 어간으로 널리 쓰인
다.([[X]Nᵦ+-다]V)

의존명사 〈ᄃᆞ〉계의 분화 형태 가운데는 양성모음(V^+)의 어간 모음
이 음성모음(V^-)으로 바뀌면서 이루어지는 단어족이 상당수 있다. 일
반적인 공통점은 (46)ㄱ, ㄴ의 특징을 보이는데 분포례를 보이면 아래
와 같다.

(48) 듯다(滴)(《동문유해》상2) 듯듯다(《청구영언》대 75) 듣다(
滴)(《석보상절》6-32) 듣글(《능엄경언해》1-5) / 들(野)(《신증유합》
상-6) 들다(入)(←일정한 공간에서 다른 공간으로 옮기는 동작이니
까) 들어가다(《소학언해》6-19) 들어오다(《소학언해》5-47) / 더
(《훈몽자회》중-7) / 더듬다(《능엄경언해》1-3) 더디다(《능엄경언
해》4-6) / 덧(= 덫)(《역어유해》보44) 덧(= 때·시간)(《계축
일기》98) 덧(= 탓)(《청구영언》6) 덧ㄴ다(《역어유해》보61) /
덛(= 사이)(《월인석보》8-8) 덛다(= 덮다)(《내훈》3-7) / 덜(《

---

41) 현대어에서의 단어족을 살펴보면, '다[皆](← 모든 사실, 사물이 땅에
서 비롯하니까)·다니다·다녀가다·다녀오다·다다르다·다독거리다·다
듬다·다듬이·따듬다·다듬작거리다·다르다·따로·다루다·다스리다·다
스하다·다시 / 닫다·닫아걸다 / 달·달구치다 → 달구다·달다·닳다·닻·
대다 / 탓·탈 / 땅'등이 있다.

송강가사》 2-6) 덜다(《능엄경언해》 10-87) / 더럽다(《월인석보》 1-35) 더레이다(《법화경언해》 6-57) / 데다(《소학언해》 6-102) 데오다(《송강가사》 2-5) / 터(ㅎ)(《훈몽자회》 상-6) 터닷(ㄱ)다(《석봉천자문》 27) / 테(《역어유해》 보 39) / 셔나다(《동문유해》 상-29) 뻐나다(《관음경》 4) 뻐디다(《금강서》 11) 뻐러디다(《두시언해》 초 8-65) 셔러지다(《한청문감》 221d) / 쓸.(ㅎ)(《두시언해》 중 3-41) 쓸홀(《소학언해》 4-39)

통사상의 자립성으로 보면 (48)의 형태 중에서 자립형식으로 쓰인 것은 〈들·덧(=덫)·터·테·쓸·덜〉 등이 있으며, 의존형식으로 쓰인 것은 〈듯·든·덜·덧·덜·데·더(뻐)〉와 같은 단어들이다. 모음 교체와 더불어 현저한 형태 변동은 /·/의 바뀜이라 하겠다. 주로 어두에서는 /ㄷ·ㅌ·ㄸ(ㅄ·ㅉ)/의 대립이, 어말 받침에서는 /ㄷ·ㅅ·ㄹ/의 분포 대립으로 드러난다. ㅎ특수 곡용의 특징을 보이는 형태소는 〈들·쓸·터〉가 중심을 이룬다.

음성모음(V^-)계열의 형태들은 양성모음 계열에 비하여 분화의 분포가 생산적이지 못하고 뿐만 아니라 어두자음이 합용병서로 된 말들은 현대 국어에 와서는 쓰이지 않는다. 어말자음 - 받침의 경우 /ㅅ-ㄷ/의 표기가 대종을 이루면서 복합어의 생성에 관여하게 된다.

(49) ㄱ. 듯·듯싶다·듯 하다 / 듣다(聞)(←소리가 마치 물체가 땅으로 떨어짐과 같이 고막에 떨어짐에 유추)·듣보다 / 들·들끓다·들다(入)

ㄴ. 더(=보다 많이)·더럽다(덜＋-ㅂ다＞더럽다)·덧(=짧은 시간 ← 공간의 시간화) / 덜·덜다·덜도래(=땅강아지)·덜커덕(덜(ㅎ)＋거덕＞덜커덩) / 가운데·데우다·데다

ㄷ. 터·텃밭·텃고사·텃세·텃구렁이·텃도지 / 테두리

ㄹ. 떼(=흙까지 아울러 뿌리채 떠낸 잔디)·떼거지·떼도둑·떼도망·떼꿩·떼송장·떼목·떼배·벌떼

ㅁ. 뜰(〈방언〉뜨락)·뜰팡

가장 두드러진 분포를 보이는 것은 형태소로 보아 [듯·든-·들-/

제8장 기원과 믿음 223

더·덧·덜-/데·터·테·떼]를 중심으로 하는 단어족들이라고 하겠다. 중근세어의 자료와 비교할 때 〈덛·떨〉이 현대어의 자료에서는 확인되지 않는다.

양성 또는 음성모음 계열의 분화 형태와 아울러 〈ᄃ〉의 낱말겨레에 드는 것은 중성모음(Vº) 계열의 단어족이라고 보이는데, 여기에는 〈디·딧·딛·딯·딜]을 중심으로 하는 단어족들의 분포가 확인된다.

(50) ㄱ. 微妙혼 光明을 보는딜씨(《월인석보》 8-38) 디거늘(《석보상절》 6-31) / 블아나딧다(《박통사언해》 중하-5) / 서블딛고(燃薪) (《두시언해》 초 9-14) / 딜구을도(陶)(《훈몽자회》 중-15) 딜가마 (《청구영언》 38) / 딜것도(陶)(《석봉천자문》 5) 딜그릇(《두창경험방》 3) / 방하디터니(《동국신속삼강행실도》 효 2-70)

ㄴ. 티(舵)(《동문유해》 하18) 티드라(《남명집》상2) 틔업게(《박통》 초 상-45) 印틴글월도(《두시언해》 초 20-24) 티쁘논(《두창경험방》 15) 티디러(《두시언해》 중 13-38) 티미러(《태평광기언해》 1-48) 티와드니(《남명집》상 1) 티임을닙어(《소학언해》 6-59)

ㄷ. 셔든그릇(〈권선곡〉 3) 몰애삐 논(《능엄경언해》 1-3) 넘삐여글후 미(《능엄경언해》 8-102) 떨러주기리라(《동국신속삼강행실도》 중 1-75) 블셔더가매(《노걸대언해》 상-18)

의미소로 보아 〈디-〉계의 말은 모두가 '땅'(흙)을 드러낸다. 가령 〈디다〉의 〈디〉는 땅을 드러내는 형태소인데 떨어지는 것은 곧 물체가 땅으로 떨어짐을 뜻하는 것으로 보인다. ㄱ에서 [딧/딛]의 형태들은 모두 불에 타는 것을 이르는 말로 '불에 타서 흙(=재)으로 되는 과정'을 동사로 표현한 것은 아닌가 한다. 단적으로 〈딛〉은〈딯-딧-딛-딜〉의 단어족이라고 볼 수 있겠는데 이는 음운 인식에 따르는 변이형태라고 판단된다. 이 중 〈딯〉은 [디(ㅎ))딛-〉으로 된 과정을 거쳐 화석화되어 한 형태로 굳어진 것으로 상정할 수 있다. 통사상의 자립이라는 관점으로 볼 때, 〈딜〉만 자립형식으로 쓰이고 나머지 〈디·딧·딛·딯〉계의 형태들은 의존적인 구속형식들임을 알게 된다. ㄴ의 경우 〈티〉는 서로 부딪는 동작을 나타내며 이 부류에 드는 말로는 〈티·티돌다・티다〉 등이 있는데 '땅'을 중심의미로 하는 단어족들이다. 아울러 지적해 두고 싶은 것은 의존명사 〈디〉가 자음의 음상을 따라서 어두자음의 격음화 또는 경음화를 겪음으로써 〈티/써〉와 같은 독립된 형태소가 생겨난다는 점이다. 〈티〉는 배의 닻을 뜻하는바, 땅에 부딪혀 접촉함을 드러내는 말로서 〈티돋다・티다・티딜다・티왈다・티이다〉 등의 낱말겨레를 이루게 된다. 현대 국어로 오면서 구개음화에 따른 형태음소적인 변동을 입어 〈치-/찌-〉계로 바뀐다. ㄷ에서 〈써다(삐다)〉는 불에 다리거나 찌는 동작을 뜻하는 것으로 '땅'의 속성이나 땅 곧 흙으로 되어버리는 속성을 투영시키는 것이 아닌가 한다. 이 또한 현대 국어로 오면서 /ㄷ(ㅌ・ㅆ)>ㅈ(ㅊ・ㅉ)/으로 바뀌어 실현된다.

(51) 〈디〉계 분화어의 단어족

ㄱ. 중근세 : 디・닷다・딛다・딜・딜가마・딜것・딜그릇・딯다/티돋다・티다・티딜다・티왈다・티이다/써다(삐다)・넘삐다・삐르다・섵다.

ㄴ. 현대 : 지나다・지・질・질것・질그릇・질기와・질동이・질뚝배기・질방구리・질벅거리다・질솥・질장구・질척하다・질커덕하다・질크러지다・질퍼덕하다・질편하다・질 항아리・질화로・질흙・짓다(←땅에서 모든 생산이 가능하니까)・짓두들기다・짓먹다・짓밟다・짓씹다・짓찧다・짓치기/치고・-치고・치기배・치르다/찧다・찢다・찢뜨리다・찢어발기다・찢어지다・찌르다・찔리다/찔레나무

ㄷ. 디디다(=딛다)・딜목・디럽다(←곡성, 구례, 함평, 목포 등의 방언)

현대 국어로 오면서 〈디-〉계의 형태들은 구개음화를 겪으면서 〈지-〉계의 분포가 보편적으로 드러난다. 특히 〈짓-//질-〉계의 형태들이 상당한 분포를 보이며 특수 곡용의 흔적을 결합형으로만 유추할 수 있을 뿐이다. ㄷ의 보기처럼 구개음화를 경험하지 않은 계열의 형태들도 있지만 그리 많은 분포량은 아니다. 〈질-/칠-/찔-〉의 경우, 매개모음 /-으-/에 연철되어 형태음소론적인 변동을 따라서 그대로

화석화 되기에 이른다. 〈짓다〉에서 〈짓〉이 땅을 뜻하는 말로서 농사 또는 모든 활동의 공간을 통틀어 나타내는 의미소로 상정할 수 있다. 구체적인 동작은 물론이고 여기에서 끝나지 않고 추상적인 동작이나 표현을 만들어 냄도 〈짓는다·짓다〉로 드러낸다. 원천적으로 땅은 생성과 소멸의 처음이자 마지막이니까 상당한 설득력을 지니는 형태론상의 한 형태소라고 하여 지나침이 없을 것으로 판단된다.

(나) 접사의 첨가

의존명사 〈ᄃ〉의 분화형태 가운데에는 접사의 첨가로 말미암는 단어족이 그 대종을 이루는 것으로 보인다. 가장 두드러진 것 중의 하나는 의존명사 〈ᄃ〉계의 분화 형태에 접미사 〈-다〉가 붙음으로써 동사를 생성해 내는 경우라고 하겠다.

(52) [〈ᄃ〉-]계 분화형] + -다]동사(중근세어)

ㄱ.(V⁺): ᄃᆞ다·ᄃᆞ오다·ᄃᆞᄒᆞ다 / ᄃᆞᆯ다·ᄃᆞᆫ토다·ᄃᆞ라들다·ᄃᆞ라가다·ᄃᆞᆫ다 / 다ᄃᆞᆯ다·다지다·다ᄒᆞ다·다히다·닷다·닷치다·닷토다·닳다·달이다·달하다(닳다)·써다·때우다

ㄴ.(V⁻): 듯다·듯듯다·듣다 / 들다·들녀나다·들리다·들어가다·들어오다·들이다·덛다 / 덜다·더럽다·더레이다·데다·데오다

ㄷ.(V⁰): 디다·딧다·딯다·딛다 / 티다·티이다 / 셔다·삐다·넘삐다·삐르다·씰다

보기 (52)를 보면 양성모음(V⁺) 계열의 단어족이 넓은 분포를 보이고 있다. 중성모음 계열 〈디-〉는 〈지-〉계의 낱말로 바뀌어 간다. 특히 아래아(/ · /)의 변동이 반영되면서 뒤로 갈수록 동음이의어가 생기는 등 다소 복잡한 양상을 띠게 된다.

(53) ㄱ.(V⁺): 다르다·다루다·다히다·다투다·닳다·달이다·달리다·닳다 / 대다·때다·따르다

ㄴ.(V⁻): 들다·들다 / 덜다·더럽다·데다·데오다 / 떼다

ㄷ.(V⁰): 딛다(=디디다)·짓다 / 치다·치이다 / 찌다·찧다·찌

르다

이 밖에도 의존명사 〈ᄃᆞ〉계의 분화형태에 접미사가 교착하여 재구조화된 형태로는 [N(V)이 – N로 – Vㅁ – V개]와 같은 파생어의 분포가 눈에 뜨인다.

(54) ㄱ. V(N)이 : 달이(달 + -이>달이)(《월인석보》 18-17) 다히(다(ᄒ) + -이>다히)(《송강가사》 1-16) 다디(닫 + -이)(《박통사언해》 중 하-12) 다리(달 + -이>다리)(《석보상절》 6-32) 다시(닷 + -이 〉다시)(《용비어천가》 77)

ㄴ. N로 : 대로(대 + -로>대로)(《번역소학》 8-10) ᄯᆞ로(ᄯᆞ+ -로>ᄯᆞ로)(《역어유해》 보 38)

ㄷ. Vㅁ : 親ᄒᆞ닐親히ᄒᆞ고다ᅀᆞᆷ으른기우로ᄒᆞ고(닷- + -ᄋᆞ- + -ㅁ 〉 다ᅀᆞᆷ)(《내훈》 3-24)

ㄹ. V개 닷개ᄒᆞᄂᆞᆺ(닷- + -개 〉 닷개)(《노걸대언해》 하 62)

접미사 [-이]의 경우, 명사에 교착하여 명사를 생성하는 것과 동사어간에 붙어 부사화 접미사로 쓰이는 것이 생산적임을 알 수 있다. 이러한 현상은 현대 국어에서도 예외는 아니다.

(다) 형태소의 합성

하나의 단일어는 다른 단일어와 어우러져 합성어를 이루는 경우가 많은데 의존명사 〈ᄃᆞ〉계의 분화 형태에 있어서도 예외는 아니다. 통합 방식으로 보아 비통어적인 것과 통어적인 것이 있는데 그 보기를 들면 다음과 같다.

(55) 〈ᄃᆞ〉계의 비통어적인 합성어

ㄱ. V⁺ : 돗ᄒᆞ다(《몽산화상법어》 47) 돗다(《동국신속삼강행실도》 효 6-79) 돗오다(《석보상절》 6-6) 돈니다(《석보상절》 6-16) 돋토다(《소학언해》 6-90) / 다ᅌᆞ다(《두시언해》 초 7-18) 다ᄉᆞ리다(《능엄경언해》 10-73) 다히다(《월인석보》 10-15) 닷다(《석보상절》 9-14) 닷복다(《송강가사》 1-19) 다ᄉᆞᆯ다(《신증유합》 하 21) 달다(《월인석보》 9-5) 달하(《한청문감》 352c) 다ᄒᆞ다(《두시언해》

초 20-10) 다르다(《소학언해》 6-102) / 닮다(《해동가요》 113) 짜가다(〈이상곡〉) 짜히다(《계축일기》 188) 짜디다(《내훈》 1-50) ᄣᅡ디다(《소학언해》 2-8) / 대히다(《속삼강행실도》 3(효) 8) 대이다(《노걸대언해》 하 32)

ㄴ. Vˉ : 듣다(《석보상절》 6-32) 들다(入)(《능엄경언해》 1-64) 듯다(《동문유해》 상2) 듯보다(《동문유해》 상28) 드듸다(《소학언해》 4-12) 드틔다(《소학언해》 1-2) 더이다(《내훈》 1-67) 데다(《소학언해》 6-102) / ᄢᅦ다(《소학언해》 5-101)

ㄷ. V⁰ : 디다(《월인천강지곡》 45) 딧다(《박통사언해》 중하5) 딛다(《두시언해》 초 9-14) 딯다(＝찧다)(《능엄경언해》 4-130) 딜다(＝찌르다)(《소학언해》 4-33) 디르다(《두시언해》 초 24-16) 딜이다(《능엄경언해》 6-78) 딜밍글다(《신증유합》 하-16)

보기 (55)에서 가장 두드러진 조어 유형은 의존명사〈ᄃ〉의 분화 형태를 파생 어간으로 하여 거기에 접미사〈-다〉가 붙는 유형 [[X]Nᵇ + -다]V이 중심을 이룬다. 이 밖에도 비통어적인 합성어에 속하는 것으로는 부사화 접미사〈-이〉가 통합하여 이루어지는 것이 있는데 여기에 대하여는 기존의 논의를 참조하기로 한다(필자《의존명사의 조어론적인 양상》(1987) 89면 참조). 아울러 일러둘 것은 [[명사]로]N(ADV)로 설명되는 말들도 여기에 속한다(대로(《번역소학》 8-10) ᄯᅩ로(《역어유해》 보38)). 요약하건대, 비통어적인 합성어는 주로 동사를 생성하는 데에 관여하는 형태들이 주류를 이룬다고 하겠다.[42]

한편 독립된 말들로서 두 개 이상의 단어가 모여 한 낱말을 이루는 통어적인 합성어로서는 문법 범주로 보아 명사·동사·부사가 주종을 이루는 분포를 보인다.

---

42) [[X]V+이]ADV의 어형성 규칙에 속하는 말로서는 '드므리(석보상절 13-15) 사오나이(원각경(하) 2-1 : 47) 어려비(월인석보(서) 23) 졉그리(두시언해(초) 23-33) 멀터이(능엄경 2-7)' 등이 있다 (필자《후기 중세어 의존명사 연구》(1987) 92면 참조).

(56) 의존명사 〈ᄃ〉계의 통어적인 합성어

ㄱ. [관형어 + 의존명사]명사 : 가본디(《월인석보》 14-80) 먼디(《소학언해》 6-17) 아니ᄒᆞ디(《석보상절》 6-25) 즌디(〈정읍사〉) / 아니ᄒᆞ던(《몽산화상법어》 26) 져근던(《법화경언해》 2-29) / 그 디(《두시언해》 초8-24) 아모디(《월인석보》 2-25) 어디(《두시언해》 초 21-30)

ㄴ. [명사 + 명사]명사 : 닷줄(《한청문감》 368a) 닫줄(《훈몽자회》 중-12)

ㄷ. [부사 + 동사]동사 : 닫살다(《석보상절》 11-21) 닫나다(《석보상절》 9-16)

ㄹ. [명사 + 명사]명사 : 짜보(《훈몽자회》 중-17) 짜겹(《역어유해》 보 48) 짜쏘아리(《유씨물명고》 3草) 땅가식(같은 책 4木) 쌍두릅(같은 책 3草) 쌍지늬(같은 책 2昆)

ㅁ. [명사 + 명사]명사 : 들쌔(《한청문감》 390a) 들바라지(〈농가월령가〉) 들버섯(《한청문감》 376b)

ㅂ. [동사 + 동사]동사 : 딜가마(《청구영언》 38) 딜것(《동문유해》 하 15) 딜그릇(《두창경험방》 3) 딜둠(ᄀ)(《자초방언해》 19) 딜드레(《역어유해》 하 14) 딜바리(《박통사언해》 초상 17) 딜병(《고산유고》 6) 딜소라(《역어유해》 하 13) 딜시르(《구급간이방》 1-84)

ㅅ. [명사 + 동사]동사 : 딜빙골다(《신증유합》 하 16)

통어적인 합성어는 비통어적인 합성어에 비하여 생산적인 분포를 보이며 특히 조어 유형으로 보아 [명사 + 명사]N의 합성어가 보편적이다. ㅂ의 [딜-()질-)]계가 상당한 용례를 드러낸다. 이제 합성어에 관한 논의를 동아리 지으면 다음과 같다.

(57) 〈ᄃ〉계 분화 형태의 합성어 : 〈ᄃ〉계 분화 형태를 중심으로 한 합성어는 통합되는 방식으로 보아 비통어적인 것과 통어적인 것으로 나누어진다. 전자에서는 [[X]N_b + -다]V의 어형성 규칙에 따른 조어 유형이 가장 생산적이며, 후자에서는 [N_b + N]N의 유형이 중심을 이룬다.

현대 국어로 오면서 특히 조어적인 합성어의 생성에 관여하는 형태로는 [닺·질(〈딜)·터·테·떼·땅]이 대표적인 것으로 보인다.

4) 간 추 림

중근세어의 자료를 중심으로 하여 의존명사 〈ᄃ〉가 어떻게 형태론적으로 분화·발달하였는가를 형태상의 특징과 의미자질의 분화라는 관점에서 고찰하였다. 뼈대를 간추려 동아리 지으면 다음과 같다.

형태상의 특징으로 볼 때에, 의존명사 〈ᄃ〉계 분화 형태들은 ㅎ종성이 관여하는 자동적인 교체를 하는 곡용을 한다. 주목할 만한 점은 같은 〈ᄃ〉계 분화형이면서도 ㅎ곡용과 ㄱ곡용을 하는 형태들이 확인되는 사실이라 하겠다. 가령 〈다·ᄯ·따(따)·돌·솔·들·디〉의 곡용 형태들은 ㅎ곡용을 하는 반면, 〈닷-/닫-〉계의 분화형들은 ㄱ곡용을 하는 특징을 보인다. 의존명사 〈ᄃ〉에서 비롯되는 분화형인 단어족들은 통사상의 독립성으로 보면 〈돈·돌·티·다·달·ᄃ·돈·돌·동·디〉는 의존적인 형태소이고, 〈닷·탓·탈·닫·솔·터·테·들·딜〉은 자립적인 형태소임을 알 수 있다. 의존적인 형태로 쓰이는 분화형들은 형태론적인 구성을 함으로써 합성어는 물론이고 굴곡어미로서 굳어져 쓰이는, 이른바 형태의 재구조화를 겪음으로 중근세어의 활용 체계를 발달시킨 중요한 통로라고 볼 수 있다. 그런가 하면 〈돈·ᄃ·닫·달·다/덛·덜/디·딛·〉과 같은 분화형들은 동사 파생의 어간으로서 생산적인 분포를 드러낸다.

의존명사 〈ᄃ〉에서 분화 발달한 단어족의 의미자질은 〈공간·시간·지표면·닿음·소유·근거·분절·연소·닫힘〉의 복합적인 특질로 파악된다. 이 가운데에서 〈공간〉 자질이 가장 중심을 이루는 것으로써 나머지 하위범주의 의미자질은 모두 [공간]에서 비롯된다고 상정할 수 있다. 공간을 명시적으로 드러내는 형태로는 〈ᄃ·ᄯ(따)·터·때〉가 있으며, 시간의 형태들은 〈쩌·ᄢ·쌔·ᄢ·덧(덛)〉이 있고, 지표면의 형태들은 〈ᄯ(따)·ᄃ(다)·돌·더·터·들·듣·쁠(뜰)·딜〉이 있다. 소유의 형태로는 〈닷·다시·돗〉이 있고, 근원의 형태로는 〈솔·탓〉이, 연소로는 〈딛·딋·따·대·데·달〉이, 분절로는 [닿-(> 쩔-)]이, 닿음에는 [닫 - 닿 -]과 같은 형태들이 있다.

  분화된 단어족의 형태를 이루는 형태소 구성의 유형으로 보면 음운의 교체로 된 것, 접사의 첨가로 이루어진 것, 형태의 합성을 따라서 이루어진 것을 들 수 있다. 음운 교체는 양성모음계와 음성모음계, 그리고 중성모음계로 그 갈래를 상정하게 되는데, 각 계열들의 분화는 자음 교체, 그러니까 어두 자음과 어말 자음의 교체를 따라 생산적으로 이루어진다. 어두 자음의 경우 예사소리와 거센소리, 그리고 된소리로 대립되는 자음 음상에 따라서 변별적인 별개의 형태소로 쓰이게 된다. 한편 어말자음에 있어서는 사정이 다름을 알 수 있다. 의존명사 〈둣〉의 ㅎ종성이 /ㅅ - ㄷ - ㄹ - ㅎ/으로 교체 또는 넘나들면서 단어족의 범위를 확대시킨다. 특히 /ㅅ/ 종성의 경우 마찰음의 파찰음화를 겪으면서 /ㅅ - ㅈ - ㅊ/으로 교체되기도 하면서 또 다른 분화 형태의 생성에 관여한다.

  모음의 계열별로 형태를 들어보면, 양성모음(V^+) 계열에는 〈ㄷ(다)·돗·돈·돌·돈·터(대) /닷·닿·닫·달/탓·탈/쏘·솔·싸·쌋·때(때))〉가 있고, 음성모음(V^-) 계열에는 〈듯·든·들/더·덧·던·덜 ·데/터·테/셔·셜·짜·솔〉이 있다. 중성모음(V^0) 계열에는 〈디·딋·딜·딓/티/씰〉과 같은 형태들이 있는데 구개음화를 겪으면서 〈지-〉계의 형태로 발달하여 오늘에 이르게 된다. 표기상의 변동으로 말미암아 형태가 바뀌는 것도 있는데, 어두자음군의 제약이나 아래아(/ · /)의 탈락 변형으로 이루어지는 형태들이 그러한 경우라고 하겠다.

  접사의 첨가로 이루어지는 의존명사 〈둣〉계의 분화 형태로는 접미사 〈-다〉가 〈둣〉계의 분화형에 붙어 동사를 만드는 [[X]N_b + -다]형이 중심을 이룬다. 그 밖에도 〈둣〉계의 분화형에 접사가 붙어 이루어지는 [N_b이·N_b로]ADV/[Vㅁ·V개]N형의 형태들이 확인된다(N_b-의존명사, V-용언).

  단일 형태소의 합성으로 비롯되는 합성어에는 통합되는 방식으로 보아 비통어적인 것과 통어적인 합성어가 있다. 비통어적인 합성어는 문법 범주로 볼 때, 서술어에 국한된다. 다시 말하자면 동사가 되고, 통어적인 합성어는 명사·대명사·동사에 두루 그 분포가 드러난다. 이 때 명사는 〈ᄃ〉계의 분화형이지만 자립명사로 쓰이는 것을 가리킨다.

5. 아사달과 쇠문화의 터전

역사학계에서는 단군조선의 시대를 청동기 문화 곧 쇠그릇 문화의 시기로 추정한다. 쇠의 나타남은 과학사에서 제3의 불을 일으키는 우라늄의 발견에 비유된다. 주로 돌을 쓰던 석기시대에 한바탕의 큰 변화가 몰아닥친 것이다.

청동기를 비롯한 쇠그릇으로 말미암아 떠돌이 채집생활에서 보다 많은 생산이 보장되는 여름지이가 비롯된다. 차츰 적과 사나운 짐승에 대한 공격과 방어가 용이해지고 일상의 삶이 큰 안정을 얻게 되었으니 말이다(유엠부찐《고조선》(1982) 103면 참조).

우리 겨레의 역사로 보면 원주민격인 곰토템의 '고마'겨레와 태양숭배를 하던 '니마'겨레의 대통합이 이 시기에 이루어졌으니, 새로운 나라가 일어난 셈이 아닌가.

말이 문화를 되비춘다고 하였다. 하면 앞에서 풀이한 단군조선의 문화적인 특징이 나라 세움의 상징이었던 터 - 아사달(阿斯達)과는 어떠한 걸림이 없을까.

역사학계는 물론이요 국어학계에서 이미 아사달에 대한 상당한 살핌들이 있어 왔다. 이병도(《한국사》(1959) 고대편)에서는 [아사달 - 아침(朝)]의 맞걸림으로 풀이하였다. 이에 대하여 강길운(《고대사의 비교언어학적 연구》(1990))에서는 '아사 - 아춤'의 소리가 서로 걸맞지 않고 땅이름의 보편성이 없다 하였다. 논의의 바탕은 비교언어학에 따른 외적 재구였으며 특히 '아시 > 아젹·아춤'과 같은 소리의 발달이 국어에서 불가능하기 때문이란 것이다. 땅이름의 대응과 알타이말과의 견줌으로 보아 〈아사달 - 궁전이 있는 산〉이란 풀이를 하였다.

한편 이병선(《한국고대국명지명 연구》(1988))에서는 〈아사달 - 큰읍·왕읍·모읍(母邑)〉으로 상정한 바 있다. 아사달을 아사(阿斯)와 달(達)로 갈라서 '아사 → 왕(王) 대(大) 모(母) / 달→읍(邑)'으로 그 뜻을 동아리 지었다. 천소영(《고대국어의 어휘연구》(1990))에서는 '아사달'을 우리말의 한자 차음표기로 보고 〈아사 / 달〉로 나누어 '모성(母城)' 혹은 '대읍(大邑)'을 드러내는 보통명사의 땅이름으로 상정하기도 하였다. 따라서 조선(朝鮮) 또한 '아사'와 맞걸림을 두어 한자로 뒤친 것으로 보았다.

자료의 대응관계나 재구성의 방법을 통하여 본 것이니만큼 그 나름의 상당한 근거를 갖고 있다. 크게 몇 가지로 간추려 보면, ① 아침 ② 궁전이 있는 산 ③ 대읍(大邑)·모읍(母邑)·왕읍(王邑) ④ 쇠산(金山) 등으로 가설을 갈래 지을 수 있다.

짐작하건대 첫 시작을 한 도읍터인지라, 시간으로 보면 첫 새벽(①)일 것이요, 제정일치 시대이니 마땅히 부족의 지도자가 있는 곳에 제단을 모신 궁전이 있어야 마땅하다(②). 왕이 사니 왕읍이요, 자연부락의 크기로 보매 스스롭게 가장 큰 대읍(大邑)이 될밖에. 이로부터 모든 종족의 번영이 비롯했으니 모읍(母邑)이 되어야만 한다(③). 이 시기에 바로 청동기 문화가 말미암았으니 쇠를 중시하는 쇠문화 상징이 됨도 있음직하다(④). 하면 모두가 다 옳다면 참값이 없다는 말인가. 그렇지는 아니하다.

유연성으로 보면 모든 가설들이 다 그럴싸하다. 문제는 무엇이 중심의 미가 되며 다른 것이 주변적인 상징이 되는가 하는 점이다. 한 마디로 쇠문화를 드러내는 '쇠(金)'상징의 이야기가 중심의미가 되어야 한다고 본다. 마침내 '쇠(새·세·시·쌔·씨·셰〈방언〉)'와 같은 뜻을 보이는 '아침'도 중심의미 '쇠(金)'를 뒷받침해 주는 큰 바탕이 된다.

'아침'을 중세어에서 [새박(《원각경언해》서 46)새배(《두시언해》초 7-14) 새볘(《첩해신어》 6-16)]라 한다. 또한 [닷새(五日)(《구급간이방》6-77) 닷쐐(《번역소학》 8-35) 엿새(《두창경험방》 21) 엿쇄(〈내훈〉서5)]에서 '새(쇄·쐐·쌔) - 日'의 맞걸림은 '새'의 본질이 '태양(日)'임을 드러내고 있지 않은가.

강길운(1990-56)에서는 '아시 > 아젹·아춤'과 같은 /ㅅ→ㅈ(ㅊ)/ 의 발달이 불가능하기 때문에 고조선 지역에서 '아춤(아침)'계가 쓰이지 않았다고 상정한 바 있다. 하지만 일반적으로 마찰음에서 파찰음으로 소리가 발달하는 것은 아주 스스로운 일이다(이병선 1988-44 참조).

〈마찰음→파찰음의 발달〉

(58) 比自火郡—云比斯伐(《삼국사기》 지리 1) 完山—云比斯伐—云比自火(《삼국사기》 지리 4) 嘉壽縣本加主火縣(《삼국사기》 지리 1) / 自[즈](Kalgren) ~斯[스](Kalgren) / 젹-(少) ~suko(일본)·잣(城) ~sasi(일본)·져(彼) ~so(其)(일본)·좁-(狹)~seba(일본)

(59) 낯이[나시] 빛이[비시] 꽃이[꼬시] 빛이[비시] 젖이[저시]

(60) 東 - higasi(hi - 日 / gasi - 東) 곰(굠·검·금) - 홈(홈·험·흠) -옴(움·엄·음) / -gon 〉 -hon 〉 -on / 가시 (gasi) - 하시(初) - 아시(東~金~朝) *asi - 쇠(金) /aisin(金)〈만주〉 altai(金)〈몽고〉 alttn(金)〈터키〉/ 益城郡本高句麗母城郡今金城郡(《삼국사기》 지리2) 阿沙아시卽今利城縣也(《용비어천가》 7-23) / 錢 - asi(일본) (*盆 - aisi(만주) asig(몽고))

위의 자료(58)로 보아 마찰음(ㅅ)과 파찰음(ㅈ·ㅊ)이 넘나들어 쓰였음을 알 수 있다.

조음방법을 떠올리면 공기의 갈림이 큰 마찰음에서 차츰 조음공간이 좁아져 닿았다가 순간적으로 터지면 파찰음이 된다. 파찰음은 〈파열성〉과 〈마찰성〉이 합하여 소리의 특징을 이룬 것이니 마찰음에서 파찰음이 비롯했다 함은 자연스러운 바 있다. 자료(59)를 살펴보면 오늘날에도 쓰기는 파찰음(ㅈ·ㅊ)으로 적지만 읽기는 모두 마찰음(ㅅ)으로 읽음을 알 수 있다. 이 또한 마찰음에서 파찰음으로 발달한 산 증거라 해서 좋을 것이다.

아울러 자료(60)에서 동쪽은 가시(gasi)라 하였는데 말머리에서 ㄱ의 약화탈락으로 '가시 - 하시 - 아시'가 되었고, 비교언어학의 관점에서 보면 '아시 - 쇠(金)'의 맞걸림을 알게 된다. 이제 청동기 문화 상징의 '쇠(金)'와 알타이, 그리고 태양숭배의 샤머니즘에서 '태양 - 새(세·쇠·쇄·쐐·쌔·시 〉 히(해))'를 어떤 걸림으로 풀이할 수 있을까.

돌그릇 문화에서 청동기의 나타남은 문화의 혁신을 뜻한다. 어둠 속의 빛에 비유하여 지나침이 없다. 석기시대가 밤이라면 청동기 시대는 새벽이요, 아침이며 새로운 삶의 어머니에 걸맞은 상징이 되었다. 마침내 쇠(새 - 해 金)가 '니마'의 '니-'계를 밀치고 태양을 뜻하는 형태로 자리잡게 된 것으로 보인다. 쇠(새 - 해)는 모두 〈사이〉란 뜻을 바탕으로 한다. 쇠는 나무와 돌의 중간쯤으로 보았음이요, 해(새)는 하늘과 땅의 '사이' 쯤으로 그 유연성을 부여한 것이 아닌가 한다. 특히 청동구리의 경우는 더욱 그러하다. 굳기 정도에서도 그러하며 빛깔도 붉은 해(새)와 같아 상당한 설득력을 갖고 있다.

단군왕검의 단군이 제사장으로 '스승'이라 했다(제3장 참조). 스승은 〈사이〉를 가리키는 '슷(間《훈몽자회》)'에 접미사 '-응'이 엉겨 붙어 '슷 + 응 〉 스승'으로 굳어진 말이다. 신과 인간 사이에서 인간과 인간의 사이에서 예족과 맥족을 통합해서 누리를 다스려 간 제정일치 때의 종교직능자가 바로 스승이다. 새로운 청동기 문화 시대에 새로운 지도자가 나타나서 배달의 겨레를 이끌어 간 것이다. 나머지는 아사달의 '~달(達)'이다. 땅이름의 대응관계를 보면 '달(達)→산(山) 읍(邑·梁·珍·靈·突) 고(高)' 등의 뜻으로 쓰였음을 알 수 있다. 그것이 산이든 읍이든 문제는 제일 먼저 새롭게 도읍을 한 새로운 땅이요, 신시(神市)의 터전이라 할 것이다.

청동기 문화와 태양숭배를 함께 드러내는 '아사(아시·아스)'는 당시의 시내 상황을 드러낸다고 했다. 처음이자 생명의 말비암음으로 풀이할 '아사(아시·아스)'는 폐음절이 되면서 '앗'의 형태가 된다(아시벌 논 김 매기·아이 논매기의 '아시' - 처음(初)).

말은 시간과 공간을 달리 하면서 그 모양이나 뜻이 갈라져 이른바 말의 겨레 곧 단어족을 이루어 간다. 하면 '아사(앗)'의 경우는 어떠할까. '앗(아사)'의 의미 특징은 위에서 보인 〈쇠(金)·처음·아침·어머니·크다·왕〉과 같은 요소들로 이루어진다.

'앗'은 받침에서 같은 계열의 소리로 바뀌어 더 많은 낱말로 늘어나고, 모음이 바뀌어 '엇-'계의 말로 번져 간다. 먼저 '앗-'계의 경우를 보자.

〈'앗-'계의 낱말 겨레〉

(61) 앗 – 앗(아우)(《내훈》 3.21) 아ᄉᆞ(앗+이 > 아시 > 아ᄉᆡ > 아이(애))(《훈몽자회》하12) / (앚-) 아ᄌᆞ마님(《석보상절》 6. 1) 아줌(《노걸대언해》상 23) 아젹(아침)(《송강가사》 1.18) 아조(《신증유합》하 61) 아지(새끼)(《훈몽자회》상 18) / (앛-) 앛(까닭)(《금강경삼가해》 2.8) 앚다(적다)(〈내훈〉1.33) 아침(처음)(《여사서언해》 3. 9)

(62) 앋 – 아돌(《훈몽자회》상 31) 아득ᄒᆞ다(《석봉천자문》 26) 아듭다(《두시언해》중 14. 4)

(63) 알 – 알(《석보상절》 3. 10) 알등(알같이 생긴 등)(《해동가요》 116)

결국 말의 끝소리에서 'ㅅ(ㅈ·ㅊ) – ㄷ – ㄹ'로 된 셈이다. 예서 다시 모음이 바뀌면 〈엇-〉계가 드러난다. '앗'과 함께 낱말의 갈래를 알아 보자.

〈'엇-'계의 낱말 겨레〉

(64) 엇 – 어시(짐승의 어미 〈함경방언〉) 어이없다(터무니가 없다) 어이아들(母子) / 엇막다(《용비어천가》 44) 엇먹다(《청구영언》) 어슬음(《역어유해》보 1)

(65) 언 – 얻다(찾다·결혼하다)(《원각경언해》서 46) 얻니다(《삼강행실도》효 24) 어듭다(《용비어천가》 30) 어두이다(《능엄경언해》 4. 118)

(66) 얼 – 어렵다(얼이 없다)(《두시언해》초 22-47) 어론(《해동가요》) 어론님(《청구영언》) 어리다(《능엄경언해》 2-16) 어름(《용비

어천가》.30) 얼다(얻다)(《두시언해》초 1-36) 얼다(교배하다)(《박통사언해》초상 34) 얼운(《두시언해》초 21-6)

'앗·엇-'계는 홀소리가 바뀌어 갈라진 모음교체에 따른 낱말의 겨레들로 보인다. '엇-'계는 음성모음에 따른 형태들인데 생산을 드러내는 것과 방어를 드러내는 경우(보기(64))가 있다. 이를테면 청동기로 된 쇠문화의 보급은 엄청난 농업생산을 가져 왔을 뿐 아니라 적에 대한 공격과 방어를 손쉽게 할 수 있었다. 쇠금(金)의 상징성은 아주 복합적이다. 이두식으로 읽어 그 뜻(訓)은 '쇠'이지만 소리(音)는 '금'으로 고마(곰)의 표기적인 변이형인 '검(감·굼·금)'과 같다. 본 바탕은 곰토템의 신앙이로되 거기에 청동기 문화를 지닌 태양숭배의 샤머니즘을 안고 있는 것으로 보인다(益城 – 母城 – 金城 – 也次(어시) 《삼국사기》).

'엇'이 어머니라면 거기서 비롯한 것이 '앗'이다. '앗(앛)'은 비롯됨이요, 말미암음이니 어버이에서 나온 알이며 아기이다. '얼 – 알'에서 얼이 알의 생명이라면 알은 그 얼이 담긴 드러남이다. 기원적으로 '아시(asi~altai)'가 쇠붙이(金)임을 떠올리면 청동기 문화를 가진 예족과 맥족(곰겨레)의 어울림이 고조선 형성의 큰 흐름이었음을 가늠하게 한다(濊 – 歲羽切(슈 – 쇠 – 새)).

'얻다'의 경우도 그 예외는 아니다. '결혼하다·찾아내다'의 뜻으로 쓰임은 생산과 어울림에 바탕을 둔다. 하면 '알'은 어떠한가. '앗 – 안 – 알'과 같이 끝소리가 바뀌어 일어난 말로서 '얼'과 맞걸림이 있다. 김알지, 석탈해, 박혁거세, 김수로의 이야기가 모두 알에서 비롯한다. 알을 낳는 어미는 대략 '새'라 일컫는다(飛禽總名새됴(鳥) 《훈몽자회》하 2). 방언형으로 보면 새는 '세(새·씨·쇠·사이)'로 쇠(金)와 서로 어울림을 알 수 있다(제4장 참조). '알-'계에 드는 말겨레에는 '알·알나리·알뚝배기·알땅' 등이 있고 이에 맞먹는 한자어를 합하면 말의 거레가 더 많아짐은 물론이다.

알과 아이(아시初)는 시작이며 생명이 자라는 몸집이다. 기본적인 뜻바탕은 쇠붙이인 동시에 태양을 원관념으로 한다. 태양이 환하며 둥글고

주황색인 것처럼 알 또한 예서 멀리 있지 아니하다.

　간추리건대, 아사달(阿斯達)은 곰토템과 청동기 문화를 지닌 태양 숭배를 하던 겨레들이 어울려 '새롭게 일으킨 쇠문화의 터전'으로 상정할 수 있다. 기원적으로 아사달의 '달'이 공간명사 'ᄃ'의 분화형이라는 데에서도 곰숭배 문화의 개연성은 커지기 때문이다.

맺 음 말

　같은 코끼리라도 보기에 따라서는 여러 가지의 풀이를 할 수 있듯이 단군왕검의 말 또한 그러하다. 역사학의 관점에서 집중적인 논의가 이루어진 것이 우리들의 현실이었다. 그렇다고 해서 비교언어학적인 살핌이 없었던 것은 아니다.
　배달말이란 우리 겨레의 정신 세계가 깃들여 있는 몸이요, 집단 의식의 음성적인 드러냄이다. 말은 곧 삶의 총체적인 모습으로서의 문화를 되비친다고 본다.
　문화란 역사와 사회 관계 속에서 인간이 만들어 낸 정신 활동의 소산이며, 언어 기호의 속성을 구속성과 함께 역사성과 사회성으로 볼 때, 언어와 문화는 불가분의 걸림이 있다고 할 수 있다. 필자는 이를 일러 언어의 문화 투영이라고 했다.
　단군신화의 단군왕검은 고조선 사회의 역사와 문화를 음성적으로 상징한다고 상정할 수 있다. 당시는 한 사람의 지도자가 종교와 정치를 이끌어 간 신정정치의 문화적인 특질을 반영한 것이 아닌가 한다. 몸글에서 살펴본 알맹이를 간추리면 아래와 같다.
　(1) 단군왕검은 '단골님금'으로 읽는다.
　(2) 언어의 재구성을 통하여 단군은 제사장이자, 부족장으로서의 종교직능자의 구실을 하였다. 방언 분포와 중세어의 자료로 미루어 보아 단군은 '다구 · 당골레미 · 스승'으로 읽혔을 것이다. 특히 스승은 '슷間 + -응 > 스승'의 형태적인 가름이 가능하다. 단골 혹은 스승은 제정일치 시대의 지도자를 일컫는다. 스승은 '사이'를 바탕으로 하며 신과 인간, 인간과 인간 사이에서 제의문화를 주도해 온 교황에 값하

는 통치자였다. 오늘에 이르기까지 사이를 바탕으로 하는 낱말의 겨레들은 땅이름이나 분화된 낱말의 떼를 이루어 쓰이고 있다. 사이의 의미 특징은 시간·공간 관계를 큰 갈래로 잡을 수 있다.

(3) 님금은 니마(님)와 고마(곰)가 어우러져서 이루어진 복합어로 보인다. 니마(님)는 하늘신·불신·아버지신을 표상하며, 고마(곰)는 땅신·물신·어머니신을 표상한다. 앞의 단군이 샤머니즘을 가리킨다면, 님금은 그 제의의 대상이라 할 토테미즘을 가리킨다고 하겠다.

겨레상징으로 보면 니마는 태양숭배의 청동기 문화로 이어지는 니마(님) 숭배를 하는 예족을 드러낸다. 한편 고마(곰) 숭배를 하는 겨레는 원주민격으로 맥족을 가리킨다. 땅이름이나 낱말의 겨레로 보아 오늘날의 어머니는 고마(곰)에서 비롯하였음을 알 수 있다. 왕검의 검을 금으로 다루는 것은 고마(곰)의 표기적인 변이형이 '검·금·감·굼 − 고마·구마·개마·가마·가미'로 상정되기 때문이다. 사회 변동이란 관점에서 보면, 청동기 문화의 예족이 곰 토템의 맥족을 흡수·통합하여 고조선을 세운 것으로 추정된다. 이는 실증사학의 연구에서 밝혀진 논의에 기댄 것이다.

(4) 형태론적으로 보면, 단군왕검은 단군(제사장)이란 명사에 제의의 대상으로 보이는 님금(니마 + 고마)의 복합어로 쪼갤 수 있다. 음절구조로 볼 때, 니마에서 님으로, 고마에서 곰으로 되는 개음절에서 폐음절의 음절 구조의 변동에 말미암은 것이다.

(5) 단군왕검은 통사론적으로 보아 '제사장 단골(스승)이 하늘과 불신 니마(님)와 땅과 물의 신인 고마(곰)에게 빌었다.'는 밑글월에서 비롯되었다.

이러한 통사적인 구성에서 형태의 떨어짐을 거치면서 형태론적인 구성으로 보이는 '단군왕검'의 표면형으로 바뀌었다.

이상의 간추림 글은, 이제까지 단군은 제사장이고 왕검은 행정의 수반으로 풀이해 온 국학계의 통념을 언어의 문화 투영이라는 바탕에서 특히 왕검을 태양신 니마(님)와 태음신 고마(곰)의 복합어로 풀어 제의의 대상임을 따져 본 셈이다.

이는 또 역사와 사회 변동이라는 문화적인 풀이와도 걸맞는다. 아울러 신화와 굿의 대응이란 민속학의 관점에서도 같은 맥락을 찾아볼 수 있다고 하겠다.

단군신화는 고조선의 제의문화를 되비춘 역사적 사실이다.

참 고 논 저

강길운 (1990) 《고대사의 비교언어학적 연구》, 새문사.
강헌규 (1986) 《한국어 어원 탐구사》, 집문당.
김동소 (1981) 《한국어와 퉁그스어의 음운 비교연구》, 효성여대 출판부.
김방한 (1983) 《한국어의 계통》, 민음사.
김재원 (1947) 《단군신화 신연구》, 탐구당.
김종택 (1992) 《국어어휘론》, 탑출판사.
김차균 (1988) 《나랏말의 소리》, 태학사.
김형규 (1974) 《한국방언연구》, 서울대 출판부.
도수희 (1977) 《백제어 연구》, 아세아 문화사.
문선규 (1969) 〈치음의 '士·食'계 성모론〉, 국어국문학 42, 43, 국어국문학회.
박지홍 (1957) 〈구지가 연구〉, 국어국문학 16, 국어국문학회.
박진태 (1990) 《탈놀이의 기원과 구조》, 새문사.
서재극 (1980) 《중세국어의 단어족 연구》, 계명대 출판부.
양주동 (1980) 《고가연구》, 일조각.
왕문용 (1988) 《근대국어 의존명사 연구》, 한샘.
유창균 (1991) 《삼국시대의 한자음》, 민음사.
이기문 (1982) 《국어사 개설》, 탑출판사.
이기백 (1988) 《단군신화논집》, 새문사.
이병도 (1961) 《한국사》'고대편', 을유문화사.
이윤동 (1988) 《중기한국한자음 연구》, 우골탑.
이주행 (1988) 《의존명사의 통시적 연구》, 한샘.
이중재 (1991) 《한민족사》, 평화사.
장덕순 (1972) 《국문학통론》, 신구문화사.
정호완 (1987) 《후기 중세어 의존명사 연구》, 학문사.
정호완 (1988) 《낱말의 형태와 의미》, 대구대 출판부.

정호완 (1989) 〈의존명사 'ᄃ'의 형태분화〉, 한글205, 한글학회.
정호완 (1990) 〈'님'의 형태와 의미〉, 대구어문논총8, 대구어문학회.
정호완 (1991) 〈매인이름씨 'ᄉ'의 형태론적 구성〉, 한글 211, 한글학회.
정호완 (1991) 《우리 말의 상상력》, 정신세계사.
정호완 (1992) 〈곰의 언어적 상징과 땅이름〉, 대구어문논총10, 대구어문학회.
정호완 (1992) 〈단군왕검의 국어학적 접근〉, 김형수교수 회갑기념논총.
정호완 (1993) 〈단군왕검의 형태론적 풀이〉, 한글 219, 한글학회.
정호완 (1993) 〈금호강의 언어적 상징〉, 어문학54, 한국어문학회.
정호완 (1994) 〈팔공산의 소리상징〉, 웅진어문학1, 웅진어문학회.
지병규 (1993) 《고대건국신화의 계통적 연구》, 충남대(박논).
최창록 (1992) 《한국문학원론》, 대일.
허 발 (1981) 《낱말밭의 이론》, 고려대 출판부.
허 웅 (1975) 《우리 옛말본》, 샘문화사.

(서사시조)

배달의 노래
― 거룩한 배달의 얼이여 영원할지어다.

가. 배달의 노래
나. 단군의 누리
다. 고마의 사랑
라. 임을 바라
마. 영혼이 움트는 나무

가. 배달의 노래

배달의 노래
— 배달의 겨레는 하늘의 백성이었느니

동강 난 별 덩어리
다시 만나 별이 되니
불로 단 번뇌의 섬
파도로 달래일 적

사무쳐
그리는 넋은
하늘 돌아 그 자리

다복솔 푸른 숲은
제풀에 불이 붙고
재는 이어 흙이 되고
흙은 새로 재를 낳아

길고 먼
구름의 골짝
장마비가 내린다

온갖 시름 잠재우고
산에 들에 꽃을 뿌려
솟아오른 솟대(蘇塗)의 숲
빗살무늬 그림자 져

베푸신
거룩한 천지
진달래는 피리니

뿌리 없는 나무 없고
샘이 마른 내 어디에
하늘땅 서로 만나
단군님을 점지하니

하느님
내리신 겨레
세월 두고 벋으리니

배달이 그리운 성(城)
아사달에 하늘나라
시월 머리 달이 뜨면
임의 말씀 움이 돋네

나누며
살라 하시네
배달의 노래 부르리

스승은 삶의 횃불
하늘땅을 오고 가네
응어리진 겨레의 한
풀어 닦을 거룩한 임

빛살은
한 뜰에 내려
고루 펴서 가꾼다.

목 숨

기약 없는 가뭄 끝에
사막 같은 목이 탄다.
메마른 영혼의 벌판
몇 줄기 푸른 가람

삼천리
어둠을 뚫고
일어서는 강물이여

한 뿌리 벋어 올라
나는 부여, 그대는 삼한
꽃잎 지는 그 자리에
배달의 얼 싹이 트네

씨알은
씨로 이어져
엉겨 사는 숨붙이

목숨이 하나라신
단군의 푸른 말씀
만나고 헤어지매
섭한 건 사람의 정(情)

죽살이
지친 나그네
갈 길 서로 다르니

꽃 한 송이 나르는 새
모두는 하나의 삶
뭇 가람 길이 흘러
하늘땅 돌아 들어

가 없이
타오르는 해
우리 삶의 뿌리여

언젠가 떠날 목숨
해는지고 길은 멀어
삶의 길에 무슨 벽이
그리도 하 높은지

벽으로
벽은 이어져
둥근 성을 이룬다

신화의 밤

해님은 하나이라
모으면 삶도 하나

고요한 밤 천지 못물
전설 같은 별꽃이 펴

끝 모를
신화의 밤은
거룩한 임 빛나니

가진게 다른 세상
목소리 높고 낮아

소망이 죄 됨인가
욕된 삶은 아닐진대

하늘땅
무지개 말씀
하나됨을 삼았으니

해는 솟아 하늘의 눈
어둠까지 뚫어 본다

푸른 강 굽이돌아
임의 가락 어우러져

태어나
돌아갈 거기
우리 얼의 둥지여

하늘의 나라

몸 죽어 구름 되고
얼은 살아 늘 푸르러

언제나 꽃피는 봄
따스한 마음일랑

골고루
하늘의 복을
길이 두고 나누리니

탈 것은 타 재 된 자리
논밭이랑 벼꽃 피네

못다한 그리움을
물불로 되살려 내

바람은
임의 노래로
겨레 사랑 손짓해

단군의 얼 땅에 묻혀
풀이 되고 가람 된다

백두산 등대 삼아
온 누리 꽃 피울 터

달리는
말씀의 산맥
온 누리에 출렁여

누리에 가득한 빛

아리랑 아라리요
설움 많은 삶의 고비
짓밟혀 주릴망정
우리는 우리, 우리

진달래
아린 송이로
돌아가며 피리니

아직은 낯설은 땅
바람 차고 눈비 내려
찢기고 갈리워져
쪽박 살림 동강이 나

문패도
앗기고 없네
빗살무늬 푸르다
 .

그 누가 소를 풀어
얼음벌에 씨를 놓아
허허로운 벌판에 서
뼈와 살을 분지르나

겨울의
지평 저 너머
생명의 불 지핀다

해는 매양 타오르고
모두가 사르는 일
누리에 가득한 빛
마냥 누릴 겨레 살아

타다가
꺼진 자리에
다시 살 날 기다려

나. 단군의 누리

그 리 움
―홍익인간은 가장 큰 그리움이라

하늘의 뜻이 있어
임의 누릴 지었습네
아버지를 환웅으로
고마를 어머니로

겨레와
더불어 누릴
먼 그리움 있었네

당신의 보금자리
고마님 계시던 굴
배달 겨레 탯줄이라
빛으로 다스리심

누리를
맑고 빛나게
하늘 나라 삼고자

아사달 빛나는 터
배달의 가지 벋어
함박꽃 마을마다
소쩍새는 예서 제서

푸른 샘
누리를 안아
무지개로 드리워

단군의 거룩한 빛
마음 모아 단을 쌓네
해 뜨고 노을 지는
거룩한 숲 그리운 임

휘몰아
거센 풍랑도
마음으로 다스려

곱곱은 푸른 내와
눈 덮인 뫼 정수리
양지 바른 고마의 뜰
당신의 시골임을

솟대에
올리는 향연(香煙)
하늘 가를 맴돈다

나라굿 한 마당에

정사년 물난리로
백성들은 쉴 곳 없어
바람 스승*팽우(彭雨) 님은
검은 구름 다스렸네

한 줄기
비바람 소리를
배달의 시름 달랜다

마니산 드높은 단(壇)
하늘 위로 솟았으매
더불어 살 길 찾아
오랑캐도 끌어안아

강화섬
참성단 터에
별빛으로 내리심

*버들 궁궐 계실 적에
따스한 정 햇살처럼
호랑이는 곰 더불어
이리는 양 데리고

나라굿
한 마당서리
온 겨레가 어울려

땅을 나눠 살림 내니
다섯 삼한 가지 쳤네
일백서른 대를 이어
하늘 목숨 꽃이 지니

사무친
단군의 사랑
두고 기릴 겨레여

* 팽우(彭雨) : 단군 왕검의 명을 받아 땅을 개척한 사람.
* 버들 궁궐 : 단군 왕검께서 사시던 궁궐.

부르심
―배달겨레는 거룩한 부르심을 받았더이다

참으로 못할 일은
제 할아비 속이는 수

까닭도 모르면서
힘센 이에 굽실댄다

푸른 꿈
세월에 묻는
신화 속의 사람들

거룩한 부르심은
배달 겨레 하늘의 정
눈꽃으로 피더이다

한아비 한 울타리
믿음의 땅 가꾸리라

목 놓아
부르는 소리
더불어서 살라고

어아어아
- 하늘 땅을 섬기는 가락은 영원할지니

거룩한 뜻 이어받아
견고한 성(城) 부루 임금
뽕나무 누에치기
새로운 꿈 가꾸는 뜻

다 함께
그리움 심어
빛 누리를 삼고자

하느님의 고마움을
춤 노래로 드리올 적
미리내 굽이 돌아
사무친 정 사뢰나니

*어아가(於阿歌)
그윽한 가락
저녁 노을 물든다

어아어아 배달 겨레
거룩한 뜻 잊을손가
모진 마음 거울 삼고
빗살무늬 본을 받아

하늘밑
드넓은 벌판
어우르는 나라굿

하늘이 낸 효자동이
세 해 동안 못내 겨워
섬김으로 다스리는
참사랑을 보이셨네

한 뜰에
길을 물어서
함께 웃는 겨레여

흰 옷을 가려 입고
말 저울 하나 되게
온 사랑 다한 마음
믿음 나라 키워 가고

골골이
사랑은 가득
우리 모두 젖는다

해 그림자 드리우매
*부루(扶婁)님 돌아가심
겨레는 빛을 잃고
짐승들도 눈물의 한

*풋볏짚
단을 삼아서
그 고마움을 갚고자

* 어아가 : 입에서 입으로 전해 오는 노래 이름. 농부가 중의 '어아'도
  그 맥을 함께 하는 것으로 보임.
* 부루(扶婁) : 단군 왕검의 뒤를 이은 2세 단군.
* 풋볏짚 : 업주가리라고도 하는데 볏짚 무더기를 단삼아 제물을 바쳐
  치성을 드림.

가림토 (吐)
―예부터 우리에게는 글이 있었네

*가륵(嘉勒) 임금 단에 올라
 하늘의 뜻 이으셨네

 칡덩굴이 엉기듯이
 고을마다 글이 달라

*을보륵(乙普勒)
 서른여덟 자
 가림토를 만드심

 나랏말씀 들쭉날쭉
 이 일을 어이할까

 바른 소리 곧은 마음
 글에다 옮겨 살려

 세종님
 그 뜻을 이어
 나랏글을 세우셨네

 모진 도적 물리시고
*불함산(不咸山)에 오르시어

끼니 짓는 연기 보아
세공(稅貢)을 고루 펴심

어두워
빛이 그리운
마을마다 살피리

* 가　록 : 단군 조선의 3세 임금.
* 을보록 : 단군의 3세 가륵 임금의 명을 받아 구결과 같은 38자로 된
　　　　　토를 만든 사람. 이두 이전의 차용 글자로 보인다.
* 불함산 : 최남선의 불함 문화론에서는 백두산을 이름.

은혜의 바다

거룩한 숲 솟대 마당
솔바람이 잠자는 곳

*도해 임금 이바지로
하늘꽃을 피우셨네

*천부인(天符印)
빛나는 거리
아침 해가 솟는다

믿음으로 세운 땅에
비바람 때를 알아

은혜의 바다 이뤄
온 누리에 고마운 뜻

임의 정
돌에 새겨서
연꽃 피워 향 삼아

* 도해(道奚) : 단군 조선의 11세 임금. 열두 명산에 소도를 설치하였음.
* 천부인(天符印) : 환웅 스승께서 환인 천제로부터 받은 하늘의 징표.
　　　　　　　삼한 관경본에는 거울, 칼, 북으로 되어 있음.

철쭉은 피어 져도

무자년 송화강녘
모진 짐승 머릴 들어
*이한(二韓) 임금 불러 모아
만단 사연 길이 새겨

이어 살
단군의 겨레
아린 내력 알게 해

돌비석 깨어지고
철쭉은 또 피는데
누가 알리 깊은 정을
임의 모습 시나브로

곧바른
단군의 얼이
세월 넘어 청청하다

무술년 *영고탑(寧古塔)에
삼신님께 굿을 올려
마당밟기 춤을 추고
밤을 도와 경(經)을 읽어

애틋한
나라님 전에
*위나(尉那) 임금 받든다

산에는 꽃 피네
가없이 꽃이 지네
심은 나무 가지 벌어
아름 열어 거둘 것을

불함산(不咸山)
거룩한 봉에
꿈을 꾸는 철쭉꽃

* 이한(二韓) : 번한(番韓)과 막한(莫韓)을 뜻하며 단군이 이한의
  부왕(副王)과 대신들을 함께 부른 일이 있었다고 함.
* 영고탑(寧古塔) : 만주 길림성 명안현에 있음. 발해의 유물이 있는 곳.
* 위나(尉那) 임금 : 단군 조선의 16세 임금. 재위 58년. 영고탑에서
  환인, 환웅, 단군 왕검에게 제사를 모시고 백성
  들과 함께 마당밟기를 하였다고 전해 옴.《한단
  고기》

왕은 덕이 없어
─47세 *고열가 단군은 마음을 비웠습니다

아침 해 푸르른 땅
바람으로 노래하고

받들어 큰 가르침
하늘 기쁨 출렁인다

밝사랑
더없는 평안
아사달에 퍼지다

계해년 나라굿에
다섯 머릴 모아 놓고

덕이 없는 고열가 왕
스스롭게 물러가매

맑은 듯
슬기로운 님
다시 찾아보라고

이천 년 세월의 깊이
하늘 땅이 맞닿은 곳

*웅심산에 해모수가
물꼲을 터놓았네

푸르러
정정한 가람
고구려로 흘러 든다

* 고열가(古列加) : 47세 단군으로 재위 58년을 통치.
* 웅심산(熊心山) : 해모수(解慕漱)가 나라를 일으킨 곳.

다. 고마의 사랑

성처녀(聖處女)
―곰에서 사람이 된 웅녀는 하늘의 뜻을 심은 거룩한 여인이었느니

당신은 길이 빛날
배달의 어머니요
온 겨레 마음 어린
안식이요 희망임을

하늘의
아들 딸이요
환웅님의 반려자

당신은 물과 땅이요
밤의 꿈을 안고 돈다
눈보라 겨울이요
맑고 빈 목소리라

*고마님
 거룩한 샘은
 이 겨레의 씨알임을

 어두운 스무 하루
 아린 듯 쓰라린 듯
 쑥 마늘로 뼈를 깎아
 주림과 시련의 세월

다가올
검은 그림자
애가 타는 임이여

걸맞는 짝이 없어
하느님께 단을 모아
계절이 피는 뜰을
바람으로 헤매었네

차라리
눈비 내리는
산기슭이 그리워

찔레꽃 타는 정을
가슴에 감추이고
압록강 소슬바람
벗 삼아 가락 짓네

그 시름
눈물이 되어
얼이 고운 성처녀(聖處女)

지성이면 감천이라
환웅님을 만났다네
저승에서 맺은 사연
이승에서 풀어 볼까

고마님
꽃 피는 밤을
미리내로 드리워

* 고마 : 삼국유사의 단군 신화에 나오는 곰의 다른 이름. 동물 상징으로는 곰이지만 신으로는 땅과 물을 다스리는 지모신이다. 단군의 어머니 신. 지금도 '고맙다'의 고마가 쓰이고 있으며 태양신 니마(님 혹은 임으로 바뀌어 쓰임)와 짝을 이룬다.

박달나무 잎이 피면

가신 임 기약 없고
어린 단군 품에 안아
사랑의 슬픔과 기쁨
참 누리를 빚으라고

솟는 해
검푸른 바다
자장가를 부른다

박달나무 잎이 피면
꽃향기로 가르치고
하느님 전 아룀 올려
탐스런 열매 맺네

단군님
넓고 큰 믿음
고마님의 사랑임을

눈 오는 천지못에
바람 불면 시름 일고
얼어붙은 몸과 마음
모닥불을 사르나니

밤새워
울며 나는 새
저승까지 가는지

아사달이 꿈꾸는 봄
밤하늘의 별을 보네
뜬눈으로 서성이나
애타는 삶의 깊이

한 가람
달맞이꽃은
고운 꿈을 사른다

어머니 · 1
―고마(곰)는 우리 겨레의 거룩한 어머니시라

제 목소리 잊지 않고
언제나 알몸인 물
부드러워 자유롭고
어디서나 고른 모양

미더워
애틋한 정은
온 누리를 감싼다

가 없이 나서 죽고
썩어서는 다시 살아
고마님 그윽한 뜻
임의 전에 메아리 져

당신은
삶의 어머니
두고 그릴 임이여

하늘에서 내린 기운
압록 두만 흐르는 물
훨훨 타는 불아구에
용암이 솟아 흘러

당신은
겨레의 고향
우리 삶의 뿌리여

결 고운 삶의 굽이
무지개 빛 물의 얼굴
죽음의 어두운 골
고마님의 품속이라

죽살이
흩어져 살다
물로 돌아 가는 것을

늙을수록 그리운 건
뭐라 해도 어머니 정
아이 낳아 기르면서
애틋한 임의 말씀

해 바른
무덤의 들녘
들꽃 따다 뿌린다

어머니 · 2

보릿고개 주린 아이
기울밥 돼지 감자

밭머리 명꽃 피면
겨울 옷 입힐 걱정

헤아려
닿을 수 없는
바닷물만 출렁여

무릎 베고 응석받이
그 외로움 달래인다

손때 묻은 무명 치마
못 잊을 건 어머니 정

빨간 감
늦가을 들녘
저녁 연기 자욱타

미 리 내
―당신은 저승에서 미리내가 되었습니다

당신은 하늘의 땅
감도는 검푸른 물

푸른 하늘 구름 되어
하늘의 뜻 펴 보이심

미리내
오작교 머리
환웅님을 맞으러

보아도 안 보이고
들어도 들리잖아

가람으로 메마른 넋
숨 탄 겨레 적시울 적

무지개
고운 빛깔로
거문고에 올리오

단군 성자 가슴 속엔
푸른 시내 출렁인다

가람 뫼 빛나는 곳
배달 나라 삼겼나니

무엇이
하늘 뜻인가
해와 달로 보이심

물은 물이라
―겨레의 어머니 고마(곰)는 물을 다스렸나니

물이 모여 기름 되면
다시 불로 타오른다
불이 타다 재가 되면
흙으로 남으련만

하늘로
날아오르니
비구름이 될밖에

가난한 영혼들은
눈비 되어 내려오고
강은 흘러 꽃이 되매
벌 나비 춤을 함께

고마님
누리를 살펴
뭇 시름을 재우심

착한 것은 물 같다고
물을 좋다 일렀건만
물을 두고 메마른 땅
겉과 속이 다를 때가

그래도
물은 물이라
임의 뜻을 좇는다

무시로 샘물이 흘러
목 마른 땅 적시우네

푸른 가람 굽이칠 때
배달의 꽃 피고 진다

손 모아
우러르는 임
금빛 노을 되살아

겨레의 땅
―고마는 겨레의 삶터요, 믿음입니다

당신은 겨레의 땅
더 없는 믿음임을
누리에 단군을 낳아
하늘 목숨 누린 성지(聖地)

배달의
믿음과 바람
여기 씨를 묻으오

한밝 땅에 태어나서
돌아갈 당신의 품
한 동아리 뿌리 내려
죽살이를 함께 누려

거룩타
빛 되신 삶터
하늘 내신 어머니

믿음이 없는 곳엔
사랑의 신 살지 않고
뿌리 없는 초목일랑
넘배곰배 갈 수 없네

고마님
믿음의 땅에
하나가 될 피붙이들

어찌하랴 삼신(三神)의 터
텃밭이랑 지어놓고
철 따라 여름지어
보람을 거두었네

땅과 물
믿음의 터전
고마님의 돌보심

불타는 정열의 한(恨)
아사달에 묻어 두고
백두산 솟대삼아
그 정성 하늘에다

눈 쌓인
천지못 꿈은
어느 적에 이룰까

고마의 굴
- 고마는 겨레를 낳은 탯줄이었습니다

단군을 삼기신 굴
겨레의 탯줄이라
믿음의 터를 골라
성지(聖地)로 마련하심

나라굿
이바지 올려
고마님 전 사뢰니

오월이면 씨앗 넣고
시월 되면 이삭 거둬
궂바른 날 가리어서
볏짚으로 솟대 쌓네

온 마음
다 바치오니
고루 살게 하소서

짐승이라 풀꽃이라
숨붙이 겨레 무리
굴에서 생겨 나와
임의 모습 그리나니

해 지면
날아와 깃는
오랜 삶의 둥지여

고마님은 무지개라
둥그런 얼굴 하고
소리쳐 내리는 비
젖어 들어 물곬 튼다

핏줄기
흐르는 길은
스스롭게 돌아와

땅이 돌매 굴도 돌고
고마님 품 움이 솟아
씨와 알이 무리 짓네
삶의 가락 메아리 져

곧바른
임의 목소리
향내인 양 들리니

아 사 달(阿斯達)

파도가 높고 낮듯
세월 속에 잠든 산맥

골골이 착한 겨레
땅을 믿고 벋어 산다

꽃 피는
언덕 모롱이
환히 웃는 보름달

평생을 살아가며
한 자리에 별을 보고

초승달 벗을 삼아
저승조차 끌어안아

그리움
가슴에 안아
활활 타는 불아구

그지 없는 온갖 사랑
아사달의 거룩한 힘

빛과 그늘 헤아림도
바로 여기 고마의 뜰

그림자
이우는 서녘
동이 트는 아사달

고마의 한(恨)
― 애 태우던 임은 진달래가 되었더랍니다

산이 새를 기르듯이
단군의 얼 낳고 길러
눈보라 겹쌓이는
세월을 보내면서

성자(聖者)를
거룩한 길로
더불어 늘 함께해

우리는 모두 하나
당신의 나라에선
화산 같은 분노라도
녹아 흘러 배달의 강

이승을
사라져 가도
고마님 전 살고 지고

고마는 임의 뜨락
달맞이 아슴아슴
가난한 그대 영혼
지친 넋을 잠 재운다

말씀은
하늘의 노래
어아가를 부르리

홀로 사는 아낙의 맘
헤아려 어찌 알까
환웅님은 어디에서
해와 달만 오고 가니

한으로
임 그린 세월
진달래로 되살아

고마의 밤 · 1

서녘 해 떨어지면
동녘 달은 돋아온다
장막은 드리워져
배달의 땅 모두 덮어

고마의
밤이 깊으면
목숨의 샘 흐르네

별도 없는 호젓한 밤을
꽃은 언제 피어 나서
우러러 하늘땅에
한잎 한잎 무너져

사랑은
꽃이 진 자리
생명의 불 사르고

잘 새는 품에 들고
긴 가람은 꿈을 꾼다
낮만 찾는 사람들은
밤의 삶을 알 수 없어

밤낮을
더불어 안을
하늘 땅의 어우름

밤의 나무 그 가지에
저승새 깃들인다.
기러기 하늘에 날듯
둥지마다 알을 낳고

쉼 없이
겨레를 찾아
밤의 숲을 날으네

고마의 밤·2

밤하늘 떠도는 넋
별빛으로 임을 따라
미리내 여울 지나
오가며 얽혀 살다

아침녘
육신을 입어
되돌아와 앉는다

당신은 밤의 정령(精靈)
달 뜨는 밤이 되면
짙은 안개 드리우고
시내 되어 흐르나니

가 없어
헤아려 살펴
배달 나라 헤맨다

배달의 깊은 밤은
바닥 모를 삶의 깊이
골골이 불을 지펴
겨레 살림 일궈 내니

하늘땅
목숨의 뿌리
온갖 움을 틔운다

백두 한라 밤이 들면
여러 잡신(雜神) 웅성댄다
고마 님은 높이 떠서
배달 겨레 달님으로

별꽃 핀
당신의 뜨락
동산 숲을 오른다

고마의 밤 · 3

바다가 맞닿은 곳
밝은 해는 솟아나서
검푸른 대지의 늪
지친 얼을 달래이고

어둠의
그 깊은 섭리(攝理)
온 목숨이 싹튼다

아무도 모르라고
임의 모습 검을손가
씨알이며 온갖 탯줄
둥그렇고 검은 구멍

우주는
혼돈과 칠흑
그 깊이로 다가와

어찌 다 헤아릴까
고마님 그윽한 정
하늘 멀어 가물가물
갈수록 다함 없고

배달이
그리는 나라
별님 달님 손짓해

당신이 살던 움막
바람 부는 방황의 늪
단군 스승 밝고 곧게
하느님께 빌었나니

하늘 길
굽이 돌아서
환웅님을 만날까

성　모(聖母)
―고마님은 겨레의 거룩한 목숨의 샘이시니이다

하늘엔 눈 내리고
뫼 봉우리 바람 서리
두고 온 얼음의 땅
정녕 봄은 오려는지

당신은
겨울의 성모(聖母)
은하보다 더 맑소

무슨 정이 깊기로니
계절의 끝에 서서
거룩한 하늘의 산
길이 이을 저 높은 곳

겨레는
당신의 뜰에
먼 그리움 심으리

거칠 것 아예 없어
벗은 채로 사는 겨울
드높은 뫼 깊은 골짝
고마님이 다스리고

볼지라
평등과 자유
흰 옷 입은 겨레여

지금은 겨울의 땅
봄이 어이 멀었으리
눈밭에 푸른 솔은
바람으로 시를 읊고

산마루
하늘에 닿아
두손 모아 비나니

겨울은 해탈(解脫)의 얼
헐벗은 뫼 다 보이고
초가 마을 사람들이
오손도손 되비친다

고마님
무릎을 꿇어
아린 사연 듣나니

부 활(復活)

활활 솟는 화산(火山) 머리
벼랑 위로 눈이 내려
짙푸른 비단 그림
희고 검게 물이 드네

태초에
향기로운 뜻
고마님이 베푸심

바람 치는 겨울의 소리
임의 뜰에 내리나니
나뭇잎 피고 질 때
박달나무 달이 진다

북극성
눈부신 별꽃
천지못에 떠올라

눈꽃 피는 북녘의 끝
하늘땅 따로 없네
되살 날 기다리는
눈 덮인 고마의 굴

그리운
언덕을 믿고
계시(啓示)처럼 눈이 온다

왕검성(王儉城) 높은 고개
겨울은 저물어 가
나라굿 밤 들도록
아예 동이 터 오누나

북소리
하늘에 닿아
봄의 성(城)이 열리고

목소리 · 1
― 당신의 말씀은 우리의 길이었습니다

맑은 내로 흐르다가
바람이듯 구름 되어
산과 들을 지나면서
바다에서 만나는 정

배달의
아픔을 덮는
나지막한 목소리

밤낮으로 해와 달이
고마님께 옮기는 뜻
저 산 멀리 독수리는
온몸으로 소리 하고

구름의
부드러운 음성
물결지는 천지못

아사달 거룩한 곳
하늘의 말씀 있어
성벽은 무너지고
해와 달이 함께 만나

믿음을
나누는 밤에
더불어 살 겨레여

시냇물 노래삼아
단군을 기르셨네
빈개를 채찍으로 반듯하게 가르치심

바람에
동백이 지면
별을 헤는 성모님

밤이면 *천부경을 소리 높여 읽게 하고
낮이면 새와 짐승
이랑 지어 여름지이

신시(神市)를
떠도는 소리
지성으로 듣나니

* 천부경(天符經) : 천부인이라고도 하며 글로써는 81자로 이루어진 성전(聖典). 최치원, 이색, 범세동이 주해서를 쓴 것으로 전해 온다. 우주 생성과 인간 만사의 원리를 풀이해 놓은 경전.

목소리·2

봄은 다시 새의 노래
땅 위에 싹이 튼다
꽃이 피면 열매 맺고
겨레는 내를 이뤄

흐르고
지난 자리를
또 흐르는 가람이여

열매가 익는 소리
벌레들 잠드는 빛
동산에 보름달은
정다운 목소리로

칠석날
미리내 굽이
읊조리는 메아리

가을이 오는 길목
멀리서 바람은 불어
축복 같은 유성들이
달빛 타고 고마의 뜰에

환웅님
그리는 정에
설레임만 드높아

몰아치는 비바람은
고마님의 말씀일까
오롯한 뜻 새겨들어
흰구름 귀기울여

애잔한
초승달 저녁을
부엉이는 울리니

목소리·3

나고 죽어 사는 일이
한갓 외진 섭리일 뿐
골고루 누리어라
말씀을 벼리삼아

짧은 듯
긴 삶의 굽이
함께 넘어 더불고

허허로운 욕망의 뜰
행복 같은 눈이 온다
두 팔 벌려 애태우는
박달나무 가지 사이

까마귀
눈산을 날아
보금자리 찾나니

말씀은 가락이라
헛소리 갈래 지워
떨리는 듯 애절한 사연
겨울 바람 피리삼아

무지개
하늘의 말씀
모두 이룬 임이시여

닿소리 무거운 듯
힘 있게 옮겨 가고
마음을 잡아 끄는
홀소리의 울림이여

스무남
홀닿소리로
배달 겨레 하나 되니

입에서 울려 나와
하늘의 뜻 문을 연다
꽃다운 말씀 마디
고마의 뜰에 피네

말씀은
한 알의 씨앗
산과 들을 덮나니

마음의 문 닫고 보면
하늘 소리 안 들린다
냇물 소리 한 가락도
벌레 울음 한 마디도

하늘땅
어우러져서
하나 되는 메아리

조선의 강
―배달의 샘은 길이 흘러 영혼의 강을 이루나니

고마는 물의 성녀(聖女)
*미르기로 날아올라
천둥을 노래삼아
마른 땅에 단비 내려

번개를
횃불로 들고
생명의 꿈 사른다

미르기 노여우면
눈비 아예 오지 않고
백두산 기우제(祈雨祭)로
뜻을 심은 배달의 터

나라굿
속다짐으로
비를 모는 성황당(城隍堂)

산과 들에 냇물 소리
기가 살아 피는 돌고
샘줄기 동맥 되고
가람 일어 정맥 되네

겨레의
얼은 푸르러
조선의 강 길을 터

먹구름은 미륵의 굴
바람이듯 흘러 돌다
구름의 낮은 골짝
함께 모여 비로 되니

갈 길은
길로 이어져
겨레의 얼 적신다

* 미르기(미륵) : 용(龍)의 다른 이름. 《훈몽자회》에는 '미르'로 나
온다. 땅이름으로는 '미르기재' 혹은 '미륵치'가 널
리 분포되어 있음.

라. 임을 바라

임을 바라
— *니마(님)는 본디 태양신이었더이다

언제나 그리는 임
배달 겨레 삶의 햇살
어둠을 불사르고
살아 타는 생명의 신(神)

겨레는
니마를 바라
목숨 됨을 기린다

니마는 태양의 얼
향내 나는 삶이 있고
낮에는 해님으로
밤에는 달과 별로

함께 살
이승의 대지
산유화는 피리니

니마는 솟는 화산
어둠을 살라 먹고
거룩한 고마의 굴
단군을 점치셨네

사랑은
해님의 가락
귀를 여는 아사달

니마는 보이셨네
불이 있어 사는 누리
스스로를 태움으로
더 없는 사랑임을

해님이
머물러 있을
높고 환한 누리여

* 니마 : 니마는 천부신(天父神)으로 하늘의 태양을 가리킴. 곧 불을 다스리는 남성신. 단군의 조상신인 환인 – 환웅을 이르는 계보. 뒤로 와서 〈님〉에서 〈임〉으로 바뀌어 쓰이고 있음.

생명의 해

착한 이 모진 사람
고루 펴 빛을 주어

되받을 셈도 없이
한결 같은 이바지로

타다가
재로 되련만
다시 살아 타리니

힘의 뿌리 밝음의 샘
믿음은 빗살무늬

그 사랑 정갈한 내
굽이쳐서 흐를 것을

눈 쌓인
흰 뫼 봉우리
생명의 해 들었네

하늘의 뜻을 심어
꽃을 기른 환웅 스승

흰 소매 휘날리며
배달 겨레 복을 비네

아침 놀
가없는 언약
아사달에 내린다

햇살은 목숨이라
−해님은 목숨의 말미암음입니다

주리고 추운 겨레
더불어 고루 살펴
니마는 여름의 신
씨알을 배게 한다

한가위
드리는 정성
보름달도 웃으심

햇살은 목숨이라
나누며 살라시네
모진 이도 함께 안는
부드러운 임의 말씀

얼붙은
겨울의 가람
봄물 지듯 풀리고

천지못 바람 불면
달빛은 시가 되네
세월은 물 위에 흩어져
가락을 읊조린다

늘 푸른
여름의 마음
강물인 양 출렁여

저녁노을 드리우면
바람은 거문고라
헤어져 가는 정은
애탈 것도 없소마는

계절을
나르는 철새
무릴 지어 돌아와

물과 불 어우르면
초록빛 풀이 되네
봄 되면 잎이 피듯
뭇 짐승 알을 품어

햇살은
계절의 가락으로
온 목숨을 빚는다

욕망의 숲

니마는 여름의 얼
운명이듯 제 몸 살라

해는 솟아 미더운 땅
배달의 온 누리에

무성한
욕망의 나무
숨 겨레들 깃들여

누구일까 해를 빚어
빛나는 길을 연 이

빗살무늬 부채꼴로
하늘 나라 메아리 져

내리신
고른 헤아림
해로 마냥 부시다

배달의 산과 바다
임은 내내 거기 살아

작은 새 둥지 속에
몇 낱 알을 품어 길러

어미새
넉넉한 가슴
임의 품에 깃들인다

임은 바로 저기에

니마는 빛나는 힘
새가 되고 꽃이 된다

같은 뿌리 다른 가지
열매 맺혀 땅에 지면

겨레의
헐벗은 누리
거룩한 숲 뒤덮어

올 곧은 니마의 뜻
어디랴 어두운 곳

얼어 붙은 이승의 한
여름 되면 무성한 잎

아득타
갈 길은 첩첩
임은 바로 저기에

보아도 안 보이고
벗할 이 전혀 없어

고마님 그리다가
칡덩굴이 되었는가

해 지면
어두운 밤을
달님으로 오른다

하늘가 밑바닥엔
– 님은 하늘 아버지시더이다

하늘은 니마의 뜰
밤마다 별의 노래
그 가락 미리내로
배달 나라 고루 돌아

고마의
밭이랑 골에
겨레 씨를 심으오

남과 북이 따로 없어
둥글기는 하나인데
하늘가 밑바닥엔
세월이 멈춰 선다

빛 되신
니마의 가락
홀로 서는 노을이여

박달나무 가지 사이
낮달이 걸려 있네
단군이 가는 길목
하늘꽃이 하나 둘씩

그리운
아버지 니마
말 달리던 선구자

하늘은 늘 푸르러
자지 않고 깨어 있네
바다를 거울삼아
제 모습을 들여다 봐

천지못
스치는 바람
목숨 되어 흐른다

니마는 하늘의 해
고마의 뜰이 빛나
멀리있어 가까운 듯
아스라이 와 비추오

말씀이
들릴 것 같아
멀리 서는 묏부리

저려오는 아픔으로

겨울 난리 끝났는데
바람 치는 강가에서

저려오는 아픔으로
초승달이 걸려 있네

배달의
지친 얼일랑
벼랑길을 가나니

추위의 절정에 서
안식 같은 눈이 온다

구름에 가린 별은
봄날의 꿈 가꾸는지

눈꽃이
바람에 지니
눈이 부신 나라여

고마를 그리워해
하늘은 공허할 뿐

햇빛은 복된 말씀
여울겨 모든 이에

하늘이
미더운 겨레
배달 나라 푸르리

산엔 진달래

니마는 애비 되고
고마는 어미 되네
헤어져 하늘 돌아
미리내로 서로 만나

단군은
거룩한 성자
메나리를 부르리

산에는 꽃이 피네
산에는 꽃이 지네
불함산(不咸山)에 봄이 오면
온 산에 진달래꽃

하느님
보이신 미소
달래꽃 또 필 것을

단군 성손(聖孫) 해를 바라
노을 아침 본을 삼아
배달 겨레 별을 보며
칠성님께 복을 빌면

꽃잎은
애틋한 영혼
바람 따라 지나니

앞내로 봄이 오면
동산엔 동백의 숲
바위 서리 벼랑 위에
청청한 푸른 이끼

솔바람
샘물로 흘러
쌓인 한을 씻는다

마. 영혼이 움트는 나무
－천부경을 노래하다

영혼이 움트는 나무
― 천부인은 하늘의 보람이라

하늘이 사람으로
더불어 살고자 해
하느님 뜻 글에 실어
아사달에 내려왔네

천부인(天符印)
하늘의 보람
오래고 먼 믿음이라

볼수록 그윽한 뜻
가이없는 고뇌의 길
여든한 자 깊은 속을
뉘라서 알리오만

*불함산(不咸山)
배달의 번뇌
천복으로 섬기리

*천부인 하늘의 말씀
고마의 땅 뿌리내려

중원의 역경(易經)이라
가지 벋어 꽃 피움을

황금의
나뭇가지로
하늘 열매 불어나

환웅님의 천부인은
하늘땅 사람의 고리
복희씨 그린 괘(卦)는
음양의 두 갈래라

영혼이
움트는 나무
세 가지로 팔 벌려

헤아려 짜 놓은 틀
겨레 몸에 걸맞는다
일이삼 머리삼고
육칠팔구 몸에 걸쳐

하늘은
오직 한 목숨
고마 품에 싹이 터

별자리가 다르듯이
너와 나를 가르지만
황금빛 하늘의 눈
죽살이 길 꿰뚫어 봐

하느님
빛과 그림자
스스롭게 되돌아

* 불함산 : 백두산의 다른 이름《불함문화론》.
* 천부인 : 환웅이 불함산 아사달에 내려올 때 가지고 온 경전 또는 상징이라 함.

뿌　리 · 1
－겨레 얼의 뿌리는 홍익인간이라

없어서 서러운 사람
없는 탓에 복이 됨을
마음이 가난하면
더 가까운 하늘 나라

헤아려
알 수 없는 길
임 계신 곳 어디에

겉보기에 있는 것도
속으로는 정녕 없고
속으로 차 있는 양
겉으로는 비어 있네

있음은
없음의 뿌리
서로 물려 도나니

배달 나라 태어나서
세세토록 여름지이
메마른 들 지나면서
거룩한 숲 맞으리

더불어
한데 어울림
나라 마당 흥겹다

보리와 벼꽃으로
불 항아리 치성할 적
*단골은 어디 가고
춤과 노래 무지개 빛

샘물로
목을 축이고
씨앗 뿌려 거둔다

* 단골 : 제사를 모시는 책임자. 지금도 전라도 말에는 무당을 단골이
라고 한다. 단군도 본말은 단골의 뜻을 드러내는데 한자를 빌
려 쓰는 과정에서 그렇게 굳어진 것으로 보인다.

뿌 리 · 2

하늘이 열리기 전
빛이 없는 안개 누리
기운은 맑고 밝아
하늘 나라 불이 되고

태양은
힘의 무게로
목숨밭을 일군다

항아리 불씨 되어
구름 짓고 새를 빚네
밤 지나 새벽 오듯
어둠에서 태어나와

하늘땅
쉼 없이 돌아
말미암음 심나니

해를 닮아 더운 가슴
눈으로 등대삼아
피어나는 말씀으로
아사달을 다스리네

천지못
호젓한 밤을
배달 노래 부르리

빛 나는 하늘의 임
오직 하나 타오르심
백두산은 밝은 귀라
흐린 소리 맑은 소리

빛 그늘
한데 어울려
단군 성자 삼기시니

해 가운데 까마귀 날고
저 달 속에 토끼 살아
빛그림자 해를 돌면
까마귀는 더욱 멀어

빛 그늘
더불어 만나
배달 겨레 빛나니

뿌 리 · 3

삼신님 모여 살아
하늘땅 더욱 밝고
겨레는 그 빛 받아
흰옷으로 하나 되네

하늘은
굽은 듯 곧아
환한 사연 이루니

불을 감춘 푸른 하늘
어둠의 땅 다스린다
마음의 뿌리 자라
하늘땅 하나 되게

니마는
하늘의 심장
두루 펴서 비추심

참사랑은 햇살이라
높낮이 가리잖고
임의 뜻을 남김없이
남과 북에 베푸신다

깨달아
빛이 있는 곳
함박꽃은 피리니

서산에 해 이울면
마음은 임 계신 데
골골이 고운 꿈을
임은 정녕 배달나라

한반도
메아리 돌아
산란하는 그리움

하늘은 둥글어서
시작이 곧 끝이라
스스럽게 있음으로
물과 불 하나 되네

배달은
하늘의 나라
뜻을 따라 사나니

가면 또 오나니
― 일왕일래는 누리의 가락이라

한번 가면 또 오나니
나고 죽고 맥을 이어

부지런한 빛과 그늘
피어서 진다 해도

늘 푸른
하늘 길 돌아
제자리로 가는가

새와 풀이 걸친 목숨
겨레의 옷 한 둥지에
배달이 하나이듯
숨붙이도 오직 하나

나누어
어울려 살다
죽어 다시 살 것을

황금의 나눔
―우리 몸은 작은 우주이더이다

아이 적 심장의 맥
작은 시내 굽이굽이

자라면서 세 몫으로
금쪽 나눔 누리었네

바르게
말씀을 따라
하늘 겨레 되나니

니마는 하늘이요
고마는 땅인 것을

홀로 서서 하늘 보며
밝은 빛 소리 듣나

단군님
비는 정성은
강이 되고 뫼 되나니

거룩한 임 말씀 따라
부끄러움 아는 겨레

사나운 짐승의 떼
더불어 이웃 된다

뫼나리
피고 질 적에
함께 웃는 겨레여

고리는 향기로워

어두운 뜻 밝히시고
주린 사람 함께 불러
해님은 횃불이라
향기로운 임의 얼굴

사랑은
섬기는 기쁨
하늘 고리 지으심

둥근 알이 목숨이듯
하늘 뜻이 둥그렇네
빛 그늘로 비롯하심
삼대 이의 금빛 고리

무지개
또렷한 소리
하늘 형상 이루니

큰 기운 은하 되어
영혼의 등 밝혀 든다
삶에 지친 배달 겨레
잠든 힘을 북돋우네

우리는
겨레의 신전
뜻을 뒤로 돌릴까

시름을 넘어서면
눈부신 고리 있고
꽃이 펴도 꽃이 저도
뭇사람 알 수 없어

황금의
고리가 돌아
배달 겨레 빛나니

봄날의 꿈

백두산은 높은지라
겨울 내내 눈이 온다
뭇새들 날지 않고
반가운 사슴마저

태고의
만년설일까
전설처럼 날리고

눈꽃으로 피어 나서
한겨울을 향기 가득
세월의 아린 깊이
겨레의 한 달래이네

평생을
홀로 살망정
애틋한 뜻 잊을까

봄날의 꿈 아직 멀고
설레임은 눈산처럼
높푸른 하늘 이고
목마름에 눈을 뜬다

애타게
부르는 소리
사무치는 눈보라

언덕을 자꾸 가면
거룩한 임 만날 것을
병사봉 매운 바람
끝간 데를 알 수 없어

그래도
더불어 살라
임의 뜻을 꿈꾼다

우리말로 본 단군신화

1994년 9월 20일 초판인쇄
1994년 9월 25일 초판발행
저　자/정호완
발행자/김동구
발행처/명문당
등록/1977년 11월 19일 제1-148호
대체/010041-31-0516013
주소/서울시 종로구 안국동 17-8
전화/733-4748(편집부), 734-4798(영업부)

값 10,000원

＊잘못 만들어진 책은 바꾸어 드립니다.
ISBN 89-7270-424-5　　　　93800